NARRATIVAS DA CIDADANIA

SERVIÇO SOCIAL DO COMÉRCIO
Administração Regional no Estado de São Paulo

Presidente do Conselho Regional
Abram Szajman
Diretor Regional
Danilo Santos de Miranda

Conselho Editorial
Áurea Leszczynski Vieira Gonçalves
Rosana Paulo da Cunha
Marta Raquel Colabone
Jackson Andrade de Matos

Edições Sesc São Paulo
Gerente Iã Paulo Ribeiro
Gerente adjunto Francis Manzoni
Editorial Cristianne Lameirinha
Assistentes: Bruno Salerno Rodrigues, Thiago Lins, Lígia Costa
Produção gráfica Fabio Pinotti
Assistente: Ricardo Kawazu

NARRATIVAS DA CIDADANIA

As origens sociais do Sesc

ORG. **FRANCISCO ALAMBERT**

© Francisco Alambert, 2022
© Edições Sesc São Paulo, 2022
Todos os direitos reservados

Preparação Fábio Fujita | Tikinet
Revisão Lucas Giron | Tikinet
Projeto gráfico e diagramação Gustavo Nunes | Tikinet
Capa Gustavo Nunes | Tikinet

Dados Internacionais de Catalogação na Publicação (CIP)

N1678   Narrativas da cidadania: as origens sociais do Sesc / Serviço Social do Comércio; Organização: Francisco Alambert. – São Paulo: Edições Sesc São Paulo, 2023. –
272 p.

Bibliografia
ISBN: 978-85-9493-273-0

1. Serviço Social do Comércio. 2. Sesc. 3. Sistema S. 4. Memória. 5. Criação. 6. Origens. 7. Cidadania. 8. Democracia. 9. Desenvolvimento urbano. 10. Qualidade de vida. I. Título. II. Subtítulo. III. Alambert, Francisco.

CDD 701.981

Ficha catalográfica elaborada por Maria Delcina Feitosa CRB/8-6187

Edições Sesc São Paulo
Rua Serra da Bocaina, 570 – 11º andar
03174-000 – São Paulo SP Brasil
Tel. 55 11 2607-9400
edicoes@sescsp.org.br
sescsp.org.br/edicoes
/edicoessescsp

A CIDADANIA PLENA PRECISA ALCANÇAR TODAS AS PESSOAS

Danilo Santos de Miranda
Diretor do Sesc São Paulo

A ideia de cidadania, que remonta à Grécia antiga, carrega em seu sentido original uma evidente carga de exclusão. Isto porque, naquele contexto, apenas os indivíduos homens que viviam na *pólis,* segundo características econômicas, socioculturais e políticas muito específicas, eram considerados cidadãos. Ao longo do tempo, muitas lutas, discussões e confrontos tiveram lugar para que as gerações subsequentes, incluindo as contemporâneas, pudessem exercer formas de cidadania cada vez mais abrangentes. Por isso, refazer percursos e partilhar experiências e memórias comuns pode contribuir para a construção de uma percepção mais aprofundada da questão.

Um passo inicial é lançar luz sobre as bases que, há séculos, estruturam os debates e têm servido de inspiração para diversos povos ao redor do mundo: a Independência dos Estados Unidos, em 1776, com seus princípios e valores democráticos centrados nas iniciativas individuais; a Revolução Francesa, de 1789, com a bandeira universalista pela "liberdade, igualdade e fraternidade"; e a Independência do Haiti, proclamada em 1804 como exemplo de uma radicalização do movimento francês, na direção da autonomia completa das pessoas para além de sua raça. A Declaração Universal dos Direitos Humanos, adotada pela Organização das Nações Unidas (ONU) em 1948, veio reorganizar e diversificar a gama de direitos em prol de uma existência mais digna e plena de possibilidades. Novas cartas e documentos com pretensões globais seguem alimentando outras demandas em diferentes frentes e países.

Na paisagem brasileira as dinâmicas se deram aos solavancos, em decorrência de peculiaridades históricas atravessadas por processos político-sociais ambivalentes e incompletos. Uma parte da publicação *Narrativas da cidadania*, organizada pelo historiador Francisco Alambert, debruça-se sobre tais aspectos no sentido de destrinchá-los, localizando e identificando forças sociais em formação e acomodação, permeadas por entrecruzamentos e estranhamentos. A partir dos anos 1930, inúmeras mobilizações, conferências e encontros foram realizados para discutir e viabilizar um pacto de paz social capaz de alavancar o projeto de modernização do país, associado ao desenvolvimento urbano – e, portanto, às experiências de cidadania – em suas mais diversas áreas. Conhecer o turbilhão de influências, plurais e divergentes, que se empenharam nessa construção é se deparar com uma das mais singulares revoluções silenciosas da nossa história recente.

É nesse registro que se insere a presente obra, reunindo artigos de estudiosos e pesquisadores que lançam luz sobre os interesses, arranjos e mazelas, bem como seus protagonistas, no contexto histórico no qual foram gestados e desenvolvidos projetos de proteção e transformação social para brasileiras e brasileiros, identificados pelo senso comum como Sistema S. Trata-se de um robusto panorama das circunstâncias que tornaram possível a criação destas entidades privadas de interesse público (originariamente, Senai, Senac, Sesi e Sesc), a partir das tentativas de interpretação e problematização do país, suas gentes e prioridades, sobretudo como proposta concreta de ampliação da cidadania para todas as pessoas.

Em tempos recentes, a palavra cidadania – perigosamente desgastada e esvaziada de sentido, dada a frequência com que é capturada pelo jogo político-partidário – mostra-se por vezes abstrata demais para dar conta do amplo conjunto de direitos e liberdades, essenciais ao bem viver e à qualidade de vida das pessoas. Tal fenômeno é, em grande parte, fruto de uma visão reducionista da questão – atrelando-a unicamente ao direito de votar – que circunscreve e controla seu exercício. A Constituição "cidadã" de 1988 priorizou dar respostas a parte das demandas mais urgentes da população, ainda que careça de regulamentação e cumprimento efetivos, imprimindo na paisagem nacional imperativos de civilidade e democracia.

É sempre a partir do tempo-espaço presente que podemos falar das necessidades e esperanças, dos legados que desejamos partilhar com as gerações atuais e futuras. As memórias são faróis que iluminam quem somos, mostrando o ponto de onde viemos e como chegamos aqui, ao passo que sinalizam novos horizontes que precisam ser universalizados para que uma sociedade mais plural, inclusiva e solidária alcance todas as pessoas.

SUMÁRIO

11

Introdução
Francisco Alambert

15

PARTE 1
Modernização e Vida Social
(da República aos anos 1930)

17

1. **Babel de culturas numa terra de exclusão**
Lilia Moritz Schwarcz

53

2. **Espaços urbanos no despontar da metrópole paulistana: cisões, transformações, usos e contrastes**
Vera Pallamin

69

3. **Um Brasil doente**
Cláudio Bertolli Filho

93

4. **A questão social na primeira metade do século XX: desvalidos ou trabalhadores**
Amélia Cohn

183

7. O protagonismo das "classes produtoras" na formatação do serviço social brasileiro
Walderez Loureiro Miguel

109

PARTE 2
Estado autoritário, desenvolvimento e democracia (do Estado Novo aos anos 1950)

217

8. Sesc: Anatomia de um percurso
Mauro Lopez Rego

111

5. História do SESC - 70 anos inovando a serviço do comércio
Guilherme Ramalho Arduini

245

9. A criação do Sesc: modernização, desenvolvimento e projeto industrialista brasileiro
Vera A. Cepêda

155

6. A serviço da paz social: a proposta católica e democrata cristã da participação dos trabalhadores nos lucros das empresas na criação do Sesc
Áureo Busetto

INTRODUÇÃO

Francisco Alambert

Todos os dias centenas de milhares de pessoas frequentam as unidades do Sesc espalhadas pelo país. Suas sedes, edifícios, escolas, espaços esportivos, artísticos e culturais são parte do cotidiano das cidades brasileiras quase como se estivessem sempre lá, não simplesmente como parte da paisagem urbana, mas como parte ativa da vida pública e da experiência comum: uma experiência de cidadania.

Toda essa presença quase "natural" – da recreação aos esportes, da arte ao turismo, do ensino à produção cultural, da assistência social aos cuidados da formação do sujeito em sociedade – tem uma história, uma história exemplar que intriga os frequentadores. Sabemos como o Sesc "é" (sua existência cotidiana), mas não exatamente como ele veio a ser (sua experiência histórica). Ou seja: não conhecemos as condições de sua origem e particularidades na vida social do Brasil. Os ensaios reunidos neste livro desejam começar a contar essa história de maneira profunda e interrogativa.

O Sesc é possivelmente o melhor resultado no Brasil da configuração histórica formada pela Guerra Fria, pela modernização acelerada do pós-1930 e pela chamada doutrina social da Igreja Católica. Cada uma dessas circunstâncias é detidamente analisada nos textos que compõem esta obra.

Lilia Moritz Schwarcz abre o livro com um longo, detido e carinhoso passeio pela história do Brasil "moderno" e suas condições. Aprendemos sobre a brutal dívida que marcou o nascimento da

República, que de saída abandonou a população negra, "recém-liberta", desvalida e apartada de condições dignas de vida e participação republicana. Aprendemos também sobre o extraordinário "progresso" que cortou o século XX no Brasil, trazendo imigrantes de todas as partes do mundo, levas de migrantes do norte para o sul, do campo para a cidade. Uma urbanização frenética, acostada à industrialização, transformando estruturas de classe – sobretudo a partir do pós-guerra pode-se falar em classes médias, classes "industriosas" ou "produtoras", operariado, trabalhadores divididos em setores. Trata-se do progresso "à brasileira", que postergava sempre a inclusão das maiorias em seu caminho de crescimento e acúmulo, processo célere cuja face mais vistosa (e tenebrosa) são justamente as grandes cidades (foco principal de atuação das unidades do Sesc), como a mais proeminente delas, São Paulo, cuja história urbana desde o final do século XIX é esmiuçada pela arquiteta Vera Pallamin.

Esse país que se modernizava rapidamente, construía tudo e já transformava o novo em ruína, era visto como um país "doente" – tema do texto de Cláudio Bertolli Filho. Uma terra devastada por "doenças tropicais", epidemias, pragas e, sobretudo nas grandes cidades, sujeira e imundície no cotidiano dos mais pobres. O Brasil republicano tinha que enfrentar esses dramas, daí a criação de instituições de saúde pública (muito precárias até a segunda metade do século XX), obras tanto do estado quanto do setor privado da ponta da modernização e no seio das cidades (a indústria, o comércio).

Amélia Cohn descreve e analisa o sistema de proteção social brasileiro que vigorou pelo menos até a Constituição de 1988, no qual o financiamento da seguridade se dá em três partes (empregadores, empregados e Estado), e se organizou na primeira metade do século. E o nascimento do Sesc, no imediato pós-guerra, é uma consequência desse arranjo, que também está na base do surgimento da ideia moderna de serviço social, estudada no texto escrito por Walderez Loureiro Miguel.

Em 1942 foi criada a Legião Brasileira de Assistência, reconhecendo o problema da miséria no país, mas ainda entendendo a função de erradicá-la como um ato de filantropia. Em janeiro de 1946, um grupo de empresários (também ligados à Igreja Católica) lançou um documento que ficaria conhecido como Carta da Paz Social, apresentando um novo pacto de solidariedade cívica. Esse processo está esmiuçado na pesquisa de Guilherme Ramalho Arduini, feita em função do aniversário de 70 anos do Sesc, aqui apresentada na forma de texto, bem como na análise do historiador Áureo Busetto sobre as ideias da doutrina social católica a respeito da questão da contribuição social de empresários e trabalhadores.

Assim está formada neste livro uma excelente aproximação histórica do surgimento daquilo que Mauro Lopez Rego chamou, em seu texto no livro, de empreitada "genuinamente brasileira", em permanente aperfeiçoamento por décadas. Essa empreitada constitui uma obra institucional, filha dileta do contraditório processo de modernização brasileiro, assunto detidamente tratado no texto de Vera A. Cepêda, que encerra o livro.

Narrativas da cidadania é isso tudo: obra coletiva na qual historiadores, cientistas sociais, economistas e arquitetos escrevem, descrevem e analisam diferentes narrativas sobre a enigmática criação que os brasileiros aprenderam a reconhecer como sua.

PARTE 1

MODERNIZAÇÃO E VIDA SOCIAL (DA REPÚBLICA AOS ANOS 1930)

1.

BABEL DE CULTURAS NUMA TERRA DE EXCLUSÃO[1]

LILIA MORITZ SCHWARCZ[2]

Introdução: bem-vindos ao século XX

A chegada do século XX foi recebida no Brasil com grande euforia. Apesar do sentimento de medo que pairava no ar, por causa do cometa Biela, que, supostamente, cruzaria o céu do país, a maioria dos prognósticos falava de utopias e projeções. A jovem República surgira lardeando promessas de igualdade e de cidadania; uma modernidade – diga-se de passagem – que parecia se impor menos como opção e mais como etapa obrigatória e incontornável. Não por acaso, Euclides da Cunha, em seu livro *Os sertões*, publicado em 1902, concluía de maneira quase nostálgica: "Estamos condenados ao progresso". Isto é, frente à "evolução social" obrigatória, à noção de que as sociedades obedeciam a hierarquias rígidas, não havia matéria para debate. Mas se o progresso era mesmo obrigatório para todos, e dele não se escapava, para países como o Brasil, mais parecia uma danação. O grande modelo

---

1   Este texto utilizou-se dos dados levantados para o artigo que escrevemos para a coleção da Fundación Mapfre e publicada pela editora Objetiva, constante na Bibliografia anexa.

2   Professora do Departamento de Antropologia da Universidade de São Paulo e professora visitante da Universidade de Princeton. É autora de vários livros na área de antropologia e história. É curadora adjunta no Museu de Arte de São Paulo e colunista do jornal *Nexo*. Faz parte da Diretoria da Companhia das Letras.

civilizatório era a Europa, com seus circuitos literários, cafés, teatros e uma sociabilidade urbana e quase performática. E, por aqui, a imagem deveria ser quase espelhada, inaugurando-se uma espécie de *belle époque* tropical, que parecia se inscrever numa voga que igualava diferenças a partir da ideia única de progresso e modernidade.

Tal panorama de fundo otimista lembrava o fenômeno que Hannah Arendt chamou de "a era da assimilação", quando diferentes regiões do mundo – com a experiência moderna da emancipação e da assimilação, que teve início já no contexto da Revolução Francesa – experimentaram uma espécie de suspensão das restrições de fundo legal, moral, político e social, tradicionalmente vigentes. Por sua vez, esse tipo de contingência teria gerado um sentimento bastante generalizado de que era possível "erguer-se da escravidão", "sair do gueto", libertar-se do isolamento e acreditar na promessa da inclusão e da mobilidade ascendente, como se esse fosse um desígnio "dado e garantido" pela civilização. Findada boa parte das formas de trabalho escravo e compulsório, e abertas (por meio da educação) novas possibilidades de acesso à cidadania, imaginaram-se novos mundos, não mais cerceados por modelos de hierarquia social estrita ou vinculados a critérios de origem ou nascimento.

O cenário, porém, seria convulsionado pela entrada de uma série de racismos e teorias raciais de toda ordem, que impuseram novas divisões entre os grupos humanos, agora justificadas por argumentos e teorias biológicas deterministas. Autores como C. Lombroso, Topinnard, Buckle, Agassiz, entre tantos outros, passavam a mostrar como os homens eram diferentes e marcados por origens absolutamente distintas. A saída foi prever políticas como a eugenia – a boa raça – que delimitavam não só a separação entre grupos variados, como também a proibição de casamentos e, em casos extremos, a esterilização de grupos considerados perigosos: sobretudo os mestiços, mais propensos, segundo tais teorias, à criminalidade e à alienação. O resultado foi, na expressão de Leo Spitzer, em seu livro *Vidas de entremeio*, uma sensação geral de fracasso, ou o "embaraço da marginalização". Em vez da trajetória assimilacionista e vitoriosa que até então se apresentava como estrada de percurso longo, mas possível, deu-se a retomada de um projeto hierárquico, agora pautado na diferenciação racial biológica; nova moeda corrente. Dá-se, pois, uma naturalização de diferenças; uma biologização das variedades humanas e nacionais, não mais explicada por conceitos econômicos e políticos. Como mostra o antropólogo Louis Dumont, o racismo emerge em fins do século XIX, justamente num mundo em que a percepção hierárquica das classes cede lugar a um ideário mais igualitário. Ocorre uma clara reversão de expectativas, diante de um contexto que parecia até então se apresentar como um livro aberto, a oferecer uma miríade de possibilidades de inserção e de identificação com uma ordem social consolidada em classes e na crença internacional de que a cultura e a educação compunham o principal veículo para a abolição das travas da escravidão e dos demais processos de servidão compulsória.

Da mesma maneira, no Brasil, uma certa abertura social – experimentada até fins do século XIX – sofreria claro refluxo por conta desses novos critérios de alteridade racial, religiosa, étnica, geográfica e sexual. Marcadores sociais de diferença dos mais vigorosos, porque moldados por critérios considerados racionais, naturais e objetivos, faziam agora grande sucesso. Esse era um novo racismo científico, que acionava sinais físicos para definir a inferioridade e a falta de civilização, assim como estabelecia uma ligação obrigatória entre aspectos "externos" e "internos" dos homens. Narizes, bocas, orelhas, cor da pele, tatuagens, expressões faciais e toda uma série de "indícios" eram rapidamente transformados em "estigmas", definidores da degenerescência disseminada por entre essas populações. O resultado foi a condenação generalizada de largos setores da sociedade, dentre negros, mestiços e também imigrantes.

Numa época em que ganhavam força novos modelos urbanos, em que a imaginação se rendeu ao imperativo do progresso e da integração do Brasil ao Ocidente, pipocam sentimentos opostos, que vão do "deslumbramento" ao "pavor". Deslumbramento diante das novas benesses das cidades; pavor frente ao desmoronamento da ordem reconhecida ou em face das novas formas de segregação. Nas novas urbes, mais do que as quimeras fáceis do progresso único e obrigatório, impunha-se agora uma acomodação incômoda entre o passado e o futuro, o novo e o velho, "o mundo do asfalto e os bolsões da miséria"[3]. Diferentemente da suposta marcha evolutiva, ocorrem uma sobreposição de temporalidades e a afirmação de uma modernidade periférica. Diante de um republicanismo radical, que se manifestou nomeadamente na primeira década do século, de uma faxina social nas cidades e da evidência de novas formas de exclusão, eclodem várias revoltas e manifestações de cunho popular, as quais, cada uma à sua maneira, denunciam as falácias desse processo que prometia a "civilização fácil", mas entregava novas formas de segregação.

É fato que estava em curso um processo inédito de transformação acelerada do espaço urbano, que fazia dele um novo *locus* das representações. Mas a modernização não alcançava a todos de modo homogêneo. Na mesma medida, uma série de intelectuais nacionais registrava tais mudanças com grandes doses de desconfiança e ceticismo, muitos deles aliando-se aos excluídos. O dissenso surgiria expresso nos ensaios dos intelectuais nacionais, mas também se faria presente nos jornais e na literatura que apontava as novas estratificações urbanas e a formação de grupos outrora integrados ou não evidentemente isolados: o gaúcho, os afro-brasileiros, os sertanejos, os seringueiros, os indígenas da floresta. A cidade surgia assim reformada – de forma física e moral –, ao mesmo tempo que se tornava mais corriqueiro questionar a existência de uma só via que levava à civilização. Palco do conflito, a cidade era agora personificada pelas chamadas "camadas perigosas", o movimento de reação "dos de baixo". Esse tipo de interpretação, como bem mostra a historiadora Angela de Castro Gomes, correspondia à visão das elites dirigentes, que entendiam e definiam tais grupos como "hordas anárquicas" – atuando por meio de manifestações "espontâneas e violentas". Na verdade, tratava-se, antes, de associações dos mais variados tipos, que agiam de maneira ordenada, a partir de abaixo-assinados, campanhas públicas e protestos organizados.

---

3   Maria Alice Rezende de Carvalho, *Quatro vezes cidade*, Rio de Janeiro: 7Letras, 1994, pp. 16-7, 27.

O fato é que, no final do século XIX e a partir de tantas novidades ofertadas por esse momento de mudanças velozes, se reordenava a velha tópica do *paraíso terreal*, da *terra sem males*, dos *trópicos plácidos*; ideário que inundou a imaginação local, sobretudo dos estrangeiros, durante tanto tempo. Um país de muitas raças convivendo em situação de conflito social, moral e político; uma nação dividida por tantas diferenças regionais e raciais. Eis aí novas polarizações que se enraizavam no discurso local. De um lado, o espetáculo das cidades com suas novas formas de sociabilidade, definidas pela indústria, pelas oportunidades de trabalho, pelo mercado, mas também por uma política de exclusão e de distanciamentos. De outro, os "demais Brasis", perdidos nos sertões, distantes na realidade e na imaginação, ou nas florestas fechadas aos olhares curiosos, mas abertas a muita projeção.

Esse é, pois, um período polêmico: ambíguo e paradoxal, por certo, mas igualmente um momento em que se batalhou por direitos, pela separação entre as esferas pública e privada, pelo direito à cidadania. Não por acaso a rua se converteu em local privilegiado, recebendo a moda, o *footing*, a vida social, mas também os jornaleiros, os grevistas, as manifestações políticas e as expressões da cultura popular. Também não por acaso foram criadas subcidadanias, condicionadas por critérios de origem, justificados a partir de modelos de pertença racial. Mais do que um léxico novo, esses são experimentos novos e um ótimo exemplo dos usos oficiais da memória e de suas disputas simbólicas, que perduram até hoje. Para quem olhava de perto, tudo parecia girar como numa roda-gigante: o que estava acima poderia ficar embaixo e o vice-versa era também o contrário.

Um país imigrante

Quando o século XX começava a despontar, mudanças profundas ocorriam no perfil da população brasileira. Com o fim da escravidão, em 1888, a desorganização do sistema e a urgente substituição da mão de obra, por conta da demanda cafeeira, uma série de esforços foram feitos no sentido de estimular a vinda de imigrantes, sobretudo europeus, ao Brasil. Contando com a concorrência de países como Argentina, Cuba, México e, sobretudo, Estados Unidos, o governo brasileiro teve de se esmerar para vender a imagem de uma "terra da promissão" – quando, na verdade, pretendia-se basicamente criar modelos alternativos ao cativeiro africano que se disseminara por todo o país e que, nesse momento, via (com atraso) seus dias chegarem ao fim. Por outro lado, o modelo preconizado pela República, que se iniciava em novembro de 1889, pautou-se na exclusão de largos setores sociais, sempre em nome de uma política que priorizasse a modernidade e a racionalidade. Nesse sentido, se é evidente que a Primeira República brasileira promoveu um processo acelerado de institucionalização, não há como ignorar que amplos setores da população se viram, mesmo com o acesso à liberdade e à igualdade jurídica, excluídos do complexo jogo social que então se montava.

Se o objetivo inicial era reter os imigrantes no campo, na prática esse contingente acabaria absorvido pela dinâmica das cidades, imantado pela força dos novos centros urbanos que geravam empregos e serviços. Ficou famosa e disseminou-se, tanto no país quanto no exterior, uma suposta frase do mestre-escola Thomas Davatz, depois de ter vivido pouco tempo no Brasil: "Dessa vez estou perdido". O suíço expressava uma sensação mais geral, do tipo que, ao invés de denotar fortuna – do famoso "fazer a América" –, agora sinalizava situação de penúria, ou experimentava uma espécie de escravidão por dívida. É certo que a política de imigração acabaria por se regularizar, com uma prática oficial de subsídios, mas o fato é que revoltas e fugas de colonos caracterizaram o período, assim como a sensação de insegurança. Ao lado da convicção de que a República de 1889 não havia cumprido com os sonhos de igualdade e cidadania, vinha a certeza de que a violência se disseminara e de que a culpa era das "novas populações imigrantes"; da liberdade dada "aos africanos e negros" ou do descontrole urbano. Prisões por gatunagem, ladroagem, desordem ou anarquismo revelavam não só a vigência de termos até então pouco conhecidos, como sinalizavam a entrada de novas práticas de sociabilidade. A concepção predominante era de que a mistura de novas culturas e costumes trazia desequilíbrio, desamparo e descontrole.

Diante de tal cenário, investiu-se em novas práticas policiais, amplamente amparadas nas teorias de darwinismo racial e de higienismo que denunciavam as precariedades da mistura e da miscigenação. Médicos e advogados apostaram nas noções do determinismo racial e viram, com profundo descrédito, o futuro dessas populações em processo acelerado de amálgama. Segundo tais modelos científicos, divulgados nas escolas de medicina (do Rio de Janeiro e da Bahia), mas também nas faculdades de direito (de São Paulo e Recife) e nos museus de etnografia (de Belém, São Paulo, Rio de Janeiro), ou mesmo nos institutos históricos que se espalhavam pelo país, "a situação nacional" merecia atenção e receio. Tornou-se célebre nesse contexto o médico Nina Rodrigues, autor da obra *As raças humanas*, de 1894, em que defendia a existência de dois códigos – um para brancos, outro para negros. Rodrigues advogava a noção de que variações fundamentais (e intransponíveis) dividiam a sociedade humana. Considerava, pois, o mestiço um retrocesso e um fator de desequilíbrio nacional. Nessa mesma época, mais precisamente em 1906, João Baptista Lacerda, diretor do Museu Nacional, participava de um congresso internacional das raças, em Londres, e defendia tese semelhante, mas com nuances específicas. Num ensaio chamado "Sobre os mestiços", Lacerda seguia a concepção de que as raças eram, sim, hierarquizáveis, mas que uma boa política nacional – que implicava trazer imigrantes europeus e evitar casamentos mistos – poderia produzir, em um século e ao longo de três gerações, "bons prognósticos": seríamos todos ocidentais e brancos.

É possível multiplicar os exemplos, mas o fato é que, entre a intelectualidade e as elites políticas, pairava uma clara desconfiança em relação "ao futuro racial" brasileiro. Visto sob esse ângulo, o ambiente era tomado por visões pessimistas, as quais, paradoxalmente, conviviam com representações das mais otimistas. De um lado, eram comuns manifestações positivas em relação ao futuro. Afinal, estava em curso um processo inédito de transformação das cidades, e a imagem do imigrante era associada à ideia do "melhoramento", seja pela via do branqueamento da população, seja a partir da ampla divulgação de um *ethos* do trabalho. De outro, nessa época da "Regeneração", privilegiou-se uma nova conformação arquitetônica e urbanística à moda francesa do barão de Haussmann, assim como se cuidou para deslocar a pobreza para longe dos centros urbanos. Pares opostos, mas complementares, regeneração combinava com degeneração, (mas) ambos os casos acenando para os novos rumos que a nação deveria tomar.

Dentro de uma economia ainda aferrada aos serviços e negócios de exportação agrária e a uma industrialização incipiente, o resultado foi uma vida urbana bastante provisória, que passava por crises cíclicas de carestia, aumentos constantes nos preços dos gêneros alimentícios e nos custos de moradia, transporte e aluguel. E os efeitos imediatos foram a multiplicação da pobreza e das condições frágeis de vida. Formas improvisadas de sobrevivência, a entrada pouco sistemática de populações vindas do campo – expulsas pela seca, pela crise agrária, ou fisgadas pelas novas oportunidades da cidade – e um contingente elevado de imigrantes europeus e asiáticos ajudaram a conferir aos novos aglomerados urbanos uma imagem de desarranjo e de desordem, ou, nas palavras de Mário de Andrade, tornaram "os mocambos tão numerosos quanto os coqueiros".

Assim, dúvida e euforia compartiam o mesmo local. As novas elites que subiram com a República tinham certeza de que o Brasil "andava a braços" com os novos ditames do capitalismo, do progresso e da civilização. Não por acaso, o novo regime inscreveu na bandeira da nação os dísticos de "ordem e progresso", revelando sua filiação não só ao positivismo, como também à noção de que o progresso era certo, único, evolutivo e ordeiro. Essa era mesmo a grande utopia desse momento, dado a máquinas voadoras (como o 14 Bis de Santos Dumont) e a projetos amplos e abrangentes de higienização. Mas esse lado mais luminoso do país não chegava a sombrear os sertões longínquos, espécie de território esquecido, que, junto com o passado escravocrata, parecia ter perdido história ou memória.

Aí estava um diálogo difícil entre "diferentes Brasis" que eram, na verdade, um só: o choque entre populações com costumes diversos e as novas faces do progresso e da modernidade, verdadeiros ícones de época. Modernização e tradição eram conceitos fortes nesse momento que previa mudanças, mas experimentava continuidades de toda ordem.

Urbanização combina com industrialização

A sociedade brasileira dinamizou-se enormemente no período que vai da década de 1880 aos anos 1930; talvez o primeiro contexto quantificado pelos censos nacionais, que começavam a obter regularidade e confiabilidade de dados. A nova configuração social representava o resultado do crescimento geral da população combinada com uma política agressiva de incentivo à imigração estrangeira. Na verdade, num mesmo período, coincidiam elementos díspares, que alteravam a face mais tradicional do país. Se a desmontagem do sistema escravocrata, nos idos de 1880, modificara a situação da mão de obra, já na década de 1910 um acelerado processo de substituição de importações – implementado durante e ao final da Primeira Guerra –, unido à crise da agricultura, fez com que as cidades e as indústrias se impusessem no cenário nacional.

Segundo o sociólogo Juarez Rubens Brandão Lopes, a população brasileira cresceu a uma taxa média de 2,5% ao ano no período; a população das cidades com 50 mil ou mais habitantes, a 3,7%; e as com população superior a 100 mil habitantes, a 3,1%. Não bastasse isso, se no primeiro decênio da República a população geral decresceu em 2,2%, os aglomerados urbanos cresceram a 6,8% no primeiro decênio, e 6,9% no segundo. Como se vê, a urbanização era uma realidade que vinha para ficar e alterava rapidamente a feição do país. Não por acaso, o jornal republicano *A Província de São Paulo* (futuro *O Estado de S. Paulo*) elegeu a frase "O Brasil civiliza-se" para uma seção especialmente dedicada ao tema. A frase havia sido redigida pelo colunista social Figueiredo Pimentel na seção "Binóculo" da *Gazeta de Notícias* e valia, a princípio, só para o Rio de Janeiro. Mas o dito pegou e acabou disseminando-se pelo território nacional.

O incremento urbano não excluiu, porém, a concentração em grandes cidades, diferentemente do fenômeno que ocorria nos Estados Unidos, onde o desenvolvimento mostrou-se mais disseminado pelo território do país[4]. Cidades como Rio de Janeiro, São Paulo e depois Belo Horizonte concentrariam esforços e recursos, mostrando como o eixo econômico pendia agora para a região Sudeste do país. É exemplar o caso da cidade de São Paulo, convertida numa espécie de metrópole do café, que, na década de 1880, receberia o extraordinário número de 184 mil imigrantes. Ou seja, se o volume da população imigrante não foi tão relevante quando comparado ao crescimento populacional geral, no caso de São Paulo ele é dos mais significativos, vinculando a sorte dos novos aglomerados urbanos à feição agora mais estrangeirada que o país, ou ao menos determinadas regiões dele, ia ganhando.

É certo que a população estrangeira fora contratada, originalmente, para engrossar o trabalho na lavoura rural; no entanto, com a crise da agricultura, boa parte desse contingente deslocou-se para as cidades, atraída não só pelas novas oportunidades, como também pelas vocações profissionais que traziam de seus países de origem.

Também não são desconhecidos os intensos movimentos de migração interna, resultado da lenta desmontagem do sistema escravocrata. No período que vai de 1872 a 1900, a região Nordeste foi a que apresentou maior perda populacional, consequência do comércio interno de escravos que despovoou a economia do açúcar e do algodão e adensou os estados cafeeiros. Castigados pelas secas de 1870 e 1880, tais grupos migrantes, provenientes de diferentes localidades do Nordeste brasileiro, não se dirigiram apenas a São Paulo. Chegaram às terras da Amazônia, por conta da febre da borracha que assolou o país no final do século XIX; ao Rio de Janeiro, que, como capital, era a principal provedora de empregos, mais especificamente para o funcionalismo público e estatal; e, anos mais tarde, aos estados sulistas: Paraná, Santa Catarina e Rio Grande do Sul.

---

4 Fernando Henrique Cardoso, "Dos governos militares a Prudente: Campos Sales", São Paulo: Difel, 1977, p. 20.

Porém, a importância do desenvolvimento urbano do período é relativa. No contexto que vai das últimas décadas do século XIX até 1930, o Brasil continuou a ser um país eminentemente agrícola. Segundo o Censo de 1920, dos 9,1 milhões de pessoas em atividade, 6,3 milhões (69,7%) se dedicavam à agricultura; 1,2 milhão (13,8%) à indústria; e 1,5 milhão (16,5%) aos serviços. Mesmo assim, os dois fenômenos que mais caracterizaram o contexto foram a entrada da imigração estrangeira e a aceleração do crescimento e da modernização das cidades. A urbanização ainda traria consigo suas próprias novidades e necessidades. Formas alternativas de habitação, de lazer e de trabalho, mas também problemas de transporte, de moradia e de educação, fariam parte da nova agenda. A imagem geral era que tudo mudava, e de maneira acelerada. Em primeiro lugar, as cidades passariam por amplos processos de "embelezamento", visando alcançar as novas funções para as quais se preparavam. Era preciso cuidar dos edifícios públicos; deslocar a pobreza para os subúrbios da cidade; atentar para o transporte coletivo; construir instituições representativas; e lidar com as novas sociabilidades urbanas. Também é nesse momento que cidades como Rio de Janeiro, São Paulo e mesmo a recém-criada Belo Horizonte, a nova capital dos mineiros – todas concentradas na região Sudeste –, aparelhavam-se para exercer suas recentes disposições administrativas e sociais.

Também é importante lembrar que, em fins do século XIX, após um período de depressão, equilibram-se as economias dos países centrais. O resultado foi um clima de otimismo e de confiança, que partia da economia e ganhava a cultura, os costumes e a moral, assim alcançando os países considerados periféricos. Na verdade, é difícil determinar o que é causa e o que é efeito nesse processo (e pouco importa), até porque nesse período, e mais particularmente naquele que vai de 1890 até a Primeira Grande Guerra, a certeza da prosperidade deu lugar a uma sociedade de sonhos ilimitados. Esse é o momento dos grandes inventos (do automóvel, do elevador, da anestesia, da Coca-Cola, mas também da fotografia, do raio-x ou da pasta de dente); de imensas conquista imperiais; de saltos nas ciências, na filosofia e nas artes. De Freud a Oscar Wilde; de Gaudi a Verdi; de Munch com seu grito a Cézanne com a paisagem como impressão, o mundo parecia mesmo novo, assim como seus limites e possibilidades.

Já no Brasil, a representação oficial aliava a imagem da jovem República à modernidade que se instalava no país, tirando-o da "letargia da monarquia" ou da "barbárie da escravidão". Uma verdadeira batalha simbólica é então travada, quando nomes, símbolos, hinos, bandeira, heróis nacionais são substituídos, com o intuito de que outros fossem impostos, mais coadunados com os tempos modernos. Símbolo maior dessa era foi Santos Dumont, que elevou as expectativas brasileiras de alcançar as alturas das nações modernas. Ícone dos novos tempos foi também a "nova avenida Central" – atual avenida Rio Branco, na cidade do Rio de Janeiro –, exemplo maior do projeto urbanístico da capital federal, que se transformava em verdadeiro cartão-postal, com suas fachadas ao estilo *art nouveau*, feitas de mármore e cristal, seus modernos lampiões a luz elétrica, lojas de produtos importados e transeuntes à francesa. Marco paralelo e silenciado de toda essa cantilena de novidades é a expulsão da população pobre que habitava os casarões da região central e a destruição das famosas "cabeças de porco". Era a ditadura do "bota-abaixo" que demolia casas, sobretudo as antigas e pobres, disseminando os cortiços e os hotéis baratos – os "zunga" –, onde famílias inteiras se acomodavam no chão ou passavam a habitar aquelas que seriam consideradas as "periferias" das novas urbes. Isso sem esquecer a repressão às festas populares, submetidas, igualmente, a esse "processo civilizatório".

Tornou-se notória a iniciativa do presidente Rodrigues Alves (1900-1902) de montar uma equipe de engenheiros, à qual concedeu poderes ilimitados. Com o intuito de fazer da capital uma vitrine para captação de interesses estrangeiros, concebeu-se um plano em três direções: a modernização do porto ficaria a cargo do engenheiro Lauro Müller; o saneamento da cidade – acometida, segundo as autoridades, por doenças e epidemias infecciosas – seria responsabilidade do médico sanitarista Oswaldo Cruz; e a reforma urbana estaria a cargo do engenheiro Pereira Passos, que havia conhecido de perto a reforma de Paris. O escritor Lima Barreto, testemunha crítica desse momento, espantava-se com a velocidade da reforma: "De uma hora para a outra a antiga cidade desapareceu e outra surgiu como se fosse obtida por mutação de teatro. Havia mesmo na coisa muita cenografia".

Também nesse período, mais precisamente a partir da década de 1870, São Paulo passa a ser palco privilegiado de transformações socioeconômicas, urbanísticas, físicas e demográficas. Prensada em meio à prosperidade crescente da lavoura cafeeira, de um lado, e as tensões derivadas da crise final da escravidão, de outro, a antiga cidade de barro dos viajantes, o velho burgo de estudantes da Faculdade de Direito do largo São Francisco, se transformava na "metrópole do café". Todo esse conjunto de fatores resultou, por sua vez, em alterações profundas nas funções e nos espaços na cidade, em favor de um maior controle e racionalização, e de modo a assegurar a São Paulo o papel de entreposto comercial e financeiro privilegiado. Essa é a época da criação do Instituto Butantã (que produziu soro à base do veneno retirado de cobras); da iluminação elétrica; da ação governamental em prol dos transportes públicos que tomavam novo impulso com a inauguração, em 1872, da estrada de ferro Jundiaí-Campinas pela Companhia Paulista. De fato, o desenvolvimento paulistano ficava condicionado a três fatores principais. Em primeiro lugar, à expansão cafeeira, cuja marcha saía do vale do Paraíba e chegava ao oeste paulista, ainda em fins dos anos 1850. Em segundo, a entrada da estrada de ferro que viabilizaria o transporte interno, até então feito em lombo de burros, até o porto de Santos. Por fim, não há como deixar de mencionar o papel da imigração, que mudaria, como veremos, as feições, os dialetos, a culinária e os serviços públicos paulistanos.

Todas essas alterações – sociais, culturais, tecnológicas e econômicas – levam a mudanças aceleradas no comportamento da população local, que passa a transitar pelas ruas da cidade, deixando o ambiente exclusivo da casa patriarcal. Também em São Paulo (e em ritmo paralelo ao que ocorria no Rio de Janeiro), a "boa sociedade" descobre novos hábitos sociais: os bailes, o turfe, o *trottoir* e as noitadas no teatro. No entanto, e mesmo com tantas novidades, até o final do século XIX velhos padrões de sociabilidade, próprios do mundo rural escravocrata e patriarcal brasileiro, continuavam presentes nessa São Paulo em expansão.

É por isso que a urbanização paulistana implicou o "embelezamento" da cidade, mas também, de maneira simétrica, uma nova expulsão da pobreza e de atividades ligadas ao mundo do trabalho, consideradas incompatíveis com a modernidade. Essa é a época da aprovação de uma série de regulamentações oficiais (as chamadas "posturas"), que previam multas e impostos para atividades que, até então, caracterizavam o dia a dia da cidade. Além disso, a especulação imobiliária e a intervenção urbanística levaram a ganhos e perdas. Por um lado, a infraestrutura da cidade é alterada, com a abertura de novos bairros e ruas elegantes, que revolucionam o até então pacato cotidiano paulistano. Essa é a época da avenida Paulista com seus casarões imponentes e sua população que pretendia se portar à francesa. Por outro, são demolidos muitos casebres, tudo em nome do prolongamento das ruas e da ampliação de largos e praças, mas também da higienização. O mesmo processo que levou ao inchaço da pobreza acabou, finalmente, por expulsá-la dos bairros centrais da cidade, onde agora se viam casas de ópera e vistosos empreendimentos comerciais.

Outras cidades brasileiras passavam por processos semelhantes. Um caso paradoxal é o de Belo Horizonte, município criado e arquitetado como capital do estado de Minas Gerais. Promulgada pelo Congresso Mineiro reunido em Barbacena a 17 de dezembro de 1893, uma nova lei estabeleceu a mudança da capital, com o prazo improrrogável de quatro anos para o término de sua construção. Era a primeira vez, no Brasil, que se planejava a construção de uma cidade, em moldes modernos e civilizados. Além disso, e mais uma vez, tem início um processo de desapropriação de bens da população residente na região, com o objetivo de abrir espaços para a nova metrópole que despontava apressada. Os trabalhos de instalação seguiam em frente: o correio é fundado, o telégrafo, inaugurado, casas comerciais são abertas, e residências de padrão superior passam a ser edificadas. Logo a infraestrutura local passa a dispor de água, iluminação e força elétrica.

No processo de embelezamento, não poderiam faltar os parques – com seus restaurantes, cassinos e observatórios. Com tudo pronto para a inauguração, só faltava "limpar" a cidade. É então legalizada a repressão que, novamente, implicou a demolição de "casas velhas" e a organização de um código de posturas, que passou a determinar o comportamento "adequado" para a população da nova capital.

Enfim, aproximava-se o dia 17 de dezembro de 1897, prazo final estabelecido para efetuar a transferência do governo do estado para Belo Horizonte. Para celebrar a data, ao anoitecer, a cidade ficou toda iluminada com centenas de lâmpadas elétricas que a pontilhavam. Os edifícios (ainda inacabados), as praças e as avenidas recém-abertas, tudo ganhava ar acabado em função da iluminação que, simbolicamente, marcava o nascimento da cidade. No dia 12 de dezembro de 1897, a capital embrionária amanheceu toda embandeirada e em clima de festa. Não faltaram discursos, foguetes e vivas; afinal, tratava-se da primeira cidade planejada republicana brasileira que ganhava vida e mostrava que o futuro estava bem ali.

Temos assim três casos, três percursos distintos: a capital fluminense, que se rearranja em função da República; a capital paulista, que agora se aparelha para encenar o novo potencial econômico advindo da cafeicultura; e um centro afastado do litoral, Belo Horizonte, especialmente projetado para cumprir o papel de capital. O que se nota é que, em vez da dicotomia fácil – Monarquia ou República, barbárie ou progresso, atraso ou civilização –, impõe-se uma convivência inesperada de temporalidades e a expressão de um movimento ambíguo que comportava inclusão e exclusão, avanço tecnológico com repressão política e social.

Uma população cada vez mais complexa e diferenciada representava um termômetro evidente da insatisfação generalizada que tomou conta do país, logo na virada do século. Na verdade, não tardariam a estourar movimentos que revelavam outras faces, mais reclusas, de tanta modernidade. Populações eram expulsas dos centros elegantes das cidades ou deixadas ao largo da "civilização" – nos sombrios sertões ganhariam as manchetes dos jornais.

Mas os primeiros sinais de insatisfação partiram do cerne das próprias cidades. A Revolta da Vacina, ocorrida na cidade do Rio de Janeiro em 1904, expunha as falácias da até então bem-sucedida política autoritária e higienista. Afinal, nesse momento, o combate às doenças se misturava com o controle das populações, agora divididas entre nacionais, africanos e imigrantes. O importante é que a revolução popular contra medidas que visavam erradicar a febre amarela era, antes, indicativo de como a mistura entre diferentes levas populacionais – com histórias, costumes e aprendizados distintos – podia produzir resultados explosivos.

E o tema não era novo. Desde o último quartel do século XIX, o tema da saúde vinha frequentando a agenda intelectual e política brasileira, menos pela positividade do que por seu lado preocupante: a doença. Viajantes, jornalistas, literatos, médicos e cientistas sociais registraram e refletiram sobre moléstias tropicais, enfermidades dos escravos africanos e de imigrantes, doenças da cidade e do meio rural, e, cada vez mais, acerca das patologias da modernidade, presentes nas novas cidades. "O Brasil é um imenso hospital", dizia o médico Miguel Pereira, em outubro de 1916, frase logo transformada em metáfora do país, um epitáfio nacional[5].

As doenças que entravam nas estatísticas médicas eram das mais variadas, sendo divididas por local, origem e nacionalidade. Algumas epidemias eram consideradas "de fora" – como a cólera, uma das grandes responsáveis pelos óbitos à época. Outras eram tidas como "de dentro", como a febre amarela, a varíola e a peste bubônica. Aliás, as casas de boa parte da população rural – choças feitas de barro – eram refúgio habitual do inseto conhecido como "barbeiro", o transmissor da recém-descoberta doença de Chagas, e propiciavam a disseminação do impaludismo e de várias infecções intestinais. Já na conta dos imigrantes caía a tracoma, uma infecção ocular perigosa e transmissível. O importante é que as epidemias maculavam a já frágil reputação do país. É por isso que as reformas urbanas reagiam, muitas

---

[5] Gilberto Hochman, "Saúde pública ou os males do Brasil são", São Paulo: Companhia das Letras, 2011.

vezes de maneira bem-sucedida, às várias epidemias que grassaram até a primeira década do século XX. Figura das mais emblemáticas foi Oswaldo Cruz, responsável pela erradicação da febre amarela em território nacional. Os relatos e as experiências das viagens científicas empreendidas pelo Instituto Oswaldo Cruz ao interior do Brasil fizeram com que a saúde do litoral fosse ao encontro dos sertões brasileiros, considerados uma incógnita nacional[6]. Entre os anos de 1907 e 1913, regiões do interior paulista, de Minas, da Bahia, e os vales do São Francisco e do Tocantins, até a Amazônia, fizeram parte da rota dessas expedições, logo convertidas em ponta de lança do estado.

Foi por meio desse movimento nacionalizante que as "patologias da pátria" (as pestilências ou epidemias) seriam consideradas problemas emergenciais. Aí residiam as doenças dos sertões, do interior do Brasil, ou a conhecida "maldita trindade": a malária, a doença de Chagas e a ancilostomíase, mal contraído pelo contato com águas paradas. Isso sem esquecer a lepra, a sífilis e a tuberculose, as doenças que mais matavam no país. As "patologias do Brasil" pareciam atingir a todos, mas os grandes alvos eram os sertanejos, caipiras e populações interioranas, vítimas das endemias rurais. Além deles, também se incluíam os libertos, os habitantes pobres das cidades, os moradores dos cortiços e favelas, os imigrantes, as mulheres e as crianças, os trabalhadores informais e os camponeses. Eugenia, higienismo e exclusão social pareciam alicerçados no sentido de combater uma subcidadania do homem brasileiro, provocada, segundo tais teorias, pela falta de saúde reinante sobretudo entre as camadas rurais e pobres.

Se até aqui nos concentramos no lado urbano – e mais visível – dessa história, não há como ignorar os vários movimentos sociais, os levantes messiânicos e milenaristas – como Contestado, Juazeiro e Canudos –, que estouraram em distintas regiões do país. Vestígios desse processo de modernização a qualquer custo e da desatenção diante de largos contingentes populacionais deixados à míngua podem ser percebidos no desabafo do jornalista Euclides da Cunha,

---

6 *Ibidem.*

bem no final de seu livro *Os sertões*, que se transformaria rapidamente num clássico nacional. Conclui ele:

> Fechemos este livro. Canudos não se rendeu. Exemplo único em toda a história, resistiu até o esgotamento completo [...]. Forremo-nos à tarefa de descrever os seus últimos momentos. Nem poderíamos fazê-lo. Esta página imaginamo-la sempre profundamente emocionante e trágica; mas cerremo-la vacilante e sem brilhos. Vimos como quem vinga uma montanha altíssima. No alto, a par de uma perspectiva maior, a vertigem...[7]

Foi em 1897 que teve início o conflito armado de maior visibilidade nesses momentos iniciais da República, prontamente transformado em bode expiatório nacional. A rebelião opôs, de um lado, a população de Canudos, arraial que cresceu no interior da Bahia; e, de outro, o recém-criado governo da República. Enviado como repórter pelo jornal *O Estado de S. Paulo* à região em litígio, o engenheiro militar Euclides da Cunha lá permaneceu durante as três semanas finais do conflito, tendo presenciado o dramático desfecho da guerra, quando literalmente os sertanejos foram massacrados. Se o jornalista partiu certo dos progressos ilimitados da civilização, voltou assolado por dúvidas, incertezas e muitos silêncios. Tanto que, cinco anos mais tarde, publicou *Os sertões*, livro que se tornou logo uma referência, com repercussões tão amplas quanto o evento histórico que narra. Ali se descrevia, nas palavras do autor, um massacre, uma grande incompreensão.

Embora na construção da obra o autor utilizasse fatores deterministas – como meio e raça – para a análise dos moradores de Canudos, o principal argumento se concentrava no isolamento dos sertanejos, que traria consequências tanto negativas como positivas para o país e para essas populações. De um lado, o atraso daqueles grupos do sertão era materializado no fanatismo religioso. De outro, a distância geográfica e cultural e o relativo isolamento teriam protegido tais segmentos sociais das "degenerações" das cidades litorâneas. Mas se a fortuna crítica da época impressionou-se com o referencial teórico do livro – dividido

---

[7] Euclides da Cunha, *Os sertões*, São Paulo: Cultrix, 1973, p. 392.

em partes bastante distintas: "A terra", "O homem" e "A luta" –, o que mais chamou atenção do público foi o caráter de denúncia que continha. Para Euclides da Cunha, existia um abismo entre as diferentes regiões brasileiras e urgia que as elites intelectuais e políticas voltassem as costas à Europa e olhassem, finalmente, para o interior do próprio país.

A previsão de Euclides era certeira, e novas rebeliões populares não tardariam a estourar. Outro movimento de largas proporções ocorreu no Nordeste, envolvendo o padre Cícero Romão Batista, entre 1872 e 1924. O centro irradiador foi a cidade de Juazeiro, onde o religioso começou a reunir fiéis desconsolados com o resultado da seca que atingira a região. Um terceiro movimento social rural ficou conhecido como Revolta do Contestado, tendo ocorrido entre 1912 e 1916, numa região limítrofe entre Paraná e Santa Catarina, cuja posse era questionada por ambos os estados. Por lá, não um, mas três monges animavam o movimento. Adversários da República, os revoltosos se diziam monarquistas e pregavam um outro reino, muito distante da modernidade.

Não é o caso de tratar mais detidamente das especificidades de cada um desses movimentos. Mais vale destacar, a partir deles, essa outra feição do país. Os sertões bravios se converteram em personagem inesperado, mas essencial, para entender a jovem República brasileira que se aparelhava no sentido de neutralizar as diferenças; tudo em nome do progresso único e obrigatório.

Os movimentos sociais contestatórios não se limitaram, porém, ao campo. Nas cidades, operários reagiram às péssimas condições de trabalho – que não previam idade mínima ou tempo máximo de jornada diária. Lutavam também por melhores salários e pela criação de órgãos de representação, como sindicatos e partidos de classe. De especial importância foi a presença da mão de obra imigrante europeia, da qual os italianos representavam o número mais significativo, seguidos por espanhóis e portugueses. Em São Paulo, trabalhavam nas indústrias têxteis, mas eram também pedreiros, marceneiros, ferreiros, atuavam na área do transporte e em pequenas manufaturas de calçados, alimentos e outras atividades artesanais. A situação se repetia no Rio de Janeiro e em cidades como Belo Horizonte e Recife, que também ensaiavam seu parque industrial.

Não por acaso, os grandes movimentos grevistas, como os de 1917 e 1919, estiveram diretamente vinculados a essas populações. Por sinal, nesses primeiros anos em que tudo parecia bastante provisório, as condições de trabalho seriam as mais abusivas. Crianças trabalhavam a partir de 5 anos nas fábricas de São Paulo, e menores chegavam a constituir metade do número total de operários empregados. O Censo de 1919 também assinala a existência de largo contingente feminino, maior em São Paulo do que nos estados do Sul e no Rio de Janeiro. A presença de crianças e mulheres nas fábricas, principalmente de tecidos, também colaborava para a diminuição do nível médio dos salários. E a situação pioraria ainda mais com a carestia experimentada nos anos de guerra.

Seria especialmente pelas mãos dos imigrantes que entrariam novos movimentos grevistas de reivindicação salarial, parte deles de ideologia anarquista. No Brasil, é reconhecida a existência de núcleos anarquistas desde os anos 1890, boa parte deles compostos por imigrantes e seus descendentes. A partir de 1902, ocorre a primeira manifestação grevista, no Rio de Janeiro, envolvendo uma fábrica de sapatos. Mas é só em 1903, também no Rio, que estoura a primeira greve geral multiprofissional, duramente reprimida pela polícia. Em 1904, eclode nova greve, coordenada pela Cia. Docas de Santos, com grande adesão de operários da cidade. A movimentação seria apoiada por gráficos de São Paulo, assim como por marítimos do Rio de Janeiro. Essa era a primeira vez que uma greve tinha como palco um porto atribulado como o de Santos, envolvendo centenas de industriais.

Uma das greves ferroviárias de maior vulto ocorre em 1906, em São Paulo. O motivo imediato foram os abusos e as arbitrariedades, assim como a redução de salários. No ano seguinte, é anunciada a primeira greve geral, em São Paulo, pela defesa da jornada de trabalho de oito horas. O movimento se espalha, alcançando outras cidades do estado como Santos, Ribeirão Preto e Campinas.

Com o aumento da carestia entre os anos de 1910 e 1913, cresceriam também as associações operárias e os protestos sociais. Foi no ano de 1917 que as associações operárias conheceram, de fato, uma grande ampliação em seus quadros. A crise, o desemprego, a redução nas horas de trabalho e o prolongamento da jornada explicam a força do movimento. Nesse ano, a greve atinge de 50 mil a 70 mil operários no Rio de Janeiro e em São Paulo. O clima andava quente e, entre 1919 e 1920, só na capital paulista ocorrem 64 greves, e outras 14 no interior. O Primeiro de Maio de 1919 congregou de 50 mil a 60 mil participantes na praça XI no Rio de Janeiro, entre trabalhadores industriais, líderes anarquistas e simpatizantes do recém-fundado Partido Comunista. Em São Paulo, calcula-se a presença de número semelhante de operários envolvidos.

Com a chegada dos anos 1920, esse tipo de movimentação tenderia a se esvaziar, sendo os anarquistas suplantados – já na era Vargas – pelos sindicatos oficiais. O importante é salientar a frequência desses movimentos sociais que passaram a pipocar no campo e nas cidades. O progresso e a civilização pareciam ser para poucos, e as falácias do processo ficavam cada vez mais claras. Longe de evocarem "dois Brasis" – um no campo e outro na cidade; dos nacionais ou dos imigrantes; da burguesia ou do novo proletário industrial –, tais movimentos revelavam a existência de diferentes realidades, expectativas e formações sociais.

Medo da reescravização

Por onde quer que se olhe, fica claro como tal projeto cidadão era para poucos. A Lei Áurea, de 1888, não só deixara de prever ressarcimentos aos proprietários, como também abriu mão de priorizar uma política social de amparo a grupos sociais que, sem aprendizado necessário ou experiência urbana, não dispunham de ferramentas necessárias para competir em igualdade de condições com os trabalhadores nacionais livres ou mesmo com as populações imigrantes.

Ademais, com a voga das teorias raciais, influentes até os anos 1930, recaía sobre esses grupos um fardo pesado, condicionado pelos modelos deterministas de interpretação social que não só estabeleciam hierarquias entre as raças, como condenavam a mestiçagem existente no país. Segundo tais modelos, a explicação para a falta de sucesso profissional ou social dos negros e ex-escravos residiria na ciência, ou melhor, na raça, e não em uma história pregressa ou no passado imediato. Na verdade, a entrada conjunta e maciça dessas escolas de pensamento racial fez com que o debate pós-abolição da questão da cidadania e da igualdade fosse deslocado, em nome de razões e argumentos da biologia.

E o movimento era duplo: de um lado, destacava-se a inferioridade presente no componente negro e mestiço de nossa população; de outro, havia um esforço para escamotear o passado escravocrata e sua influência na situação atual do país. Bom exemplo é o Hino da Proclamação da República, que, criado no início de 1890 – portanto, um ano e meio após a abolição oficial da escravidão –, conclamava: "Nós nem cremos que escravos outrora/ Tenha havido em tão nobre país". Ora, a libertação mal ocorrera e já se fazia (oficialmente) silêncio sobre ela ou a transformavam em "passado remoto". No entanto, nesse momento produzia-se uma espécie de subcidadania, presente nos sertões, mas também nos "cortiços", tão bem descritos por Aluísio de Azevedo, que em 1890 publicou o romance *O cortiço*. Na obra, o escritor caracterizava esse tipo de aglomerado urbano como verdadeiro barril de pólvora, não só por reunir populações tão distintas – portugueses, espanhóis, africanos e mulatos livres –, mas por carregar as mazelas dessa urbanização feita às pressas e às custas da expulsão de amplos contingentes populacionais.

Nesse processo, os mais prejudicados foram os libertos, que conviviam com o preconceito ainda vigente da escravidão (mesmo que extinta) e o preconceito diante de sua raça. Lima Barreto afirmou em seus diários que, no Brasil, "a capacidade mental dos negros é discutida a priori, e a dos brancos, a posteriori", e finalizou desabafando: "É duro não ser branco no Brasil"[8]. O fato é que, após a Abolição, as populações de origem africana, espalhadas por todo território nacional – e marcadas por um preconceito silencioso que se expressava,

---

8   Lima Barreto, *Contos completos*, São Paulo: Companhia das Letras, 2010.

já nesse momento, a partir de uma leitura detida, hierarquizada e criteriosa das cores –, vivenciaram situações das mais variadas. Por mais que a Lei Áurea tivesse estabelecido um ponto-final à experiência pregressa do cativeiro, não é possível dizer que ela tenha acabado com o medo da reescravização, que fez com que muitos negros aderissem à Monarquia, contra a República. Por outro lado, imagens como a do ócio e da preguiça associaram-se aos libertos, definindo-os como desorganizados social e moralmente. Tudo isso parecia responder ao novo modelo que privilegiou uma sociabilidade à europeia, distanciada da nossa história particular. Por fim, cabe lembrar que a Abolição igualara populações que experimentavam situações diferentes de inclusão social. Ou seja, se algumas famílias de africanos haviam conhecido durante o Império uma certa ascensão cultural e econômica, com a Lei Áurea todos se viram na mesma vala comum que os igualava na condição de libertos, ex-escravos, africanos.

Talvez por isso, tais segmentos sociais e étnicos se apegaram por princípio à posse de certos objetos, cuja proibição de uso simbolizava a própria ausência de liberdade. Segundo o viajante L. Gaffre, logo após a abolição, negros e negras, de posse de suas pequenas economias, passaram a se dirigir a lojas de calçados: acessórios esses a que, até então, não tinham acesso. Convertidos em símbolo maior da liberdade civil recém-conquistada – que ainda não parecia segura diante dos avanços e recuos da República –, sapatos agora eram exibidos orgulhosamente por seus proprietários. Mas se foi grande a procura por esses novos ícones de liberdade, o resultado imediato mostrou-se decepcionante. Desacostumados com o uso de calçados, apertados e pouco adaptados aos pés grossos calejados do trabalho e do contato com o chão, os novos fregueses rapidamente deixaram de calçá-los para dar-lhes um uso no mínimo original. Pelas ruas notavam-se africanos carregando seus pares de sapatos como se fossem troféus, não nos pés, e sim apoiados nos ombros, tal qual bolsas a tiracolo. Liberdade significava, assim, o arbítrio de poder comprar o que se quisesse.

Nas áreas rurais, os ex-escravizados se misturavam à população pobre, constituindo a imagem de país mestiço, tão comentada quanto criticada por teorias raciais do início do século XX, mas transformada em símbolo do Estado Novo, já nos anos 1930, na era Getúlio Vargas. Muito se escreveu também acerca do nomadismo dessas populações, que evitavam se fixar em algum lugar restrito. Diziam os relatos que, após o decreto da abolição, era possível observar libertos isolados ou comunidades inteiras vagando pelos campos, ou estabelecendo-se por um curto tempo, para logo voltar a perambular. A explicação para tanta mobilidade pode ser encontrada na experiência prolongada da escravidão e do desconhecimento de amplas faixas populacionais quanto ao sentido de propriedade[9]. Trabalhadores negros, de alguma maneira, se misturavam à população camponesa e aderiam ao modo de vida caipira e caboclo do interior paulista. Mais ainda, imiscuíam-se na produção agrícola das fazendas de Minas Gerais, assim como atuavam na economia açucareira do Nordeste e na cultura do algodão de uma maneira geral. Evitavam a fixidez e também viviam em torno dos "mínimos vitais"[10]: uma cultura voltada para a produção dos pequenos excedentes, tanto comerciais quanto alimentares, uma sociabilidade que se utilizava das relações de vizinhança.

Eram muitas as representações acerca do elemento nacional. Se alguns teóricos do determinismo racial destacavam a apatia e a degeneração do mestiço, relatos de viajantes e cronistas enalteciam o que entendiam como um modo de vida puro e caipira. Tal imagem se contrapunha, por sua vez, à dos sanitaristas, os quais, como vimos antes, reconheciam neles um Brasil doente e decaído. É dessa época a contraposição entre a ideia de um mestiço corrompido – exemplo dos modelos de darwinismo racial – e a representação do Jeca Tatu, personagem criado por Monteiro Lobato: originalmente um caipira do vale do Paraíba, que se tornaria uma das mais conhecidas caricaturas das populações rurais e carentes da literatura brasileira. Para Lobato, era por causa dos problemas que vivenciava como agregado,

---

[9] Maria Cristina Wissenbach, "Da escravidão à liberdade: dimensões de uma privacidade possível", São Paulo: Companhia das Letras, 2001.

[10] Antonio Candido, *Os parceiros do rio Bonito*, São Paulo: Editora 34, 2000.

das grandes mudanças na vida política nacional, das secas intermitentes e da carestia constante que o caboclo "continuava de cócoras". Nessa mesma época, Rui Barbosa proferiu uma palestra intitulada "A questão social no Brasil". Partindo da caricatura do Jeca, o político questionava quem, afinal, seria o povo brasileiro: aquele caboclo sempre agachado cujo voto podia ser comprado por um trago no bar ou um rolo de fumo, ou o senhor da elite, que lia francês, fumava cigarros e frequentava teatros e óperas italianas[11]? Perguntas desse tipo fizeram parte dos debates políticos que antecederam a Revolução de 1930 e permaneceram em pauta nos anos iniciais do governo Vargas, ao lado dos projetos de industrialização e de modernização do país.

Aí estava, pois, não um outro Brasil, mas sua mesma face, quem sabe refletida no lado oposto do espelho. Uma forte barreira foi, assim, interposta por cronistas, sanitaristas e viajantes, os quais sistematicamente procuraram obscurecer ou até negar não só sociabilidades dessas populações mestiças (consideradas evolutivamente atrasadas e condenadas ao desaparecimento), como também seus costumes, religiosidades e saberes. Nas vizinhanças do projeto modernista republicano sobrevivia e se recriava um outro tipo de experiência comunitária. Como desabafou Euclides da Cunha no desfecho de seu livro, ao lamentar a derrocada de Canudos: "Vimos como quem vinga uma montanha altíssima. No alto, a par de uma perspectiva a vertigem..."[12]. Era de vertigem que se tratava.

Um Brasil imigrante

Se africanos passaram a entrar no país a partir do século XVI, no período que vai de 1830 a 1930, europeus e asiáticos passaram a imigrar para o Brasil, convivendo e se sujeitando a costumes, hábitos e regras

---

11 Nisia Trindade Lima, "Campo e cidade: veredas do Brasil moderno", São Paulo: Companhia das Letras, 2011.

12 Euclides da Cunha, *op. cit.*, p. 392.

muitas vezes distintos daqueles de seus locais de origem. Práticas de moradia e de alimentação, tradições religiosas, costumes sanitários e educacionais seriam revolucionados, assim como tradicionais sociabilidades. Uma verdadeira febre imigratória contagiou poloneses, alemães, espanhóis, italianos, portugueses e, mais tarde (a partir dos últimos anos da década de 1910 e nos anos 1920), japoneses (cujo próprio governo incentivaria a imigração), iludidos por uma propaganda que prometia terras novas e férteis. Esse mito da abundância dos trópicos, de um mundo gentil e afável, era oportuno com a circunstância de uma Europa que expelia sua população pobre e de pequenos proprietários crescentemente endividados. O considerável aumento populacional do período fez com que parte dessa população fosse aproveitada como mão de obra excedente para a industrialização. No entanto, a melhoria dos transportes e o crescimento de camponeses desempregados aceleraram um movimento imigratório rumo à América[13]. Mais de 50 milhões de europeus abandonaram seu continente de origem nesse contexto, em busca da tão desejada "liberdade". Liberdade era então uma palavra forte, mas, por aqui, na terra do trabalho forçado, ganharia outras conotações. Escravizados haviam recém-conquistado a liberdade, mas ainda lutavam para efetivá-la neste país em que marcas de cor se transformavam rapidamente em traços da natureza a hierarquizar a humanidade. Ao mesmo tempo, a entrada dos imigrantes era aqui aguardada como uma solução e uma substituição para o problema da mão de obra.

A maior parte dos imigrantes transatlânticos dirigiu-se para a América do Norte, mas 22% do total – em torno de 11 milhões – escolheu a América Latina como destino. Desses, 38% eram italianos, 28% espanhóis, 11% portugueses, e 3% franceses e alemães. E, desse contingente que optou pela América Latina, 46% deles escolheram a Argentina, 33% o Brasil, 14% Cuba, e o restante dividiu-se entre Uruguai, México e Chile[14]. Aqui chegados, eles precisavam não só

---

[13] Zuleika Alvim, "Imigrantes: a vida privada dos pobres do campo", São Paulo: Companhia das Letras, 2001, p. 220.

[14] *Ibidem*, p. 221.

encarar uma reversão de expectativas, como uma convivência inesperada com vizinhos de costumes e histórias diferentes, e lidar com o novo dia a dia dos trópicos, onde tudo parecia diferente: o clima, os alimentos, as práticas habitacionais, os códigos sociais, as religiões.

Mas importava, como dizia o provérbio, "fazer a América", e desde o princípio o objetivo parecia se resumir a acomodar-se a uma mudança transitória. Por parte do governo brasileiro, desde os tempos de dom João, foram empreendidas diferentes políticas de incentivo à imigração. Em primeiro lugar, e por conta da existência de grandes áreas não ocupadas no Sul do país, onde as condições climáticas eram semelhantes às temperadas, instalou-se um modelo de imigração europeia, baseado em pequenas propriedades policultoras. Já no caso dos cafezais, em especial em São Paulo, onde a mão de obra escrava era cara e escassa, o modelo implantado foi o da imigração estrangeira dirigida ao campo, subvencionada pelo Estado paulista ou mesmo pelos proprietários, para o trabalho direto nas fazendas. Não obstante a existência desses dois modelos, o grosso dos imigrantes se dirigiu, efetivamente, para as fazendas de café. A partir da década de 1890, o subsídio da União, respondendo à pressão dos fazendeiros, cumpriu o papel de estabilizar o fluxo às necessidades crescentes da economia. Até 1900, a Federação subsidiou de 63% a 80% da entrada de imigrantes, e só a partir da virada do século, quando se destacou a presença de espanhóis e portugueses em São Paulo, é que uma imigração não atraída publicamente se firmou. Nesse caso, o movimento populacional não derivava mais da expansão cafeeira, mas expressava a intensificação das atividades urbano-industriais naquela região.

E tal descompasso só poderia gerar muito ruído. Se os fazendeiros pareciam não se incomodar com a mobilidade dos trabalhadores nacionais, com relação aos imigrantes as regras eram bem mais estritas. Parecia ser necessário "amortizar o investimento" e, para tanto, havia todo tipo de pressão. Ademais, os novos camponeses logo viam ruir seus sonhos de prosperidade, transformados em semiescravos. Para aqueles que se dirigiam a São Paulo, antigas senzalas foram adaptadas com o objetivo de acomodar os novos trabalhadores. Nesse caso, em vez de rupturas, havia continuidades com os modelos dessas elites brasileiras, acostumadas ao trabalho compulsório, ao mandonismo e ao compadrio. Assim, o sistema de imigração subsidiada também criava, à sua maneira, subcidadãos.

Abismos sociais podiam ser observados não só diante de hábitos sanitários e alimentares dos caipiras e sertanejos nacionais, como também dos demais imigrantes. Afinal, os imigrantes vinham de segmentos e origens distintos. Alguns eram egressos de regiões mais ao Norte da Itália e estavam habituados à vida nas cidades. Outros, como a população originária do Veneto, readequavam costumes rurais. Para essas populações italianas foi preciso substituir a polenta pelo arroz, introduzir novos legumes e frutas e aguardar um pouco até que as linguiças e os toucinhos secos pendurados no teto das casas pudessem ser consumidos. Católicos fervorosos, poloneses e italianos estranhavam o catolicismo rústico existente no país e reacendiam sua fé, decorando as casas com santos da devoção e outros símbolos pátrios. Hábitos de higiene também dividiam populações. Os italianos tomavam banho uma vez na semana – em geral aos sábados ou domingos –, contentando-se em lavar as mãos e as partes mais suadas do corpo: o famoso "banho de gato". Reagiam, pois, à fartura de água dos nacionais, que pulavam nos rios ou faziam questão de tomar banho de tina diariamente, ou ao ofurô dos japoneses, sempre dispostos a uma imersão coletiva. Por sinal, o maior estranhamento seria reservado aos japoneses. Segundo relatos de nacionais, os japoneses só se contentavam quando viam o arroz crescer em suas plantações; e quando recebiam carne-seca ou bacalhau, não podiam imaginar que teriam de deixá-los de molho para que a carne amolecesse ou trocar a água do bacalhau até que perdesse o excesso de sal. Já o feijão não entrava na dieta, assim como a farinha[15].

Essa Babel de línguas e costumes rendia todo tipo de problemas. Vizinhos se estranhavam, expressões eram mal compreendidas e conflitos estouravam diariamente. Alemães do norte brigavam com os do sul; japoneses tinham atritos constantes com italianos; poloneses

---

15 Zuleika Alvim, *op. cit.*

com alemães, e todos com os locais. Se "os brasileiros", assim como, especialmente, africanos e caboclos, eram considerados "pau para qualquer obra" – ensinavam técnicas locais de agricultura, de construção, de transporte, de cozimento dos alimentos –, todos os viam como inferiores. Uma minoria desses imigrantes retornou às suas terras de origem. Os que o fizeram tendiam a levar e a traduzir hábitos aprendidos no Brasil. Diz-se que repatriados portugueses passaram a usar ternos brancos e chapéus de palha nada condizentes com o clima temperado europeu[16], enquanto alguns ex-escravizados reconduzidos à África, mais especialmente à Nigéria, passaram com frequência a ser chamados por lá de "brasileiros". Convertiam-se, portanto, em estrangeiros por aqui e por lá, e reafirmavam uma identidade feita de pedaços de significação de maneira contingencial[17]. Mas a maioria acabou se adaptando às terras brasileiras. A cada povo o seu credo, e também nesse campo a fé tendeu a se afirmar e misturar. Curandeiros, benzedeiras, herbários percorriam fazendas de norte a sul, trazendo conhecimentos mistos e cada vez mais partilhados. Enfim, nesse mundo de universos cruzados, a religião parecia atravessar barreiras e produzir diálogos possíveis.

Por volta de 1930, essa tendência à imigração transoceânica diminuiria de maneira sensível. Em 1927, o destino de imigrantes que procuravam terras europeias superava em muito o daqueles que prefeririam experimentar a sorte em outros continentes. Vários países passam a instituir, no contexto do entreguerras, políticas restritivas, a começar pelos Estados Unidos, que foram logo seguidos por nações como o Brasil. De 1917 a 1924, os Estados Unidos limitaram a entrada de estrangeiros, e em dezembro de 1930 o presidente Getúlio Vargas, alegando necessária disciplina diante da "afluência desordenada de imigrantes responsável pelo desemprego das populações locais", adota o mesmo tipo de política[18].

Em São Paulo, a paisagem humana ficaria definitivamente alterada. Até hoje a pizza costuma ser uma boa pedida para as noites de sábado;

---

16 *Ibidem*, p. 285.

17 Manuela Carneiro da Cunha, *Negros estrangeiros*, São Paulo: Brasiliense, 1978.

18 Maria Tereza Schorer Petrone, "Imigração", Rio de Janeiro: Difel, 1978, p. 97.

a macarronada, para o almoço de domingo, com direito também a quibe e tabule mais ao anoitecer. Quem preferir uma refeição mais leve pode apelar para um sushi ou um arroz *chop suey* à moda chinesa. Um bom café da manhã pode ser desfrutado na padaria do português, e os melhores azeites são os espanhóis. Isso sem deixar de lado as padroeiras de várias procedências e do sotaque para sempre misturado. Talvez tenha sido Juó Bananère (na verdade, Alexandre Marcondes de Machado, um paulista que nada tinha de ascendência italiana), quem melhor expressou essa mistura acelerada. Publicou sua obra *La divina increnca*, em 1915, intitulando-se "Gandidato à Agademia Baolista di Letteras [candidato à Academia Paulista de Letras], ao utilizar o *patois* falado pela colônia italiana de São Paulo. Ficou famoso por sua paródia ao poema "Canção do exílio", de Gonçalves Dias, que, no século XIX, se transformara numa espécie de hino romântico e nacional.

> *Migna terra tê parmeras,*
> *Che ganta inzima o sabiá.*
> *As aves che stó aqui,*
> *Tambê tuttos sabi gorgeá.*
> *A abobora celestia tambê,*
> *Che tê lá na mia terra,*
> *Tê moltos millió di strella*
> *Che non tê na Ingraterra.*
> *Os rios lá sô maise grandi*
> *Dus rios di tuttas naçó;*
> *I os matto si perde di vista,*
> *Nu meio da imensidó.*
> *Na migna terra tê parmeras*
> *Dove ganta a galigna dangola;*
> *Na migna terra tê o Vap'relli,*
> *Chi só anda di gartolla.*

Populações indígenas e os "trilhos da civilização"

Dentre os vários excluídos da República, um grupo esteve sistematicamente distante das políticas dos governantes republicanos: os ameríndios de uma maneira geral. Se mesmo no Império o interesse foi muitas vezes mais retórico do que pragmático, se os nativos figuraram antes no romanceiro romântico e na pintura histórica acadêmica do que em políticas públicas e sociais, com a República o apagamento desses grupos seria ainda mais evidente. Caso exemplar, nesse sentido, foi o massacre dos Kaingang, para que a estrada de ferro Noroeste do Brasil fosse viabilizada. À época, Herman von Ihering, conhecido diretor do Museu Paulista (ou Museu do Ipiranga), foi aos jornais defender o extermínio desses grupos. Os "trilhos da civilização", dizia ele, precisavam passar, e os indígenas eram vistos como impedimento e obstáculo. A resistência indígena teve início em 1840, e só em 1912 foi derrubada a "muralha Kaingang", como era então conhecida a sublevação nativa. O auge dos confrontos se deu mais especificamente em 1905, com a efetiva construção da estrada de ferro Noroeste do Brasil. A paz só foi alcançada em 1911, depois de o grupo ter sido praticamente exterminado e graças à intervenção do Serviço de Proteção ao Indígena (SPI). Por sinal, de 1913 a 1914 esteve na condução dessa instituição Cândido Mariano Rondon, outro grande nome do período. Militar e sertanista, ele desenvolveu linhas telegráficas no Centro-Oeste, integrando desde a região central até a Amazônia, além de estabelecer contato frequente com vários grupos indígenas.

No final do século XX, a Amazônia seria redescoberta por conta da expansão da borracha. Numa época em que os transportes passavam a demandar esse tipo de produto, o látex proveniente da seringueira viveria no Brasil um surto tão curto quanto lucrativo, entre o final do século XIX e a primeira década do XX. A Amazônia seria invadida, então, por seringueiros que, fugidos da carestia do Nordeste, procuravam nova saída, agora se enfurnando nos rios e chegando a regiões isoladas para o retiro da borracha. São muitos os relatos de brigas e conflitos com os locais, mas também do regime de casamentos que se estabeleceu com a população indígena.

É claro que esses dois exemplos não esgotam a gama de casos envolvendo relações com ameríndios. Servem, porém, para demonstrar como a questão indígena deixou de estar essencialmente vinculada ao tema da mão de obra, para se configurar como um problema da terra.

Nas regiões de povoamento antigo, tratava-se de se apoderar das terras dos aldeamentos. Já nas frentes de expansão ou rotas fluviais, o objetivo era novamente a conquista territorial, bem como "a segurança dos colonos". Dentro do discurso higienista da época, ocorrem debates acerca de duas possibilidades conflitantes: exterminar os índios "bravos", "desinfestando" os sertões longínquos, ou "civilizá-los" e incluí-los na sociedade[19]. De um lado, recuperava-se o debate que vinha desde a Ilustração francesa, sobre a perfectibilidade do homem e a capacidade dos indígenas de evoluir. De outro, porém, a partir do século XX, e diante da certeza do progresso e da evolução única e inevitável, uma política de extermínio passa a ser efetivada, condenando essas populações ao desaparecimento. Assim, enquanto em meados do século XIX os ameríndios eram considerados decaídos, mas passíveis de incorporação à sociedade ocidental, a partir do XX, e sob a influência do positivismo e do determinismo racial, eles passam a ser entendidos como a infância da humanidade, no primeiro caso, mas também como degenerados em potencial. Apesar dos termos da Constituição republicana, tardaria para que uma política mais sistemática de proteção e inclusão fosse implementada. Nada como lembrar a metáfora da ferrovia, ou pensar na locomotiva como símbolo dessa época acelerada que acreditava na utopia de um único progresso. Como dizia o dístico preso à primeira locomotiva inglesa: *"Catch me who can"*.

Profissionais liberais e operários na terra do favor

Hora de fazer uma soma de dois mais dois. Diante da crise da economia agrário-exportadora, do desenvolvimento do setor público, da entrada de numerosa população emigrante e do desenvolvimento urbano, que se acelera ainda mais após o fim da Primeira Guerra Mundial, nota-se o desenvolvimento de um grupo significativo de profissionais liberais,

---

[19] Manuela Carneiro da Cunha, "Política indigenista no século XIX", São Paulo: Companhia das Letras, 1992, p. 133.

crescentemente desvinculado da grande lavoura. O processo de "substituição de importações" levará à expansão do pequeno comércio e da pequena indústria, e, com ele, ao aparecimento de comerciantes, artesãos, intelectuais e industriais de pequeno porte. Por outro lado, com a intervenção do Estado, crescem o funcionalismo público e o número de assalariados ligados à burocracia do país. No período em questão, segundo o Censo de 1920, a população ocupada no setor agrícola sofre um refluxo, paralelo ao crescimento do setor terciário, que chega a 41,2% em 1920, para cidades de 20 mil habitantes ou mais.

O Rio de Janeiro teve papel significativo nesse sentido, uma vez que reunia as características de ser um entreposto comercial e capital federal. Mas esse novo perfil espelhava, em proporção um pouco menor, o comportamento da população total de 805.335 habitantes, sendo 619.648 urbanos e 185.687 rurais. Ocorrem, pois, um verdadeiro inchamento do aparelho de Estado e a criação de uma ampla camada de funcionários públicos, tão ironizados por literatos como Machado de Assis ou mesmo Lima Barreto, eles próprios tendo ocupado o cargo. No conto "Três gênios da secretaria", Barreto elabora verdadeiro "manifesto às avessas" da profissão:

> Logo no primeiro dia em que funcionei na secretaria, senti bem que todos nós nascemos para empregado público. [...] Tão depressa foi a minha adaptação que me julguei nascido para ofício de auxiliar o Estado, com a minha reduzida gramática e o meu péssimo cursivo, na sua missão de regular a marcha e a atividade da nação [...][20].

Em São Paulo, também podia ser observado processo semelhante, mas com suas especificidades. É nesse contexto que se expande o fenômeno dos fazendeiros absenteístas: grandes proprietários do café que deixam de morar no campo para viver nas cidades, de forma a gerenciar seus negócios a partir destas. O fato é que, a despeito de tantas exclusões, não há como negar que os primeiros trinta anos do século XX representaram no Brasil um processo de modernização e de institucionalização

---

20 Lima Barreto, *op. cit.*

de novas práticas democráticas. Foi nessa época que as cidades começaram a crescer, a industrialização se impôs, imigrantes mudaram a feição do país e novas formas de cidadania foram sendo implementadas. Dizia-se que todos queriam se parecer mais com o tempo vindouro do que com o contemporâneo. Modas, inovações, estilos literários representavam, de diferentes maneiras, a velha/nova mística do progresso. Mas se houve grandes transformações, vários elementos também perduraram, até porque poder e privilégio continuariam nas mãos de poucos. Por outro lado, nesse mundo da modernidade, conviviam muitas temporalidades: o sertão, a cidade, uma Polônia transplantada, um Japão recriado, uma Alemanha nada ariana, uma Itália sem sua polenta, além da presença de muitas Áfricas no Brasil. Conforme ironizava Gilberto Freyre: "O tempo de Antônio Conselheiro e o do conselheiro Rodrigues Alves foram contraditórios e diversos, embora ambos vivessem na mesma época e cada um fosse a seu modo conselheiro"[21]. Ou, como cantava Gilberto Gil em sua música "Parabolicamará": "Antes mundo era pequeno/ Porque Terra era grande/ Hoje mundo é muito grande/ Porque Terra é pequena/ Do tamanho da antena parabolicamará/ Ê, volta do mundo, camará/ Ê, ê, mundo dá volta, camará [...]".

Bibliografia

ALVIM, Zuleika. "Imigrantes: a vida privada dos pobres do campo". Em: SEVCENKO, Nicolau (org.). *História da vida privada*. São Paulo: Companhia das Letras, 2001. v. 3: República: da Belle Époque à era do rádio.
BARRETO, Lima. *Contos completos*. São Paulo: Companhia das Letras, 2010.
CANDIDO, Antonio. *Os parceiros do rio Bonito*. São Paulo: Editora 34, 2000.

---

21 Gilberto Freyre, *Ordem e progresso*, Rio de Janeiro: Record, 1957, p. XXXIII.

CARDOSO, Fernando Henrique. "Dos governos militares a Prudente: Campos Sales". Em: FAUSTO, Boris (org.). *O Brasil republicano*. São Paulo: Difel, 1977.
CARVALHO, Maria Alice Rezende de. *Quatro vezes cidade*. Rio de Janeiro: 7Letras, 1994.
CUNHA, Euclides da. *Os sertões*. São Paulo: Cultrix, 1973.
CUNHA, Manuela Carneiro da. "Política indigenista no século XIX". Em: CARNEIRO DA CUNHA, Manuela. *História dos índios no Brasil*. São Paulo: Companhia das Letras, 1992.
CUNHA, Manuela Carneiro da. *Negros estrangeiros*. São Paulo: Brasiliense, 1978.
DIAS, Maria Odila Leite da Silva. *Quotidiano e poder em São Paulo no século XIX*. São Paulo: Brasiliense, 1982.
FAUSTO, Boris. "Expansão do café e política cafeeira". Em: FAUSTO, Boris. *O Brasil republicano*. São Paulo: Difel, 1977. v. 1: Estrutura de poder e economia (1889-1930).
FERNANDES, Florestan. *O negro no mundo dos brancos*. São Paulo: Difusão Europeia do Livro, 1972.
FHRESE, Fraya. *O tempo das ruas na São Paulo de fins do Império*. São Paulo: Edusp, 2005.
FRANCO, Maria Sylvia Carvalho. *Homens livres na ordem escravocrata*. São Paulo: Ática, 1970.
FREYRE, Gilberto. *Ordem e progresso*. Rio de Janeiro: Record, 1957.
GOMES, Angela de Castro; ABREU, Martha (org.). "Dossiê A nova velha República". *Revista Tempo*. Niterói: 2009, v. 13, n. 26.
HOCHMAN, Gilberto. "Saúde pública ou os males do Brasil são". Em: BOTELHO, André; SCHWARCZ, Lilia Moritz (org.). *Agenda brasileira: temas de uma sociedade em mudança*. São Paulo: Companhia das Letras, 2011.
LIMA, Nisia Trindade. "Campo e cidade: veredas do Brasil moderno". Em: BOTELHO, André; SCHWARCZ, Lilia Moritz (org.). *Agenda brasileira: temas de uma sociedade em mudança*. São Paulo: Companhia das Letras, 2011.

MONTEIRO, Duglas Teixeira. "Um confronto entre Juazeiro, Canudos e Contestado". Em: FERREIRA, Jorge; DELGADO, Lucilia de Almeida Monteiro (org.). *O Brasil republicano*. Rio de Janeiro: Difel, 1978. v. 3.

PETRONE, Maria Tereza Schorer. "Imigração". Em: FERREIRA, Jorge; DELGADO, Lucilia Neves de Almeida (org.). *O Brasil republicano*. Rio de Janeiro: Difel, 1978. v. 3: O tempo da experiência democrática.

PINHEIRO, Paulo Sergio. "Classes médias urbanas: formação, natureza, intervenção na vida política". Em: FERREIRA, Jorge; DELGADO, Lucilia de Almeida Monteiro (org.). *O Brasil republicano*. Rio de Janeiro: Difel, 1978.

REIS, João José. *Domingos Sodré, um sacerdote africano: escravidão, liberdade e candomblé na Bahia do século XIX*. São Paulo: Companhia das Letras, 2008.

SCHWARCZ, Lilia Moritz. "Nem preto, nem branco, muito pelo contrário". Em: ARIÈS, Philippe; DUBY, Georges (org.). *História da vida privada*. Trad. Bernardo Joffily e Denise Bottmann. São Paulo: Companhia das Letras, 1999. v. 4: Da Revolução Francesa à Primeira Guerra.

SCHWARCZ, Lilia Moritz. "População e sociedade". Em: SCHWARCZ, Lilia Moritz. *História do Brasil-nação, 1808-2010*. Rio de Janeiro: Fundación Mapfre/Objetiva, 2012. v. 3: A abertura para o mundo, 1889-1930.

SCHWARCZ, Lilia Moritz. *O espetáculo das raças*. São Paulo: Companhia das Letras, 1987.

SCHWARCZ, Lilia Moritz; COSTA, Angela Marques da. *1890-1914: no tempo das certezas*. São Paulo: Companhia das Letras, 2000.

SCHWARZ, Roberto. *Que horas são?* São Paulo: Companhia das Letras, 1987.

WISSENBACH, Maria Cristina. "Da escravidão à liberdade: dimensões de uma privacidade possível". Em: SEVCENKO, Nicolau (org.). *História da vida privada*. São Paulo: Companhia das Letras, 2001. v. 3: República: da Belle Époque à era do rádio.

2.

ESPAÇOS URBANOS NO DESPONTAR DA METRÓPOLE PAULISTANA: CISÕES, TRANSFORMAÇÕES, USOS E CONTRASTES

Vera Pallamin[1]

Na virada para o século XX, a cidade de São Paulo passava por mudanças em sua área central e também em sua imagem, efetivadas no mandato de Antonio Prado (1899-1911), grande proprietário, industrial, protagonista na produção e na exportação cafeeira do país e o primeiro prefeito do município. Os limites urbanos se reconfiguravam. Nas duas décadas anteriores, várias chácaras haviam sido loteadas, gerando bairros de alto padrão, a começar pelos Campos Elíseos (1879). Higienópolis surgiu em 1890, e no ano seguinte foi inaugurada a avenida Paulista, derivada de um empreendimento conduzido pelo agrônomo uruguaio Joaquim Eugênio de Lima. Tendo sido concebida como uma subdivisão de luxo no espigão central, ao longo de quase três quilômetros, seu desenho se inspirava em bulevares residenciais europeus, arborizados, definindo-se em grandes lotes destinados às mansões das elites emergentes do comércio internacional do café. Nesses bairros aristocráticos, as construções eram reguladas por recuos frontais e laterais no terreno, configurando-se um tipo de mercadoria exclusiva, voltada aos interesses imobiliários e simbólicos – de distinção e poder – associados à alta renda.

---

[1] Professora livre-docente da Faculdade de Arquitetura e Urbanismo da Universidade de São Paulo.

A propriedade da terra como mercadoria e as mudanças nas relações de trabalho subsidiavam os processos de modernização e os novos ciclos de acumulação de capital em curso.

Os territórios da pobreza se espraiavam por áreas distantes e pelas bordas da cidade, incluindo zonas pantanosas, e também se pulverizavam em muitos cortiços pelo centro. A aprovação do Código Sanitário Estadual (1894) firmou disposições específicas contra essas habitações coletivas, para vetá-las do núcleo central. Para tanto, havia a recomendação de que habitações e vilas operárias "higiênicas" fossem construídas por donos de indústrias e empreendedores imobiliários em áreas afastadas. O governo destinava incentivos a esses empreendimentos privados, que incluíam a aprovação de uma taxa maior de ocupação horizontal dos lotes, a isenção de impostos municipais e estaduais que recaíam sobre as construções e a providência de trens interligando essas áreas aos núcleos de emprego[2]. Em 1900, a cidade possuía cerca de 240 mil habitantes. Vários bairros, como Mooca, Brás, Belenzinho, Pari, Ipiranga, Bom Retiro e Barra Funda, assim como outras vizinhanças industriais e operárias, ainda se encontravam em formação e se configuravam em fragmentos. Muitos deles se originaram junto aos trilhos ferroviários e abrigavam considerável população de imigrantes; seu conjunto não era objeto de interesse de investimentos do governo. Nesses territórios, no que se refere à moradia, predominavam a autoconstrução e o pagamento de aluguel. As ruas, normalmente sem calçamento nem infraestrutura, eram compostas de terrenos menores em loteamentos irregulares e precários, sem praças ou áreas verdes. Nessa espacialização urbana, a segregação social se mostrava claramente demarcada entre a cidade formal, dos patrícios, e a informal, dos despossuídos, ratificando as fraturas sociais herdadas do período pré-republicano.

A crescente importância da cidade na economia cafeeira se desdobrava em investimentos na infraestrutura ferroviária e nas obras

---

[2] Raquel Rolnik, "Para além da lei: legislação urbanística e cidadania (São Paulo 1886-1936)", São Paulo: Cedesp, 1999.

de melhoramentos realizadas pela prefeitura, voltadas para o sistema viário, o calçamento, a abertura de praças e a organização de espaços públicos, assim como para a construção de edifícios institucionais, imprimindo uma racionalidade distinta na organização das áreas centrais. No âmbito construtivo, uma das significativas transformações na paisagem urbana consistiu na substituição da taipa de pilão, dominante no período colonial e que passou a ser tratada como símbolo do atraso, pela alvenaria em tijolos. Essa técnica, trabalhada por imigrantes atraídos pelo desenvolvimento industrial e urbano em andamento em São Paulo, reconfigurou a arquitetura da cidade[3.]

Em 1899, um decreto federal autorizou o funcionamento no país da São Paulo Tramway Light and Power Company Limited, empresa de capital canadense-anglo-americano, que deu origem à atuação de um dos agentes mais incisivos na urbanização paulistana na primeira metade do século. Entre seus serviços, a introdução dos bondes elétricos (1901), a substituição dos lampiões a gás pela iluminação elétrica nos logradouros públicos e a ampliação do fornecimento dessa energia facilitando novos usos, a exemplo de vitrines comerciais iluminadas, alteraram a fisionomia de ruas como as do "Triângulo" – XV de Novembro, São Bento e Direita – e das adjacências. Ao processo da modernização técnica e social se entrelaçava a cópia de padrões estéticos europeus, dos quais predominava o modelo parisiense, não só em relação ao urbanismo – pautado pelas intervenções do barão Georges-Eugène Haussmann –, mas também quanto aos costumes adotados pela elite.

Na consecução dessas novas diretrizes urbanas, a incipiência de recursos produtivos locais destinados à construção civil mais sofisticada era compensada pelo expediente de importação de materiais, máquinas, equipamentos, e até mesmo de edifícios completos, como foi o caso

---

[3] Segundo Benedito Lima de Toledo, em *São Paulo: três cidades em um século* (São Paulo: Duas Cidades, 1981, p. 141), "com os imigrantes vieram novas técnicas de construir e a cidade foi reconstruída integralmente, disso resultando uma nova imagem: a metrópole do café". Carlos Alberto Cerqueira Lemos, em *Alvenaria burguesa* (São Paulo: Nobel, 1985), cunhou essa expressão que dá título a seu livro para se referir à arquitetura residencial da elite cafeeira edificada a partir de então.

da monumental Estação da Luz, inglesa, com seus grandes arcos metálicos, inaugurada em 1901, que passou a ser uma referência na cidade[4].

As iniciativas municipais para reforçar, física e simbolicamente, o centro incluíram o tratamento ou a retificação de vários largos – como o do Arouche, do Paiçandu, São Bento e do Rosário –, a abertura e o alargamento de ruas, a arborização de avenidas, a reforma do jardim da Luz e o ajardinamento da praça da República (1902-1905)[5]. Sob o lema de favorecer o sanitarismo – que, com o embelezamento, compunha dois aspectos essenciais das intervenções municipais –, um conjunto de pequenas casas e cortiços foi eliminado do entorno da praça da Sé. Preparava-se, assim, o campo para a construção da futura igreja matriz, iniciada em 1913[6]. O conjunto urbanístico de maior impacto foi aquele a ser conformado pelo Theatro Municipal (1903-1911, concebido pelo escritório de Ramos de Azevedo), e o vale do Anhangabaú, remodelado paisagisticamente segundo um projeto de Joseph-Antoine Bouvard. Contratado como consultor pela municipalidade, Bouvard atuava como engenheiro-arquiteto da prefeitura de Paris no campo do urbanismo. A acepção de estética urbana por ele então mobilizada trazia considerável influência das ideias de Charles Buls[7] e Camillo Sitte[8].

Em consonância com tais investimentos, havia em Antonio Prado, segundo o historiador Nicolau Sevcenko, a intenção de estimular o usufruto e a convivência republicana nos espaços públicos do centro, difundindo um padrão de civilidade e urbanidade. Sua atitude manifestava "confiança nas potencialidades liberalizadoras decorrentes do

---

4   Esse expediente se estendeu até a Primeira Guerra Mundial, quando houve sérias restrições à importação de materiais.

5   Candido Malta Campos, *Os rumos da cidade: urbanismo e modernização em São Paulo*, São Paulo: Editora Senac SP, 2002, pp. 86-7.

6   *Ibidem*, p. 84.

7   Prefeito de Bruxelas entre 1881 e 1899, autor de *Aesthetik der Städte* [A estética das cidades] (1898).

8   Arquiteto austríaco, autor de *Der Städtebau nach seinen künstlerischen Grundsätzen* [A construção das cidades segundo seus princípios artísticos] (1889).

incremento econômico. Em breve a população, antes recatada e presa aos espaços domésticos, contagiou-se do entusiasmo pelos 'salões verdes' e saía em legiões nos fins de semana, para passeios, exercícios e 'picnics' nos parques e jardins"[9].

Isso evidencia a condução de esforços na criação de um sentido coletivo suscitando novas práticas espaciais de frequentação ao que é público, que não se reduziam mais aos modos tradicionais da experiência urbana. No entanto, esse modelo, que em uma de suas faces reunia e integrava citadinos, também era aquele que, simultaneamente, circunscrevia fluxos sociais e limites, engendrando parcelamentos, separações e marginalizações. Vale lembrar, a título de exemplo, que a construção da afrancesada praça Antonio Prado foi antecedida pela expulsão da comunidade negra local, em 1904, cuja igreja foi transferida para o largo do Paiçandu[10].

Na crescente dinâmica urbana da década de 1910, as práticas culturais e de lazer multiplicavam-se e diversificavam-se progressivamente, em paralelo à intensificação das atividades comerciais, industriais e de consumo. A experiência nos espaços e lugares encontrava motivações em cafés, restaurantes, cinemas e teatros, como o Teatro São Paulo (na Liberdade), o Teatro São Pedro (na Barra Funda) e o Teatro Colombo (no largo da Concórdia), este utilizado pela colônia italiana para óperas. Certos equipamentos mais antigos também se inseriam nesse rol, como o Velódromo Paulistano, situado na rua da Consolação (1892) e que, após dez anos, também passou a sediar partidas de futebol, e o Hipódromo da Mooca (1876). Os esportes e suas competições atraíam gradualmente mais adeptos e espectadores, assim como os espaços apropriados para tais finalidades. Nos bairros populares, muitas atividades de lazer e diversão ocorriam nas ruas, incorporando em suas expressões os valores culturais dos grupos ali

---

9 Nicolau Sevcenko, *Pindorama revisitada: cultura e sociedade em tempos de virada*, São Paulo: Peirópolis, 2000, pp. 81-2.

10 Margareth Rago, "A invenção do cotidiano na metrópole: sociabilidade e lazer em São Paulo, 1900-1950", São Paulo: Paz & Terra, 2004.

residentes, como os da comunidade negra ou das variadas etnias dos imigrantes. As camadas mais abastadas se reuniam em salões literários e artísticos, e em clubes fechados, como o Club Athletico Paulistano (fundado em 1900). O Trianon, localizado em área visualmente privilegiada da avenida Paulista – com perspectiva aberta para o centro histórico –, era um local de grande prestígio. Sua origem remete ao antigo parque Villon (privado), localizado a cerca de um quilômetro do limite a oeste da avenida, comprado em 1911 pela prefeitura de Raymundo Duprat (1911-1914) com o intuito de desenvolvê-lo como lugar de encontro para as elites locais. Ramos de Azevedo foi contratado para organizar o espaço e concebeu o projeto de uma grande estrutura em pérgulas, com ornamentação em estilo eclético e dois terraços abertos para o centro. A esplanada foi nomeada como Belvedere do Trianon em 1916 e, dois anos depois, o paisagista inglês Barry Parker redesenhou a área sul do parque, agora oficialmente chamado de parque Trianon. Seus espaços internos eram utilizados para encontros, festas e restaurante, e os externos para *footing* e caminhadas, até 1950, quando o conjunto edificado foi demolido.

A presença de Joseph-Antoine Bouvard em São Paulo, no início dos anos 1910, foi motivada pelo convite do francês Édouard Fontaine de Laveleye, banqueiro em atividade no país havia vários anos, a fim de auxiliá-lo na avaliação do potencial de negociação de terrenos na cidade, tendo em vista seu rápido crescimento urbano[11]. Essa parceria teve várias consequências para São Paulo: uma delas foi a contratação de Bouvard por Antonio Prado para a realização de um projeto de embelezamento do centro, que, além do citado desenho para o vale do Anhangabaú, incluía também as seguintes áreas: Santa Ifigênia, Líbero Badaró, Dom José de Barros, Sé e Várzea do Carmo (1911). Uma segunda consequência, sob iniciativa de Laveleye, foi a criação da City of São Paulo Improvements and Freehold Land

---

11 Nicolau Sevcenko, *Orfeu extático na metrópole: São Paulo, sociedade e cultura nos frementes anos 20*, São Paulo: Companhia das Letras, 1992, p. 126. Além de sua experiência com o urbanismo parisiense, Bouvard foi também autor de planos e projetos para Buenos Aires, realizados entre 1907 e 1910.

Company Limited (1911), com sede em Londres e escritórios em Paris e São Paulo. Reunindo investidores de vários países, essa companhia comprou, em 1912, cerca de 12 milhões de metros quadrados em terrenos na região sudoeste da cidade, cujos loteamentos futuros, destinados às elites, originaram os bairros Pacaembu, Alto da Lapa, Alto de Pinheiros, entre outras vizinhanças.

Houve uma conjunção direta de interesses entre a Companhia City, a Light, o poder municipal e membros da oligarquia fundiária local. Por um lado, a Light participava da equipe de diretores da Companhia City e lhe dava suporte nos serviços de infraestrutura, recebendo terrenos em troca. Por outro, a Prefeitura lhe fornecia financiamentos e subsídios, incluindo a isenção de impostos por longos períodos. Diante desse cenário e da previsível lucratividade dos negócios imobiliários, a Companhia City, em 1912, apenas um ano após sua fundação, era detentora de 37% de toda a área urbana de São Paulo[12]. Seu nome ficou associado a loteamentos de alto padrão, inclusive do ponto de vista estético, que contaram com a contratação do urbanista inglês Barry Parker no período de 1917 a 1919. Como um dos responsáveis pelos projetos das cidades-jardins inglesas, Parker tinha patentes preocupações paisagísticas, destacando-se sua atenção para com a relação entre implantação e topografia, de modo a valorizar o potencial de sinuosidades, declives e encostas. É de sua autoria o desenho para o Jardim América, suas praças e arruamentos, que se tornou o primeiro loteamento comercializado pela Companhia City, a partir de 1915.

Em meados da década de 1910, as linhas de bonde se estendiam às regiões norte, leste e sul, atendendo a bairros como Santana, Penha, Ipiranga, Vila Prudente, Bosque da Saúde e Vila Clementino[13]. No entanto, Washington Luís, o terceiro prefeito da cidade (1914-1919), mantinha uma política de intervenções bem comedidas nas vizinhanças

---

12 *Ibidem*.
13 Flávio Saes, "São Paulo republicana: vida econômica", São Paulo: Paz & Terra, 2004, p. 229.

pobres[14]. Na vida urbana da classe operária, acumulavam-se demandas por equipamentos e serviços ligados a educação, saúde e saneamento, em meio a paisagens de precariedade que se ampliavam pelas condições dominantes das relações de trabalho. Nesses anos, mulheres e crianças trabalhavam em fábricas – ligadas a fiação, tecelagem e produtos alimentícios, entre outras –, em jornadas de dez a doze horas diárias. Numa época em que a legislação trabalhista na cidade era incipiente, a exploração do operariado incluía sua sujeição a espaços insalubres e mal iluminados, assim como a salários irrisórios – os das mulheres, no caso, ainda piores[15].

Ações operárias de insurgência a tal situação despontaram em greves nos anos de 1906, 1907 e 1912. Nessas mobilizações, houve influxos de ideias anarquistas, presentes na cidade desde o final do século XIX. Essas ideias, disseminadas em grande parte por imigrantes politizados – muitos deles italianos e espanhóis –, miravam a defesa da emancipação humana, a eliminação do Estado e a construção de uma sociedade organizada segundo uma federação de trabalhadores. A formação de sindicatos, ainda que limitados em seu poder de negociação, e de associações operárias também foi um instrumento importante nessas lutas.

Na greve de 1917, a maior delas, bairros como Brás, Mooca e Ipiranga foram dominados pelos trabalhadores por alguns dias. Segundo o historiador Michael Hall[16], os movimentos começaram no ramo têxtil, incluindo a fábrica Crespi, na Mooca, cujos funcionários pararam em protesto contra o aumento da carga horária de trabalho e por melhores salários. A greve espalhou-se e atingiu fábricas de móveis e de bebidas.

---

14 A autorização para a realização de feiras livres nos bairros provém dessa administração.

15 A isso se acrescenta o fato de que as camadas populares não possuíam representação política nas instâncias de poder municipal, estadual e federal. Os eleitores eram proporcionalmente poucos, uma vez que analfabetos e estrangeiros eram excluídos do voto: em 1920, quando a população total era de 587.072 habitantes, 205.245 eram estrangeiros e 241.331 analfabetos (Raquel Rolnik, *op. cit.*).

16 Michael Hall, "O movimento operário na cidade de São Paulo (1890-1954)", São Paulo: Paz & Terra, 2004.

A morte de um jovem grevista no Brás, causada pela polícia em represália aos manifestantes, foi o estopim para a generalização da greve, que chegou a mobilizar entre 50 mil e 70 mil pessoas[17]. Uma multidão de trabalhadores tomou as ruas da cidade espacializando o dissenso de um modo incomum na história paulistana: o cortejo fúnebre do rapaz contou com 10 mil pessoas que saíram do Brás, cruzaram o centro e chegaram ao cemitério do Araçá. A conjunção entre a massiva mobilização dos grevistas, sua vigorosa inscrição socioespacial em vários bairros e sua ação política no espaço público causou grande impacto: "O governo efetivamente perdeu o controle da capital por três dias [...], o 'pânico alastrou-se' entre os mais ricos da cidade. Houve lutas nas ruas, tiroteios, saques, barricadas em alguns bairros e ataques a manifestantes pela cavalaria da Força Pública"[18]. No desfecho dessa luta, o Comitê de Defesa Proletária, formado por líderes grevistas para negociar com o patronato, apresentou uma lista de reivindicações – consideradas moderadas – que incluíam a melhoria nas condições de trabalho e na remuneração, jornadas de oito horas, diminuição de aluguéis e abolição do trabalho noturno para mulheres e menores de 18 anos. Algumas foram atendidas, outras apenas prometidas. Três meses depois, houve várias ações duras do governo no sentido de desestruturar o movimento operário[19]. As greves, contudo, seguiram se repetindo por mais três anos, quando passaram a arrefecer devido, em grande parte, à brutalidade da repressão governamental.

No início dos anos 1920, a estrutura urbana via-se diante de novos desafios: os bondes já não respondiam à demanda expandida de transporte coletivo, o "Triângulo" histórico encontrava-se congestionado e

---

17 Cabe lembrar que esse montante significava então cerca de 10% a 14% da população de São Paulo.

18 Michael Hall, *op. cit.*, p. 274.

19 *Ibidem*, pp. 277-8. Em 1919, estourou nova greve com reivindicações semelhantes àquelas de 1917 e que sofreu uma repressão ainda maior. No entendimento de Washington Luís, a questão social deveria ser considerada um "caso de polícia".

os espaços de praças eram tomados por automóveis[20], a exemplo dos calçamentos do parque do Anhangabaú, fotografados com carros estacionados em toda a sua extensão. Os ônibus foram se tornando mais corriqueiros e, pouco a pouco, mais aceitos como alternativa de circulação urbana. O desenvolvimento da indústria passou a consumir montantes crescentes da energia elétrica produzida pela Light, o que resultou na redução da oferta de energia para o transporte público e na diminuição do efetivo de bondes, provocando tensões e conflitos[21].

As dinâmicas urbanas se defrontavam com a insuficiência de ligações entre o centro e os bairros. Uma resposta da municipalidade a essa situação foi elaborada no interior da Diretoria de Obras, pelo engenheiro João Florence de Ulhoa Cintra[22]. Consistiu na acepção de um anel viário externo à área central, compreendido como um perímetro de irradiação desse núcleo, associado a vias radiais. A possibilidade de sua ampliação em circuitos mais amplos indicava um modelo radial-perimetral como esquema global, solução que absorvia referências teóricas e estudos feitos para Paris, Berlim e Moscou. Embora não tenha sido concretizada, essa proposta teve forte influência na formulação de um plano de conjunto para a cidade desenvolvido por Ulhoa Cintra e pelo engenheiro Francisco Prestes Maia, entre 1924 e 1926, tornando-se o precursor do Plano de Avenidas (1930)[23]. O expansionismo e o rodoviarismo adquiriam força nos debates e nos investimentos na cidade, conformando a defesa de uma diretriz de desenvolvimento que vincou incisivamente o seu futuro, conjugada à verticalização, que ganhou impulso na década seguinte.

A "capital do café" beneficiou-se da prosperidade das exportações até 1929, quando a grande crise internacional provocou uma acentuada queda de preços e das importações e exigiu fortes rearranjos internos na

---

20 O primeiro deles chegou à cidade em 1904.

21 Raquel Rolnik, *op. cit.*

22 Candido Malta Campos, *op. cit.*, pp. 263-4.

23 *Ibidem*, p. 271.

esfera produtiva e econômica. Aquele cenário otimista, de efervescência urbana, envolvia-se em uma nova ordem cultural que se instalava na vida urbana paulistana, expressando-se em sociabilidades e atividades inéditas, ou revigoradas em modos atualizados[24]. As mudanças sociais – incluindo a entrada em cena de uma classe média –, as inovações tecnológicas, a expansão físico-territorial e suas inter-relações convergiam para a conformação, no final da década de 1920, de um primeiro pico de metropolização de São Paulo. Os problemas urbanos apresentavam-se em grande escala: enchentes, poluição das águas de reservatórios e rios, carência de áreas verdes, que se somavam às privações quanto a habitação, saneamento, saúde e educação vivenciadas pelas camadas populares.

As tensões entre o arcaico e o moderno ramificavam-se. No campo artístico, começaram a se manifestar com as primeiras iniciativas em direção à arte moderna, desencadeadas com a exposição de Anita Malfatti, em 1916-1917, depois consolidadas na Semana de Arte Moderna de 1922, realizada no Theatro Municipal. Intelectuais e artistas como Mário de Andrade, Paulo Prado, Oswald de Andrade, Heitor Villa-Lobos, Guiomar Novaes, Guilherme de Almeida e Graça Aranha foram protagonistas nesse evento, que introduziu oficialmente o modernismo no país. Houve resistência do público, pois as telas expostas por Anita Malfatti e Lasar Segall foram a princípio

---

24 "Esportes, danças, bebedeiras, tóxicos, estimulantes, competições, cinemas, shopping, desfiles de moda, chás, confeitarias, cervejarias, passeios, excursões, viagens, treinamentos, condicionamentos, corridas rasas, de fundo, de cavalos, de bicicletas, de motocicletas, de carros, de avião, tiros de guerra, marchas, acampamentos, manobras, parques de diversões, boliches, patinação, passeios e corridas de barco, natação, saltos ornamentais, massagens, saunas, ginástica sueca, ginástica olímpica, ginástica coordenada com centenas de figurantes nos estádios, antes dos jogos e nas principais praças da cidade, toda semana. Muitos desses hábitos e práticas já existiam e estavam em vigência desde o começo do século pelo menos. Mas é nessa conjuntura que eles adquirem efeito sinérgico, que os compõem como uma rede interativa de experiências centrais no contexto social e cultural: como a fonte de uma nova identidade e de um novo estilo de vida" (Nicolau Sevcenko, *Orfeu extático na metrópole, op. cit.*, pp. 33-4). Esse novo estilo incorporava ainda a mudança nos vestuários – com o uso de roupas mais leves – e o crescimento das indústrias fonográfica, editorial e publicitária, abrindo circuitos e pondo produtos inéditos em circulação.

"atacadas a bengaladas", e a leitura da obra *Os condenados*, de Oswald, foi vaiada[25]. No âmbito da arquitetura, a Semana expôs trabalhos de Antonio Garcia Moya (espanhol), com desenhos geometrizantes, e Georg Przyrembel (polonês), com a maquete de uma residência em estilo neocolonial, então valorizado como nacional e moderno[26]. A introdução dos princípios do movimento moderno em arquitetura ocorreu apenas alguns anos mais tarde, com a atuação do arquiteto ucraniano Gregori Warchavchik, autor do projeto da primeira casa modernista no país, construída em 1927-1928, na Vila Mariana.

No campo político, as tensões tomaram feições graves e com sérias consequências para os espaços urbanos quando houve a insurgência de um grupo de tenentes do Exército contra o poder oligárquico reinante na República Velha e a figura maior que o personificava, o presidente Artur Bernardes (1922-1926), evento que se desdobrou em alguns outros focos pelo país. Contrapondo-se a esse sistema que transformava o Brasil num conjunto de feudos associados a eleições frequentemente fraudulentas, os revoltosos pretendiam organizar um governo que fosse de feição nacionalista e mais atento à educação do povo. Em São Paulo, esse levante resultou na Revolução de 1924, que se transformou num verdadeiro conflito bélico na cidade, ao longo de quase um mês, como nunca visto. Os rebeldes, que incluíam Isidoro Dias Lopes, Miguel Costa e Juarez Távora, espalharam-se por várias localidades, esperando a adesão de integrantes da Força Pública e do Exército, o que não aconteceu. Carlos Campos, presidente do estado (1924-1927), fugiu para os arredores. E o governo estadual, mancomunado com o federal, sem saber onde os tenentes se abrigavam, bombardeou abertamente a cidade, sobretudo os bairros pobres, como Cambuci, Mooca, Belenzinho e Ipiranga, sem que a população fosse

---

[25] Richard M. Morse, *De comunidade a metrópole: biografia de São Paulo*, São Paulo: Comissão do IV Centenário da Cidade de São Paulo/Serviço de Comemorações Culturais, 1954, p. 276.

[26] Carlos Kessel, "Vanguarda efêmera: arquitetura neocolonial na Semana de Arte Moderna de 1922", *Estudos Históricos*, Rio de Janeiro, 2002, p. 122.

avisada ou removida – o que mostra como os oligarcas a consideravam desimportante e desprovida de direitos. Houve incêndios, casas, fábricas e vários equipamentos urbanos foram metralhados ou destruídos. Atividades comerciais e industriais foram paralisadas, com muitas baixas. Milhares de pessoas abandonaram seus lares fugindo de tamanha brutalidade. Quando Isidoro Dias, o comandante da rebelião, solicitou uma trégua para preservar a população, a resposta foi que a destruição se estenderia ao limite se não houvesse uma rendição incondicional. Com isso, os rebeldes debandaram em direção ao interior do estado, o que provocou o desfecho do conflito na cidade. No rescaldo dos acontecimentos, a retomada do poder contabilizou ainda a prisão e a execução de vários grupos de imigrantes, suspeitos de terem aderido à rebelião[27].

Naquele mesmo ano, São Paulo foi acometida por uma forte estiagem, que causou uma crise de energia elétrica e comprometeu severamente o abastecimento da cidade e os setores industrial e de transportes urbanos. Sob a ameaça de perder o seu monopólio, a Light tomou uma série de medidas emergenciais e, em 1925, deu início à construção da Usina Hidroelétrica Henry Borden, em Cubatão, que seria alimentada com as águas provenientes da represa Billings. Dois anos depois, a companhia obteve junto aos governos federal e estadual o controle do regime das águas da bacia do Alto Tietê e do rio Pinheiros, iniciando os trabalhos de mudança no traçado do rio Pinheiros no sentido de retificá-lo, alargá-lo e inverter o curso de suas águas em direção à represa Billings e a Cubatão, com o auxílio de usinas elevatórias. Como já vinha ocorrendo havia anos, a Light também operava no mercado de terras do município. Segundo o contrato de concessão oficial, em troca do trabalho de retificação do rio Pinheiros, a companhia teria o direito de propriedade sobre as áreas de várzea inundáveis e saneadas.

---

[27] Nicolau Sevcenko, *Orfeu extático na metrópole*, op. cit., pp. 303-4; Maria Célia Paoli e Adriano Duarte, "São Paulo no plural: espaço público e redes de sociabilidade", São Paulo: Paz & Terra, 2004, p. 64.

Esse documento previa que essas áreas seriam consideradas a partir da maior cheia registrada no rio. Em função disso, após períodos chuvosos excepcionais ocorridos em dezembro de 1928 e janeiro de 1929, no dia 14 fevereiro, já com os níveis dos rios em alta, a Light provocou uma inundação abrindo as comportas das represas Guarapiranga e Rio Grande. Esse enorme volume de água provocou o transbordamento dos rios Tietê, Pinheiros e Tamanduateí, e consequentemente uma calamidade social. Os alagamentos sucederam-se nos bairros de Santo Amaro, Socorro, Ipiranga, Canindé, Vila Elza, Vila Economizadora, Vila Maria, Vila Anastácio, Casa Verde, Bom Retiro, Barra Funda, Ponte Pequena, Ponte Grande, Limão, Freguesia do Ó, Lapa, Pinheiros, Cidade Jardim e outros[28]. A Light não se pronunciou. Em seguida,

> restava o problema de tornar oficiais os limites da "enchente" de 1929. Não foi difícil para a companhia utilizar-se do trabalho de um corpo de engenheiros da Escola Politécnica para, no campo, fixar os marcos necessários aos registros de nível e em seguida conseguir que peritos oficialmente designados reconhecessem também no campo as demarcações realizadas[29].

Desse modo, a história de São Paulo registrava uma catástrofe criada intencionalmente, com uma enorme escala de prejuízos causados à população e concretizada com o objetivo de, em nome da propriedade das terras das várzeas do rio Pinheiros, obter lucros gigantescos em sua comercialização.

O findar da década rumou para alterações políticas e econômicas que demarcaram o fim da República Velha, mas não o fim do regime oligárquico, que apenas mudou de mãos. No plano econômico, o *crack* da bolsa de Nova York, em 1929, provocou um forte abalo no setor

---

28 Odette Carvalho de Lima Seabra, *Meandros dos rios nos meandros do poder: Tietê e Pinheiros: valorização dos rios e das várzeas na cidade de São Paulo*, Universidade de São Paulo, São Paulo, 1987, pp. 173 ss.

29 *Ibidem*, p. 191.

agrário, acarretando muitas falências. No plano político, Júlio Prestes, presidente eleito em 1930, não chegou a assumir o cargo em função de um golpe que instalou Getúlio Vargas no poder. São Paulo entrou numa nova fase, com maciça intervenção do poder municipal nos espaços urbanos, privilegiando o rodoviarismo, o transporte individual e a expansão lucrativa do capital imobiliário privado. Assim, a antiga diretriz de distanciamento do social e do público como um todo teve continuidade e determinou as linhas estruturais do desenvolvimento urbano paulistano até os dias de hoje.

Bibliografia

CAMPOS, Candido Malta. *Os rumos da cidade: urbanismo e modernização em São Paulo*. São Paulo: Editora Senac SP, 2002.

HALL, Michael. "O movimento operário na cidade de São Paulo (1890-1954)". Em: PORTA, Paula (org.). *História da cidade de São Paulo*. São Paulo: Paz & Terra, 2004. v. 3.

KESSEL, Carlos. "Vanguarda efêmera: arquitetura neocolonial na Semana de Arte Moderna de 1922". *Estudos Históricos*. Rio de Janeiro: 2002, n. 30.

LEME, Maria Cristina da Silva. "São Paulo: conflitos e consensos para a construção da metrópole, 1930-1945". Em: REZENDE, Vera F. (org.). *Urbanismo na era Vargas: a transformação das cidades brasileiras*. Niterói: Editora da UFF/Intertexto, 2012.

LEMOS, Carlos Alberto Cerqueira. *Alvenaria burguesa: breve história da arquitetura residencial de tijolos em São Paulo a partir do ciclo econômico liderado pelo café*. São Paulo: Nobel, 1985.

LOTITO, Márcia Padilha. *A cidade como espetáculo: publicidade e vida urbana na São Paulo dos anos 20*. 159 f. Dissertação (Mestrado em História) – Universidade de São Paulo. São Paulo: 1997.

MORSE, Richard M. *De comunidade a metrópole: biografia de São Paulo*. Tradução de Maria Apparecida Madeira Kerbeg. São Paulo: Comissão do IV Centenário da Cidade de São Paulo/Serviço de Comemorações Culturais, 1954.

PAOLI, Maria Célia; DUARTE, Adriano. "São Paulo no plural: espaço público e redes de sociabilidade". Em: PORTA, Paula (org.). *História da cidade de São Paulo*. São Paulo: Paz & Terra, 2004. v. 3.

PORTA, Paula (org.). *História da cidade de São Paulo*. São Paulo: Paz & Terra, 2004. v. 3.

RAGO, Margareth. "A invenção do cotidiano na metrópole: sociabilidade e lazer em São Paulo, 1900-1950". Em: PORTA, Paula (org.). *História da cidade de São Paulo*. São Paulo: Paz & Terra, 2004. v. 3.

REIS FILHO, Nestor Goulart. *São Paulo: vila cidade metrópole*. São Paulo: Prefeitura do Município de São Paulo, 2004.

ROLNIK, Raquel. "Para além da lei: legislação urbanística e cidadania (São Paulo 1886-1936)". Em: SOUZA, Maria Adélia A. et al. (org.). *Metrópole e globalização: conhecendo a cidade de São Paulo*. São Paulo: Cedesp, 1999.

SAES, Flávio. "São Paulo republicana: vida econômica". Em: PORTA, Paula (org.). *História da cidade de São Paulo*. v. 3. São Paulo: Paz & Terra, 2004. pp. 215-57.

SEABRA, Odette Carvalho de Lima. *Meandros dos rios nos meandros do poder: Tietê e Pinheiros: valorização dos rios e das várzeas na cidade de São Paulo*. Tese (Doutorado em Geografia) – Universidade de São Paulo. São Paulo: 1987.

SEVCENKO, Nicolau. *Orfeu extático na metrópole: São Paulo, sociedade e cultura nos frementes anos 20*. São Paulo: Companhia das Letras, 1992.

SEVCENKO, Nicolau. *Pindorama revisitada: cultura e sociedade em tempos de virada*. São Paulo: Peirópolis, 2000.

TOLEDO, Benedito Lima de. *Álbum iconográfico da avenida Paulista*. São Paulo: Ex-Libris, 1987.

TOLEDO, Benedito Lima de. *São Paulo: três cidades em um século*. São Paulo: Duas Cidades, 1981.

3.

UM BRASIL DOENTE

CLÁUDIO BERTOLLI FILHO[1]

Em 1940, o jornalista norte-americano Charles Morrow Wilson, funcionário da empresa Firestone Plantations, um dos braços da Firestone Tire and Rubber Company, recebeu a incumbência de percorrer a América Latina e avaliar as condições de saúde e de produtividade da população, incluindo nesse tópico não só os padrões sanitários vigentes, mas também as condições em que operavam os serviços sanitários e a qualidade das pesquisas médicas desenvolvidas na região. Imbuído do espírito pan-americanista que marcou o período da Segunda Guerra Mundial (1939-1945), o jornalista empenhou-se em elogiar o máximo possível a cultura e os políticos latino-americanos, mas, ao se deter no objetivo central de sua visita, mostrou-se hesitante. Quanto ao Brasil, destacou as importantes pesquisas no âmbito das doenças tropicais que vinham sendo realizadas no Instituto Oswaldo Cruz e no Instituto Butantan, mas se furtou a ressaltar as péssimas condições de saúde aqui vigentes. No final, alinhou o país como mais uma das

---

1 Docente no Programa de Pós-Graduação em Educação para a Ciência da Faculdade de Ciências e no Programa de Pós-Graduação em Comunicação da Universidade Estadual Paulista (Unesp). Graduado em história e ciências sociais, mestre e doutor em história social pela Universidade de São Paulo (USP) e livre-docente em Antropologia pela Unesp. Autor, entre outros livros, de: *História social da tuberculose e do tuberculoso: 1900-1950* (Editora Fiocruz, 2001); *A gripe espanhola em São Paulo, 1918: epidemia e sociedade* (Paz & Terra, 2003); *História da saúde pública no Brasil* (Ática, 5. ed., 2011); e *Genetocentrismo: mídia, ciência e cultura na modernidade tardia* (Cultura Acadêmica, 2012).

nações integrantes da "sociedade dos homens doentes", que, para ele, era o sinônimo perfeito de América Latina[2].

A constatação de que o Brasil era uma área minada por enfermidades múltiplas e mortais não se constituía em uma novidade e pouco motivava os órgãos oficiais de saúde a (re)pensarem suas atividades e objetivos. Na verdade, desde pouco depois da chegada dos portugueses às costas brasileiras, a região passou a ser apontada como um dos territórios mais insalubres do planeta, inibindo a presença dos europeus nesta parte da América. Apesar dos acanhados esforços da Coroa portuguesa em prestar assistência aos doentes da colônia, foi somente após a proclamação da Independência que o país passou a contar efetivamente com um órgão comprometido com a defesa da saúde pública, denominado Junta de Higiene Pública, e também com duas faculdades de medicina, uma no Rio de Janeiro e outra na Bahia.

Essas instituições sanitárias, entretanto, mostravam-se pouco eficientes, restringindo boa parte de suas precárias atividades ao atendimento das populações estabelecidas no Rio de Janeiro e, em menor escala, em Salvador. Quando ocorriam epidemias, os médicos e os políticos se mobilizavam, mas quase nada era feito para evitar que novas crises sanitárias ceifassem a vida de milhares de pessoas. Ao povo pobre restava buscar socorro nos hospitais das Santas Casas sediadas nas principais cidades brasileiras ou morrer no desamparo. Por isso, no advento da República, o Brasil ainda era visto pelos olhos europeus como um país bárbaro, uma região na qual, em pouco tempo, o estrangeiro recém-chegado encontraria a doença e, possivelmente, a morte. Nesse cenário, a missão inicial da República era fazer do Brasil um território civilizado, projeto que ostentava em uma de suas pontas a melhoria da saúde da população.

---

2 Charles Morrow Wilson, *Ambassadors in white*, New York: Henry Holt and Company, 1942.

A Primeira República e a saúde pública: 1889-1930

A cultura do café permitiu que ocorresse uma significativa concentração de capital nas áreas que dominavam a produção e a exportação da rubiácea, especialmente Rio de Janeiro, São Paulo e Minas Gerais. Sob o signo de uma nova ordem, encaminhadora do progresso material, tentou-se criar condições minimamente saudáveis para a população, sobretudo a localizada nas capitais. O objetivo também era apresentar uma nova imagem do país no cenário internacional, de forma a atrair capitais estrangeiros que investissem na indústria e no comércio.

As oligarquias regionais e seus representantes nas esferas políticas e acadêmicas passaram a incorporar a noção de "capital humano", que ganharia forma conceitual apenas nas décadas seguintes, mas que já era aplicada empiricamente nas análises dos problemas de várias nações. Segundo esse conceito, um país só se encontraria em condições de gerar riquezas se contasse com uma população saudável e, portanto, capacitada para o trabalho nos campos e nas cidades. Ao mesmo tempo, diversos intelectuais, como Monteiro Lobato, advertiam insistentemente que o Brasil era um país enfermo: em média, cada cidadão era minado por duas ou mais doenças, muitas das quais já passíveis de ser erradicadas ou pelo menos controladas por intervenção médica[3].

Diferentemente do período imperial, quando apenas algumas áreas da corte e outras poucas sedes provinciais foram beneficiadas com ações de saneamento, durante a Primeira República os estados mais ricos da Federação iniciaram um movimento de recuperação sanitária de suas capitais e de suas principais cidades.

A ação inicial foi a criação de institutos de pesquisas médico-sanitárias que tinham a tarefa de diagnosticar doenças regionais e aconselhar a esfera político-administrativa sobre as medidas a serem postas em prática. Em 1892, o governo paulista patrocinou a instalação de vários laboratórios especializados, que, em poucos anos,

---

[3] Monteiro Lobato, *Problema vital, Jeca Tatu e outros textos*, São Paulo: Globo, 2010.

dariam origem ao Instituto Butantan, ao Instituto Biológico e ao Instituto Bacteriológico (o qual, mais tarde, seria rebatizado como Instituto Adolfo Lutz). No Rio de Janeiro, em 1899, começou a operar o Instituto de Manguinhos, dirigido por Oswaldo Cuz, que, em seguida, emprestaria seu nome à instituição.

O médico Oswaldo Cruz emblematizou o novo tempo republicano; graduado no Rio de Janeiro, completou sua formação acadêmica na França, trazendo para o Brasil os preceitos da nova medicina baseada nos princípios cunhados pelo químico Louis Pasteur, o qual pontificava que um grande número de enfermidades – se não todas as patologias – era causado por "seres infinitamente pequenos", os micróbios. Sob as novas luzes da medicina, os institutos de São Paulo e do Rio de Janeiro foram responsáveis pela formação de uma nova geração de médicos comprometida com a saúde pública, que passou a ocupar postos de comando em praticamente todo o país, dando sentido à existência de um movimento sanitarista que tinha como principal foco de atuação os territórios urbanos.

Instados pela política federalista que concedia ampla liberdade às unidades estaduais para tomadas de decisão, a cidade do Rio de Janeiro, como capital nacional, e os estados de São Paulo e Minas Gerais, como núcleos estratégicos da economia cafeeira, ofereceram modelos pioneiros para o enfrentamento do desafio sanitário, adotando medidas que se mostraram escassamente articuladas no contexto nacional, mas que serviram como modelos a serem implementados por outros estados, mesmo que em escala reduzida.

Rio de Janeiro

Em fins do século XIX, o Rio de Janeiro apresentava traços pouco convidativos para o estabelecimento de estrangeiros: muitos prédios datados da primeira década daquele século, erguidos para acomodar a família real e a burocracia governamental que fugira da Europa e que se metamorfosearam em imensos cortiços, ruas estreitas com a intensa presença de animais, esgotos a céu aberto que permitiam a proliferação de insetos e roedores, pântanos e matadouros de gado avizinhados das moradias. Essas condicionantes, somadas à aglomeração de uma população tocada pela pobreza e aos péssimos hábitos higiênicos, contribuíam para garantir que a capital brasileira fosse considerada pelas estatísticas internacionais como uma das cidades mais insalubres do hemisfério ocidental.

Em 1902, ao tomar posse como quinto presidente do país, Rodrigues Alves declarou como principal missão do seu governo "civilizar" o Rio de Janeiro. Para tanto, patrocinou uma profunda reforma urbanística e sanitária da cidade. Coube ao prefeito do Rio, o engenheiro Pereira Passos, as alterações do espaço urbano, as quais foram articuladas com uma radical interferência na saúde pública, sob o comando de Oswaldo Cruz[4].

A primeira medida tomada por Pereira Passos foi a demolição dos prédios transformados em cortiços, sob a alegação de que eram os principais espaços de reprodução de ratos e mosquitos, responsáveis pela continuidade de doenças como a febre amarela e a febre tifoide, além de infecções como a tuberculose e a hanseníase. Para a derrubada dos prédios, a população pobre que neles residia foi expulsa pela polícia, sendo deixada à própria sorte. Muitos cariocas foram obrigados a transferir suas moradias para áreas distantes do centro urbano, enquanto outros encontraram abrigos improvisados nos morros que circundam o Rio de Janeiro.

Oswaldo Cruz criou centenas de brigadas de mata-mosquitos que tinham como missão invadir as residências, verificar as condições higiênicas do ambiente e localizar criadouros de animais potencialmente nocivos à saúde humana. Dado que a iniciativa contava com baixa receptividade da população, a polícia era acionada para acompanhar os inspetores sanitários, acrescentando-se o fato de o governo abrir verbas para pagar pessoas que, espontaneamente, trouxessem ratos até a sede da inspetoria sanitária. Esta última medida logo passou

---

4   Afonso Arinos de Melo Franco, *Rodrigues Alves*, Rio de Janeiro: José Olympio, 1973, 2 v.

a ser questionada, pois muitos pobres, para ganharem algum dinheiro, começaram a criar ratos para vendê-los ao governo.

A transformação urbanística e sanitária carioca teve como contraponto o aumento da insatisfação popular. Em 1904, quando Oswaldo Cruz pressionou o Legislativo para aprovar uma lei que obrigava todos os cidadãos a se vacinar contra a varíola, a população insurgiu-se, dando corpo a uma rebelião popular que passou para a história como a Revolta da Vacina. Nesse movimento, houve uma confluência de setores da população que se sentiam prejudicados pelas propostas governamentais; se os pobres se sentiam mais afetados pelas reformas, também os monarquistas, anarquistas e positivistas engrossaram o coro de protestos por discordar da política republicana, taxando-a de ditatorial. Além destes, os médicos homeopatas também participaram do movimento, negando-se a se submeter à vacinação forçada. Após quinze dias de violentos protestos, o movimento chegou ao fim com a prisão dos líderes revoltosos e a suspensão da lei de obrigatoriedade da vacina antivariólica.

No final, apesar de as medidas reformistas terem sido apenas parcialmente levadas a cabo, a associação entre transformações urbanas e a modernização sanitária da cidade alterou sensivelmente o cenário carioca. Avenidas foram abertas, parques, criados, alguns morros, desmontados, e novos edifícios substituíram as construções antigas, assim como o porto e seu entorno passaram por significativos remodelamentos. O Rio de Janeiro "civilizara-se"; as doenças que foram combatidas sob a direção de Oswaldo Cruz não foram erradicadas, mas o conjunto de reformas resultou na diminuição dos índices de mortalidade durante todo o transcorrer da Primeira República.

São Paulo

Bem menos espetaculares que as medidas aplicadas no Rio de Janeiro, na capital dos paulistas também houve profundas transformações sanitárias desde a última década do século XIX. A disponibilidade de verbas permitiu que, em 1892, fosse instituído o Serviço Sanitário. Apoiado em uma extensa e minuciosa legislação, sobretudo do Código Sanitário, ele coordenou não só os nascentes institutos de pesquisa, como também a fiscalização das condições de higiene dos produtos vendidos no comércio, dos ambientes fabris e dos espaços públicos e residenciais. Muitas dessas ações foram resultado dos esforços do médico Emílio Ribas, que dirigiu o Serviço Sanitário por duas décadas e que, levando em consideração os interesses da elite econômica, antevia a necessidade de trabalhadores saudáveis para atuar na agricultura e na indústria[5].

Para complementar o complexo médico-sanitário comprometido com a modernização do estado, em 1913 foi inaugurada a Faculdade de Medicina de São Paulo que, além da formação dos médicos necessários para trabalhar no território paulista, também atuou em conjunto com o Serviço Sanitário e com os institutos de pesquisa estaduais. Mais do que isso, o primeiro corpo docente da nova faculdade recrutou diversos docentes europeus, o que alçou a escola ao patamar de um dos principais focos de atualização científica e cultural do estado.

No que tange à cidade de São Paulo, o rápido incremento populacional decorrente, sobretudo, da onda de imigrantes oriundos da Europa e, em seguida, do Japão transformou o antigo "burgo dos estudantes", pois São Paulo acomodava uma das primeiras faculdades de direito do país, em uma metrópole que, no contexto nacional, só era superada pela capital federal. Entre 1892 e 1918, São Paulo foi palco de profundas transformações; muitas áreas antes tomadas pela mata foram ocupadas por prédios corporativos, casas comerciais, fábricas e, pouco mais distantes do centro da cidade, vilas operárias.

O rio Tamanduateí, que cruza a cidade, teve seu curso retificado, com o intuito de evitar as constantes enchentes que paralisavam a urbe. Serviços de água canalizada e esgoto subterrâneo foram estendidos por vastas áreas, evitando, assim, focos de doenças como a febre tifoide; pântanos foram drenados para inibir a proliferação de insetos. Da mesma forma, a legislação vigente impôs que cemitérios fossem

---

5 John Allen Blount III, *The public health movement in São Paulo, Brazil: a history of the Sanitary Service, 1892-1918*, Tulane University, New Orleans, 1971.

transferidos e que o matadouro municipal fosse realocado para uma área distanciada do aglomerado urbano.

A importância da saúde pública para o bom desempenho da economia cafeeira determinou que as intervenções comandadas pelos sanitaristas não se restringissem ao território da capital. Cidades estratégicas para os negócios também foram alvo da ação dos médicos, tais como Campinas, Ribeirão Preto e Santos. Esta última, por acomodar o principal porto escoador da produção paulista, sofreu modificações mais profundas. Além da ampla reforma das instalações portuárias, foram abertos canais para desovar no mar o esgoto urbano e as águas acumuladas pelas chuvas, e criadas barreiras para evitar o deslizamento dos morros que existem na entrada da cidade.

As medidas sanitárias que visavam sobretudo os espaços urbanos foram pouco a pouco se prolongando para o campo. A população rural engajada nos trabalhos agrícolas também passou a ser objeto da ação sanitarista, mesmo que com menor intensidade em relação aos habitantes das cidades. Comissões especiais foram criadas para assistir os enfermos de doenças como tracoma e ancilostomose, e em especial as vítimas de acidentes ofídicos, sendo que o Instituto Butantan especializou boa parte do seu pessoal na produção de soros antiofídicos.

Em escala superior ao Rio de Janeiro, o estado de São Paulo ainda buscou oferecer assistência médica à população pobre. Hospitais foram criados, a maior parte deles pelas colônias nacionais de imigrantes; o pioneiro foi o nosocômio patrocinado por imigrantes portugueses, ainda no período imperial. Na República, surgiram hospitais e associações de auxílio mútuo financiados por imigrantes italianos, japoneses, alemães e sírios, entre outros. O poder público também pôs em funcionamento ou ampliou e modernizou hospitais de isolamento de vítimas de determinadas doenças, como hanseníase, algumas patologias mentais e tuberculose.

A população pobre e brasileira dispunha de atendimento médico prestado pela Santa Casa de São Paulo e por instituições congêneres que funcionavam em diversas cidades paulistas. Os mais abastados dispunham de alas hospitalares cujos serviços eram pagos e contavam com médicos de maior reputação, assim como podiam recorrer a clínicas particulares e, em casos extremos, rumar para a Europa em busca de tratamentos mais sofisticados.

Apesar de suas visíveis lacunas, o Serviço Sanitário paulista atuou em prol da melhoria das condições da saúde pública, não só da capital, como também de boa parte do estado. A medicina local imputou uma nova dinâmica ao atendimento dos enfermos e, guiada pelas lentes eugenistas, vislumbrou tornar a população bandeirante a "raça" privilegiada do país, como veremos no decorrer deste texto.

Minas Gerais

A experiência mineira chama a atenção pelo fato de o desafio sanitário ter recebido uma solução diferenciada em relação ao que aconteceu no Rio de Janeiro e em São Paulo. Nos primeiros anos da República, a sede do governo mineiro se encontrava em Ouro Preto, uma cidade marcadamente colonial e insalubre, periodicamente vitimada por epidemias e que contava com precários serviços médico-hospitalares. Em consequência, a primeira administração republicana resolveu transferir a capital para uma área mais salubre, não para uma cidade já existente, mas para uma urbe que deveria ser erigida segundo os modelos sanitários modernos.

O local escolhido ficava a cerca de cem quilômetros de Ouro Preto, onde existia o povoado Curral Del Rei. A população dessa comunidade foi expulsa, e, em 1893, iniciou-se a construção da nova capital, batizada de Belo Horizonte. A cidade se estruturou para ser o símbolo da modernidade mineira, sob forte influência da doutrina pasteuriana, a qual rapidamente se disseminava entre a elite médica e política nacional; para tanto, foi adotado o modelo do Serviço Sanitário paulista para controlar as doenças que ameaçavam a capital e nortear as escassas ações de profilaxia em outras áreas do estado[6].

---

6 Bráulio Silva Chaves, "Instituições de saúde e a ideia de modernidade em Minas Gerais na primeira metade do século XX", Rio de Janeiro: Editora Fiocruz, 2011.

A propalada modernidade mineira testemunhou o reforço da aliança entre a elite político-econômica e a comunidade médica, forjando um projeto "de cima para baixo" que, apesar de uma série de percalços, permitiu a multiplicação em tempo relativamente curto de hospitais e institutos de pesquisa. Os prédios foram construídos segundo as propostas higienistas mais avançadas, assim como foram abertas ruas e avenidas amplas e arborizadas; a ausência de lugares insalubres pontuava a cidade, considerada a primeira urbe planejada do país. Em consequência, um número significativo de médicos migrou do Rio de Janeiro para Belo Horizonte, o que permitiu que, em 1907, o Instituto de Manguinhos inaugurasse uma filial na cidade, com o objetivo de pesquisar, divulgar e ampliar as ações de saúde pública na capital e em todo o estado. Em 1911, foi criada uma faculdade de medicina, e, nas estatísticas nacionais, Belo Horizonte era apontada como a cidade mais salubre do país, posição que ocupou durante as décadas seguintes.

As novidades apresentadas por Belo Horizonte, no entanto, não inibiram, em 1918, o médico Belizário Pena de fazer um violento ataque às condições sanitárias vigentes especialmente no interior do estado, qualificando Minas Gerais como a mais insalubre das unidades da Federação. Isso porque, com exceção de Belo Horizonte, os mineiros vivenciavam epidemias periódicas de varíola e se defrontavam com um grande número de hansenianos e tuberculosos, além da disseminada presença do bócio nas regiões interioranas. Não obstante as críticas, é importante destacar que Belo Horizonte se tornou o centro de um entusiasmado projeto que visava o estabelecimento de sanatórios para tuberculosos, leprosários e manicômios, além de hospitais gerais. Cabe ressaltar que, até então, o destino obrigatório dos doentes mentais e de parte dos tuberculosos pobres e em estado terminal era a cadeia pública.

Os compromissos da riqueza

A garantia de condições sanitárias minimamente aceitáveis nas capitais e em algumas outras cidades importantes dos estados mais ricos, assim como a consagração em congressos médicos internacionais de

Oswaldo Cruz, Carlos Chagas, Clemente Ferreira e Vital Brasil, entre outros, permitiu que novas propostas tidas como científicas fossem testadas no contexto nacional. Na ótica positivista, cabia à "medicina pública", isto é, aquela voltada à saúde pública, corrigir não só os corpos, como também os comportamentos coletivos. Nas primeiras décadas do século XX, a educação em saúde era um campo nascente, e, graças sobretudo às verbas oferecidas pela Fundação Rockefeller, foram traduzidos e distribuídos ao público panfletos e livretos de fácil leitura, a maior parte deles elaborados na Europa e nos Estados Unidos, visando orientar os agrupamentos populares sobre aqueles que eram considerados os três principais flagelos que minavam o capital humano situado na parte ocidental do planeta: a sífilis, a tuberculose e o alcoolismo.

Para além dessas iniciativas, ganhou importância nas primeiras décadas do século XX a proposta eugenista. Organizada como doutrina pelo inglês Francis Galton, sua premissa central era corrigir os "defeitos da raça", tendo sido incorporada ao ideário dos médicos e intelectuais atrelados ao movimento nacionalista comandado por Olavo Bilac como possível estratégia para uma ampla regeneração nacional e a consequente consagração do país como nação civilizada.

A urgência de medidas regeneradoras do que era entendido como raça determinou que, em janeiro de 1918, fosse criada a Sociedade Eugênica de São Paulo, sob a presidência de Arnaldo Vieira de Carvalho, diretor da Faculdade de Medicina e Cirurgia paulista e vice-presidente da Liga Nacionalista de São Paulo, fundada no ano anterior. O mentor da nova associação foi Renato Kehl, que, mesmo tendo se graduado em medicina três anos antes, já granjeara reputação como eugenista e, em função de influências familiares, conseguiu reunir a nata dos intelectuais bandeirantes em prol da eugenia e, posteriormente, os mais destacados médicos de todo o país[7].

De São Paulo, o movimento eugenista exerceu forte influência nas ações comprometidas com a saúde pública nacional até o fim da

---

7 Sociedade Eugênica de São Paulo, *Annaes de eugenia*, São Paulo: Revista do Brasil, 1919.

década de 1930. Muitos médicos adotaram as propostas da eugenia negativa, que condenavam casamentos interétnicos quando um dos cônjuges fosse diagnosticado como doente ou apresentasse alguma deformação física, sob a alegação de que tais uniões gerariam proles "degeneradas" e, mais ainda, que os doentes mais graves fossem afastados do convívio com os sadios e isolados em instituições especiais. Em caminho complementar, a eugenia positiva instigava casamentos entre membros de uma mesma colônia de imigrantes, indicando os trabalhadores paulistas como representantes de uma "raça" forte e produtiva devido à tendência de se casarem dentro do próprio grupo de origem. No mesmo sentido e com uma certa dose de ambiguidade, boa parte dos comportamentos tidos como próprios da sociedade industrial foi condenada, tais como a frequência ao cinema, o estabelecimento de moradia em prédios de múltiplos andares e o consumo de alimentos industrializados.

O principal papel dos eugenistas brasileiros foi o de pontificar que os profissionais de saúde eram também os melhores educadores da sociedade, cabendo a eles não só orientar, como também intervir decisivamente nas questões pessoais de seus clientes. Caberia aos clínicos e aos higienistas decidirem sobre a conveniência ou não de casamentos, de viagens, de opções religiosas, orientarem sobre a educação das crianças e até se as mulheres deveriam ou não ingressar no mercado de trabalho ou usar perfumes e saltos altos. Assim, ganhava força a medicalização do cotidiano em nome da defesa da saúde pública.

As vicissitudes da pobreza

Em 1904, Monteiro Lobato asseverou que os caipiras, termo então aplicado a todos os habitantes do mundo rural, eram incapazes para o exercício do trabalho por serem fracos de corpo e de espírito, e porque eram resultado da miscigenação racial. Em 1918, o mesmo escritor alterou radicalmente sua opinião, afirmando que o caipira, representado pelo Jeca Tatu, "não era assim, estava assim". Com isso, ele queria dizer que a população do campo pouco contribuía para a riqueza nacional por ser doente e pouco instruída.

A mudança de foco de Lobato e de muitos outros intelectuais brasileiros se deveu, sobretudo, à publicação de uma série de relatórios elaborada por integrantes da expedição realizada por pesquisadores do Instituto de Manguinhos por vastas áreas do sertão brasileiro a partir de 1916. Em um desses relatórios, foram descritas as péssimas condições de saúde da população rural, justificadas não como "mal da raça", mas, sim, como resultado da miséria e do descaso oficial em relação à saúde pública dos habitantes do interior brasileiro, inclusive em áreas localizadas nos estados mais ricos da Federação. Falou-se então que, dos cerca de 20 milhões de brasileiros que habitavam o mundo rural, pelo menos 17 milhões estavam com a saúde abalada, poucos destes reunindo forças suficientes para exercer trabalho produtivo.

Nesses termos, multiplicaram-se os textos médicos que denunciavam a precariedade da vida interiorana, apontando os contrastes das condições de existência imperantes nas cidades saneadas e no sertão insalubre porque esquecido pela administração pública. Como a maior parte dos brasileiros morava no interior, foram instituídas em praticamente todas as regiões do país ligas pró-saneamento; um dos principais membros dessas ligas, o médico Belisário Pena, asseverou em 1918 que um maior empenho para com a saúde pública resultaria em maior povoamento, em enriquecimento e em moralização de todos os grupos sociais. Nesse contexto, exigia-se uma reforma sanitária que contemplasse todos os brasileiros, não só aqueles residentes nas áreas de maior interesse econômico. Com isso, a defesa da saúde pública foi escalonada como questão política[8].

A gripe espanhola como principal desafio sanitário

Os momentos nos quais os serviços de saúde pública eram mais testados se davam nas epidemias. O país era periodicamente assolado por epidemias, muitas delas trazidas por embarcações que partiam da Europa ou que faziam escala em portos africanos e asiáticos. Durante

---

8   Gilberto Hochman, *A era do saneamento*, São Paulo: Hucitec, 1998.

os anos iniciais da Primeira República, epidemias de febre amarela, peste bubônica, febre tifoide e varíola se mostravam presentes nas principais cidades, mas nenhuma tomou a amplitude da epidemia de influenza, que ficou popularmente conhecida como gripe espanhola ou simplesmente como peste.

De origem incerta, a gripe espanhola já aflorava como desafio sanitário na Europa, nos Estados Unidos e em parte do Oriente quando aportou no Brasil, em fins de setembro de 1918, tomando em poucos dias as cidades do Rio de Janeiro e de São Paulo, disseminando-se em seguida por todo o território nacional, inclusive entre as tribos indígenas do Amazonas. A infecção gripal, que era pouco conhecida pela medicina, contava com escassas e pouco eficientes terapêuticas, fazendo com que a maior parte da população recorresse a soluções caseiras, como cebola, chás variados e aguardente, tanto como preventivo quanto como tratamento da gripe[9].

A incapacidade dos médicos e dos administradores públicos de coordenar a assistência médica aos gripados e dar apoio aos necessitados mostrou-se clara, instigando a maior parte dos políticos e dos médicos a simplesmente abandonar os centros urbanos e buscar refúgio sanitário em áreas interioranas nas quais se acreditava que a doença nunca chegaria, enquanto que vários hospitais fecharam suas portas aos gripados. Os habitantes das principais cidades do país foram abandonados à própria sorte, o que coagia a população a organizar por conta própria serviços de socorro e assistência médica aos infectados, frequentemente prestados por religiosos e leigos em medicina.

Findada a epidemia, no final de 1918, estima-se que entre 30 mil e 50 mil brasileiros tenham morrido em decorrência da infecção ou ao longo dos meses seguintes, por sequelas da gripe. A experiência deixou clara a debilidade dos serviços públicos em defender a saúde pública nacional menos em consequência dos escassos conhecimentos

---

9 Cláudio Bertolli Filho, *A gripe espanhola em São Paulo, 1918: epidemia e sociedade*, São Paulo: Paz & Terra, 2003.

sobre a influenza do que pela ausência de efetivo comprometimento do Estado com a saúde pública e assistência à população.

A saúde pública na era Vargas (1930-1945)

No encerramento dos anos 1920, além da saúde, a educação popular também foi avaliada como determinante para o desenvolvimento nacional. Logo após assumir o poder federal, em 1930, a partir de um golpe militar, Getúlio Vargas instituiu o Ministério da Educação e Saúde Pública, viabilizando, assim, a elaboração das primeiras políticas oficiais de saúde da história brasileira. Postulava-se a urgente necessidade de haver um compromisso efetivo do Estado para com a saúde pública, gerando medidas que deveriam se caracterizar, sobretudo, como preventivas.

Em conformidade com a proposta varguista centralizadora, os estados perderam autonomia para resolver seus problemas, inclusive na área da saúde pública. As decisões eram tomadas no Rio de Janeiro, com as propostas estaduais pouco sendo levadas em conta, em especial quando endereçadas por inimigos políticos do presidente. Em consequência, muitas das medidas tomadas pouco contribuíram para a melhoria da saúde da população.

Saúde e populismo

A política populista instaurada por Vargas preocupou-se mais em inaugurar obras que chamassem a atenção para os feitos do seu governo, como hospitais e prédios públicos, do que em instalar equipamentos de saneamento básico nos centros urbanos e uma rede de atendimento à saúde para a população rural. Dando ênfase à proposta de isolamento dos doentes mais graves, a administração getulista foi responsável pelo estabelecimento de um grande número de manicômios, leprosários e sanatórios para tuberculosos, sendo que a maior parte dessas instituições se empenhava mais em garantir que os doentes deixassem de conviver com os sadios do que em realmente assisti-los e oferecer apoio a suas famílias. Muitos dos novos hospitais eram batizados com o nome do presidente e de seus representantes estaduais, assim como de suas esposas, em conformidade com as táticas do populismo.

O uso de medidas em prol da saúde pública como estratégia para selar alianças políticas passou a ser regra. A entrega de novos serviços ou novas ambulâncias à população era feita em cerimônias com grande participação popular. Nesses termos, firmou-se uma tradição segundo a qual benefícios na área da saúde e cargos na esfera da administração sanitária tornaram-se moeda para os grupos políticos negociarem entre si; quanto ao povo, os serviços eram tidos mais como um amoroso favor prestado por Vargas e seus aliados do que um direito do cidadão, falácia que endossava a figura do presidente como "pai dos pobres"[10].

São Paulo foi um dos estados mais beneficiados por Vargas, não só por sua importância econômica, como também pelo fato de um dos principais aliados de Vargas, Adhemar de Barros, ter sido alçado ao cargo de governador. Graças às novas propostas de engenharia sanitária, a capital bandeirante passou por novas transformações, com a abertura, em muitos bairros, de espaçosas vias públicas, asfaltamento ou calçamento de ruas e a expansão sem precedentes das redes de água encanada e esgoto subterrâneo. Outros estados, porém, pouco foram beneficiados pelo governo federal, em particular os localizados nas regiões Nordeste e Centro-Oeste.

O novo doente e a educação em saúde

Principalmente após a instauração do Estado Novo (1937-1945), período em que Vargas postou-se como ditador, o discurso oficial passou a apregoar que o indivíduo doente era culpado pela própria doença. Nesse aspecto, estar enfermo era visto tanto como resultado

---

10 Rômulo de Paula Andrade, "Cartas ao presidente: as políticas de saúde pública do primeiro governo Vargas na visão dos amazonenses", São Paulo: Instituto de Saúde, 2010.

de características raciais, como advogavam os eugenistas, quanto, sobretudo, como fruto de comportamentos considerados moralmente inapropriados, tais como o alcoolismo e o tabagismo, a permanência da pessoa na rua à noite, namoros indevidos e "paixões intensas", que, dependendo do analista, podiam ser desde fanatismo por futebol até o fato de alguém ser fervoroso defensor de dado credo político. Sobre este último caso, um médico paulista asseverou que as pessoas que tinham ligeiros problemas de saúde eram mais propensas a apoiarem o credo comunista (que era violentamente combatido pelo governo); além disso, quanto mais aumentavam suas vinculações com a ideologia marxista, mais seus corpos eram minados, tornando-se doentes mentais ou tuberculosos, se não vítimas fáceis de ambos os males.

Um exemplo típico desse posicionamento governamental se deu em 1944, quando o médico carioca Aloysio de Paula, um dos mais destacados representantes do Ministério da Educação e Saúde, criticou veementemente um grupo de doentes que se postou na porta de um hospital público do Rio de Janeiro para exigir assistência médica. O médico avaliava que aqueles doentes tinham vivido uma existência despreocupada quanto à moderação de costumes e a regras básicas de higiene, e que, adoecendo, se comportavam como comunistas, exigindo do governo a assistência que não mereciam. Apregoava-se também que o doente era um duplo traidor da pátria, pois não só deixava de gerar riquezas com seu trabalho, como ainda impunha que o governo ou o braço da caridade despendesse verbas com assistência médica e com o socorro a seus dependentes[11].

Essa noção de enfermo coagiu os gestores da saúde pública a patrocinarem medidas que tinham como objetivo criar um novo perfil de "homem brasileiro". A educação em saúde ganhou impulso redobrado como estratégia central para minimizar os problemas de saúde da população. Em praticamente todos os estados foram criados departamentos especializados na produção de materiais didáticos destinados ao consumo das classes trabalhadoras, havendo também

---

11 Aloysio de Paula, *Dispensário antituberculoso*, Rio de Janeiro: José Olympio, 1944.

a tradução de materiais estrangeiros, especialmente quando assinados por personagens de destaque, como o presidente norte-americano Franklin Delano Roosevelt. Milhares de pequenos textos, romances populares de não mais que quarenta páginas, filmes e cartazes foram produzidos. O material impresso era distribuído em hospitais, escolas, sindicatos, igrejas e associações populares, sendo reproduzido nos jornais de maior circulação, com seu conteúdo também disseminado por ondas radiofônicas.

O Departamento de Educação Sanitária de São Paulo foi um dos principais centros geradores de mensagens que visavam aprimorar o homem brasileiro tanto no plano físico quanto no plano moral, servindo de modelo para os demais estados. Conselhos sobre como as mães deveriam cuidar e educar seus filhos eram o eixo dominante, já que os serviços de saúde adotaram o lema "A criança de hoje é o homem de amanhã". As campanhas de educação em saúde foram "getulizadas", produzindo textos que implicitamente glorificavam o Estado e Getúlio Vargas, seguindo a orientação geral da política ditatorial. Um exemplo típico se deu no momento em que o Brasil se declarou aliado dos Estados Unidos durante a Segunda Guerra; imediatamente, os profissionais de saúde elaboraram mensagens ao povo nas quais os brasileiros eram aconselhados a imitar os padrões comportamentais, a alimentação e o vestuário dos norte-americanos como forma de garantir a saúde e, com ela, o vigor para o trabalho.

A americanização da medicina brasileira

A Fundação Rockefeller, criada pela família de um dos principais magnatas norte-americanos, tinha como uma de suas principais atividades o patrocínio de trabalhos que objetivavam a melhoria da saúde pública, primeiramente no sul dos Estados Unidos e, em seguida, nas regiões do planeta em que os *yankees* nutriam interesses econômicos. No Brasil, a Fundação mantinha interesses desde a segunda década do século XX, sendo uma das mais importantes fontes de recursos para a Faculdade de Medicina de São Paulo e, na sequência, para o Instituto de Higiene, que daria origem à Faculdade de Saúde Pública paulista. Pesquisadores norte-americanos vinham ao Brasil para ministrar cursos, e estudantes brasileiros recebiam bolsas de estudo para estagiar nos Estados Unidos, formando uma geração de especialistas e pesquisadores, não só no campo da saúde pública, como também em outras áreas da medicina. No mesmo sentido, a família Rockfeller patrocinou uma série de pesquisas na área médica nos anos 1920 e 1930, buscando reforçar a aliança com o Brasil durante a Segunda Guerra.

Os conhecimentos dos médicos brasileiros deixaram de se apoiar exclusivamente nas propostas europeias e foram pouco a pouco se americanizando. As faculdades de medicina trocaram os manuais europeus pelos escritos por autores norte-americanos, impondo ao atendimento à saúde um caráter mais pragmático. Postos de saúde e unidades de pronto-socorro organizados segundo o modelo estadunidense foram instalados em grande número, e o Estado e algumas empresas de porte iniciaram a política de contribuir com recursos regulares para que hospitais filantrópicos atendessem a população mais pobre, imitando, desse modo, o que acontecia nos Estados Unidos.

Mesmo assim, nesse período se definiu com maior clareza a existência de duas modalidades de atendimento médico: uma moderna, que dispunha de equipamentos sofisticados e renomados especialistas, voltada para o atendimento da elite, que podia pagar pela assistência médica; e outra, carente de tudo, comprometida com o socorro da população necessitada. Sobre esta última, representada por hospitais públicos e filantrópicos, os jornais já informavam acerca da existência de filas que se formavam ainda de madrugada e onde pacientes chegavam a óbito sem contar com assistência médica[12].

No decorrer dos anos 1930, apesar de se observar a continuidade de privilegiamento dos grandes centros urbanos nas questões de saúde, as áreas rurais também foram alvo de algumas melhorias sanitárias. Ações contra a febre amarela, ancilostomose, tracoma e malária ganharam novos recursos e medicamentos, assim como campanhas

---

12 Cláudio Bertolli Filho, *História da saúde pública no Brasil*, 5. ed., São Paulo: Ática, 2011.

vacinais deixaram de ficar restritas aos espaços urbanos e alcançaram a população rural graças às orientações dos norte-americanos, que financiaram parte dos custos dessas atividades.

Devido à Segunda Guerra, em 1940 o governo norte-americano pôs em funcionamento o Escritório para a Coordenação das Relações Comerciais e Culturais entre as Repúblicas Americanas, tendo como coordenador Nelson Rockfeller, neto do magnata que instituíra a Fundação Rockefeller. Dois anos depois, esse escritório criou uma agência bilateral brasileiro-americana denominada Serviço Especial de Saúde Pública (Sesp), com o objetivo de garantir um padrão de saúde razoável aos trabalhadores nacionais engajados na extração de matérias-primas necessárias para o esforço de guerra, especialmente borracha, minérios e madeira. Além disso, cabia ao novo serviço garantir a saúde dos soldados norte-americanos que se encontravam no Nordeste brasileiro, região onde a malária grassava endemicamente.

A princípio, Vargas viu com bons olhos a atuação do Sesp porque uma parte das matérias-primas extraídas seria vendida a bom preço para os países aliados e outra seria aproveitada dentro do país. No entanto, desde as suas origens, o Sesp adotou um modelo administrativo autônomo em relação ao Ministério de Educação e Saúde Pública, levando a inevitáveis conflitos de interesses. A tensão chegou a tal ponto que, em certo momento, se cogitou até mesmo o cancelamento das atividades do órgão, ficando o Brasil responsável por ressarcir o investimento americano[13].

Apesar disso, o Sesp continuou atuando no contexto nacional sob a chefia do sanitarista Fred Soper, funcionário da Fundação Rockfeller que atuara como docente no Instituto de Higiene paulista. Soper trouxe para o Brasil não só médicos, enfermeiros e engenheiros sanitários, mas profissionais do campo da saúde com especializações ainda pouco conhecidas por aqui, como psicólogos, fisioterapeutas e nutricionistas, além de antropólogos, economistas e educadores.

---

13 André Luiz Vieira de Campos, "O Serviço Especial de Saúde Pública: políticas internacionais e respostas locais", *Revista de História*, Pelotas, 2005.

Isso porque, na concepção funcionalista de saúde adotada pelos norte-americanos, tendo como centro a medicina, havia o entendimento de que outros especialistas – da área da saúde ou não – eram importantes para equacionar questões sanitárias. Isso refletia a postura segundo a qual a saúde coletiva depende também do grau de desenvolvimento de uma região e dos hábitos culturais da sociedade que nela vive.

O Sesp foi responsável por instalar em regiões interioranas hospitais e postos de saúde, sanear vastas áreas da Amazônia e de Minas Gerais e também o litoral nordestino, reduzindo em poucos anos a taxa de mortalidade pelas patologias conhecidas como "doenças tropicais".

Considerações finais

Entre 1889 e 1945, a administração pública brasileira demonstrou empenho limitado em garantir um padrão razoável de saúde para a população, concentrando a maior parte de seus esforços nas áreas urbanas economicamente mais importantes. Nesses termos, se no início da República o Brasil era um país enfermo, no final do Estado Novo, apesar de sensíveis melhorias sanitárias, o brasileiro continuava um homem enfermo. Em 1942, quando o país assumiu o compromisso de enviar contingentes militares para a guerra na Europa, foram realizados exames físicos em mais de 100 mil homens adultos, sendo que apenas 10% desse total foi considerado apto para compor a Força Expedicionária Brasileira; os demais foram dispensados por incapacidade física, isto é, por apresentar problemas de saúde que os inabilitava a participar das Forças Armadas.

Após o encerramento do primeiro governo de Vargas, o Sesp se manteve em atividade sem o patrocínio norte-americano, já que o acordo que o criara estipulava que o órgão deixaria de existir quando findasse a Segunda Guerra Mundial. Isso se deveu ao fato de o Sesp ter apresentado ao governo brasileiro uma nova concepção do processo saúde-enfermidade e um modelo de gerenciamento da saúde pública bem mais eficiente dos que até então eram utilizados pela administração nacional, beneficiando não só as populações urbanas, como também parcela significativa dos habitantes dos territórios rurais e distantes das capitais estaduais.

Encerrada a guerra e deposto o ditador, a comunidade médica via com indisfarçável otimismo o novo tempo que se iniciava. A abertura do período democrático rimava com os avanços médicos e havia a crença de que as novas tecnologias médicas e quimioterapias seriam habilmente utilizadas pelos administradores da saúde pública em benefício da sociedade brasileira como estratégia para a constituição de uma sociedade mais igualitária, na qual todos os cidadãos teriam acesso aos serviços de saúde.

Bibliografia

ANDRADE, Rômulo de Paula. "Cartas ao presidente: as políticas de saúde pública do primeiro governo Vargas na visão dos amazonenses". Em: MONTEIRO, Yara Nogueira (org.). *História da saúde: olhares e veredas*. São Paulo: Instituto de Saúde, 2010. pp. 91-9.

BERTOLLI FILHO, Claudio. *A gripe espanhola em São Paulo, 1918: epidemia e sociedade*. São Paulo: Paz & Terra, 2003.

BERTOLLI FILHO, Claudio. *História da saúde pública no Brasil*. 5. ed. São Paulo: Ática, 2011.

BLOUNT III, John Allen. *The public health movement in São Paulo, Brazil: a history of the Sanitary Service, 1892-1918*. Dissertation (Ph.D. in Modern History) – Tulane University. New Orleans: 1971.

CAMPOS, André Luiz Vieira de. "O Serviço Especial de Saúde Pública: políticas internacionais e respostas locais". *Revista de História*. Pelotas: 2005, v. 11.

CHAVES, Bráulio Silva. "Instituições de saúde e a ideia de modernidade em Minas Gerais na primeira metade do século XX". Em: MARQUES, Rita de Cássia; SILVEIRA, Anny Jackeline Torres; FIGUEIREDO, Betânia Gonçalves (org.). *História da saúde em*

Minas Gerais: instituições e patrimônio arquitetônico (1808-1958). Rio de Janeiro: Editora Fiocruz, 2011.

FRANCO, Afonso Arinos de Melo. *Rodrigues Alves.* Rio de Janeiro: José Olympio, 1973. 2 v.

HOCHMAN, Gilberto. *A era do saneamento.* São Paulo: Hucitec, 1998.

LOBATO, Monteiro. *Problema vital, Jeca Tatu e outros textos.* São Paulo: Globo, 2010.

PAULA, Aloysio de. *Dispensário antituberculoso.* Rio de Janeiro: José Olympio, 1944.

SOCIEDADE EUGÊNICA DE SÃO PAULO. *Annaes de Eugenia.* São Paulo: 1919.

WILSON, Charles Morrow. *Ambassadors in white.* New York: Henry Holt and Company, 1942.

4.

A QUESTÃO SOCIAL NA PRIMEIRA METADE DO SÉCULO XX: DESVALIDOS OU TRABALHADORES

AMÉLIA COHN[1]

Não é de se estranhar que a primeira categoria profissional a ter alguma forma de seguro social no Brasil do início do século XX tenha sido a dos militares, seguida da dos funcionários públicos. Estes constituíam a elite da sociedade brasileira, associada aos proprietários de terra agroexportadores. E nisso deixaram sua marca, que persistiria como traço fundamental de qualquer modalidade de proteção social no país: a responsabilidade do Estado em sua regulação, mas não o comprometimento dos recursos estatais em seu cofinanciamento. Faz-se necessário esclarecer desde já que o setor estatal adotou a prática de repassar esses custos para a sociedade por meio de criação de impostos e taxas com essa finalidade. Mas o setor privado também exerce a mesma prática: os custos dos encargos trabalhistas são repassados para o preço final dos produtos.

Com isso, o sistema de proteção social brasileiro foi sendo moldado conforme um modelo meritocrático, e não um modelo universal e redistributivo, como foi o caso dos países nórdicos. Em consequência, sua construção é marcada pela distinção rígida entre assalariados (públicos e privados) e não assalariados, os desvalidos. Não sem razão,

---

[1] Professora do Programa de Pós-Graduação em Saúde Coletiva da Universidade Católica de Santos. Pesquisadora sênior do Conselho Nacional de Desenvolvimento Científico e Tecnológico.

uma vez que o processo incipiente de industrialização de nossa economia se dava à base de produção de bens para o consumo interno popular, as elites agroexportadoras (no caso, o café) tinham preferência pelo mercado externo, tanto de bens quanto de serviços como os de saúde.

No início do século XX, enfrentavam-se duas questões sociais básicas: a instauração de um novo padrão de regulação social, já que agora se tratava de instaurar um novo modelo de produção e acumulação de capital baseado na mão de obra livre; e a questão das revoltas e mobilizações sociais deste novo ator no cenário político – os assalariados do setor privado da produção.

No primeiro caso – a construção de um padrão de regulação social –, mesclam-se o uso da força por parte do Estado (ainda não nacional) e a adoção de medidas atomizadas para dar conta das "novas questões sociais" que impediam o pleno desenvolvimento da economia. Dentre estas, destacam-se numerosas medidas na área da saúde, poucas na área da assistência social, definida como filantropia. No segundo – o das sucessivas revoltas e mobilizações dos trabalhadores assalariados –, destacam-se sucessivas medidas repressivas contra o então emergente movimento organizado das classes assalariadas. Predominam, no que se convencionou denominar de a "Velha República", a concepção de que "questão social é uma questão de polícia" (e não de política de Estado) e de que não só o trabalhador "é imprevidente quanto ao seu futuro" como, por serem pobres, quando não são capazes de viver de seu trabalho (isto é, da venda de sua capacidade de trabalho para o mercado privado da produção), devem ser objeto de ações filantrópicas e assistencialistas por parte de organizações não estatais, caso das Santas Casas, por exemplo. Configura-se, dessa forma, no que diz respeito à questão social, a dualidade entre trabalhadores e desvalidos: para o primeiro caso, a repressão; para o segundo, a "higienização social".

Institui-se, assim, o embrião das formas de enfrentamento da questão social no Brasil, que até os dias atuais resistem à instauração de uma lógica mais concertada do conjunto das ações estatais, por se caracterizar como setorializadas e fragmentadas as expressões multifacetadas da questão social na ordem social brasileira.

No entanto, por paradoxal que possa parecer, medidas do Estado voltadas às questões sociais são relativamente precoces em nossa realidade. Não obstante, há de se registrar que a emancipação política do Brasil, em 1822, representa a constituição de uma nação que não contava com uma burguesia, uma vez que o Estado ainda se caracterizava (e assim seria por longo período) por estar fundamentado em segmentos sociais que tinham sua legitimidade e seu poder na ordem escravocrata. Em consequência, tem-se um Estado nacional constituindo-se a partir das oligarquias latifundiárias regionais, ainda calcadas pela lógica escravagista, e não pela lógica da produção e da acumulação ditada pela mão de obra livre.

Desse período, herdam-se as Comissões dos Homens Bons (ainda da fase colonial) ou Probos (Império), com funções fiscalizadoras ou filantrópicas. A par do prestígio social atribuído àqueles que participavam dessas iniciativas, nossas elites de então promoviam por meio delas a higienização social necessária à manutenção da higidez e de sua tranquilidade. Tal é o caso, por exemplo, da ameaça às elites diante do aumento do número de leprosos em 1820 na região cafeeira do vale do Paraíba (SP) e, em meados da década de 1940, da febre amarela em Salvador (BA). Mesmo com a exposição dessas epidemias, pouco é feito, pois o controle e as ações de saúde pública são então de responsabilidade dos municípios, que se limitam a regulamentar algumas medidas para o saneamento do meio. Até porque, na ordem escravocrata, o escravo, mais vulnerável a doenças endêmicas, dadas suas condições de vida, era da responsabilidade privada do seu senhor. Em suma, ações de caráter público, voltadas à coletividade, não constituem uma marca na gênese das primeiras ações estatais regulamentando ações na área social como responsabilidade do Estado. Sua marca, que prevalecerá até muito recentemente – 1988 –, é de ações pontuais, clientelísticas, voltadas aos segmentos pobres da população – os desvalidos –, e não se constituem em direito social. Este só será efetivamente conquistado – na letra – na Constituição de 1988.

Com a República, o poder central é assumido pela oligarquia cafeeira, a mão de obra escrava paulatinamente é substituída pela mão de obra livre e os portos assumem posição estratégica crescente na atividade econômica capitaneada pela exploração do café. É quando então, sobretudo na área de saúde, mas também na área social dirigida aos desvalidos, surgem embriões de atividade estatal, seja pela vertente filantrópica, seja pela vertente de ações emergenciais, seja pela combinação de ambas. Data de fins do século XIX e início do XX o combate a epidemias, como o de 1899 em Santos e o de 1900 no Rio de Janeiro, quando a peste bubônica passa a ser um problema mais econômico do que social. Da mesma forma, podem ser referidas as primeiras campanhas para saneamento dos portos, bem como ações para a extinção dos cortiços, locais de moradia tanto de imigrantes recém-chegados, em busca de oportunidade de trabalho na economia agrícola, no comércio e na incipiente industrialização voltada ao mercado de consumo interno, quanto de poucos ex-escravos, recém-libertos, agora rotulados como "vadios"[2].

Vale frisar, nesse ponto, que as ações públicas voltadas à "proteção social" dos desvalidos (pobres e miseráveis) eram regidas, fundamentalmente, não pela lógica da produção agora em moldes capitalistas (nas especificidades de nossa realidade), mas, sim, pela lógica da circulação e da distribuição de mercadorias. Para tanto, o saneamento dos portos (até para dar cabo "da guerra da quarentena", principalmente do Brasil com a Argentina, que obstaculizava a circulação de navios – e, portanto, de mercadorias – entre a Europa e os nossos portos) e a extinção dos cortiços se tornam fundamentais para o novo processo de acumulação e produção de riquezas da economia agroexportadora brasileira.

E temos aqui uma segunda característica da emergência de nosso sistema de proteção social, que consiste no fato de as ações públicas na área social não estarem estruturalmente ligadas à reprodução da força de trabalho, mas, sim, à circulação e à distribuição de mercadorias,

---

2   Gilberto Hochman, *A era do saneamento: as bases da política de saúde pública no Brasil*, São Paulo: Hucitec/Anpocs, 1998.

aí incluída a força de trabalho imigrante[3]. Em decorrência disso, são instituídas medidas estatais de subvenção com recursos públicos às atividades filantrópicas e clientelistas, bem como a políticas de caráter emergencial. As políticas sociais configuram-se, assim, como ações de higienização social, tais como as ações de higiene pública, na área da saúde, com isolamento dos portadores de enfermidades tidas como perigosas para a sociedade, desde as infectocontagiosas até as doenças mentais. Paralelamente, as irmandades de misericórdia, que associavam atividades na área da saúde com atividades de cunho filantrópico, entre elas as famosas "rodas" para entrega de crianças (a bem da verdade, não só de mães pobres, mas também de filhos indesejáveis das elites), atribuíam status social àqueles que delas participavam.

Paralelamente, datam da segunda metade do século XIX e início do XX os hospitais beneméritos, hoje grandes complexos hospitalares, que tiveram sua origem na organização de mutualidades. As Irmandades de Misericórdia (Santa Casa) exigiam a conversão dos pacientes ao catolicismo para que fossem atendidos. Assim, enquanto em 1894 é criado o Hospital Samaritano, em São Paulo, por iniciativa de britânicos, norte-americanos e alemães, o Hospital da Beneficência Portuguesa já havia sido criado em 1859, por iniciativa de dois jovens imigrantes, caixeiros de pequenas lojas. Quanto ao Hospital Sírio-Libanês, ele só foi criado em 1921, por iniciativa de mulheres da primeira geração de imigrantes sírios e libaneses. Trata-se, portanto, de uma forma de organização da proteção social aos mais necessitados (trabalhadores e desvalidos), marcada pela nacionalidade de sua origem, e que tinha como objetivo prestar solidariedade social à sua colônia, já que o Estado não se responsabilizava pelos imigrantes, em que pesem as medidas de incentivo para importação dessa força de trabalho.

Medidas do Estado, de caráter coletivo, dirigidas à manutenção da ordem pública, eram restritas, fundamentalmente, à higiene: eliminação de cortiços (associada à construção de vilas operárias,

---

3 Massako Iyda, *Cem anos de saúde pública: a cidadania negada*, São Paulo: Editora Unesp, 2001.

que possibilitavam assim o controle dos operários e sua não identidade social, já que suas casas, roupas e a educação de seus filhos eram padronizadas); o isolamento dos portadores de doenças infectocontagiosas e, a partir do início do século XX, as campanhas de vacinação: em 1910, a campanha de Oswaldo Cruz contra a febre amarela, em particular nas cidades portuárias, como Rio de Janeiro, Santos e Recife.

Mas é a partir de então, início do século XX, que ações públicas se voltam mais ordenadamente para a organização do mercado de trabalho e a viabilidade de iniciativas de cunho econômico, como é o caso da ação de 1910, liderada por Oswaldo Cruz, a convite da direção da Estrada de Ferro Madeira-Mamoré, associada a Port of Pará (americana). Ali tem início a campanha contra a febre amarela. As condições impostas por Oswaldo Cruz traduzem a marca do "saneamento social" via campanhas sanitárias a partir de então: a adoção pelo Estado dos regulamentos sanitários vigentes no Distrito Federal e daqueles que vigoravam nos serviços sanitários dependentes da União; a criação de uma Comissão (totalmente autônoma) Sanitária de Profilaxia da Febre Amarela; bem como a execução de medidas coercitivas possibilitadas pelos regulamentos.[4] Recordemos que, pouco antes, houve os famosos episódios da Revolta da Vacina, quando a população das cidades portuárias se insurge contra a vacinação compulsória executada por homens do Exército.

Dessa forma, enquanto na saúde as ações são ditadas muito mais pela lógica das necessidades econômicas do que sociais, pois estas são objeto da "benemerência", há de se ter em conta que não bastava organizar e disciplinar os trabalhadores, nem controlar as doenças e os males trazidos pela pobreza e pela brutal exploração da força de trabalho que caracterizava o processo produtivo da época. Ainda que na década de 1920 as atividades de controle sanitário da população tenham sido expandidas para a proteção da infância, por meio, por exemplo, da inspeção sanitária das "amas de leite", fenômeno

---

4 Olympio da Fonseca Filho, *A escola de Manguinhos: contribuição para o estudo do desenvolvimento da medicina experimental no Brasil*, São Paulo: Revista dos Tribunais, 1974.

então comum, e do controle da expansão de doenças específicas, com incremento, inclusive, de construção de hospitais de isolamento (dos portadores de doenças infectocontagiosas e dos doentes mentais), havia agora uma outra face dessas atividades: a preocupação com a reprodução da força de trabalho.

Assim, os embriões da experiência brasileira no que diz respeito ao sistema de proteção social não fugiram do emblemático caso alemão do século XIX, quando Otto von Bismarck introduziu, em 1883, o Estado como provedor de necessidades sociais, enquanto elemento de reprodução social da força de trabalho e de legitimação do Estado nacional. Diferiu, sim, da experiência inglesa do século XX, quando lorde Beveridge lança a ideia do Estado como protetor das necessidades coletivas em plena Segunda Guerra (1942). O que fica dessas concepções é a presença de formas laicas no campo da proteção social, especificamente relativas à assistência social voltada aos desvalidos. Foi uma contribuição tanto para a separação entre Estado e Igreja, promovida pelo regime republicano, quanto para o conservadorismo de uma sociedade elitista, com concentração da riqueza garantida por uma oligarquia latifundiária e um Estado patrimonialista, associado a uma concepção liberal da economia. Foi nesse quadro que teve início a aceleração do ritmo de industrialização da economia brasileira do início do século XX, que levaria a um intenso processo de urbanização. Nos centros urbanos, além da concentração populacional, evidencia-se então a presença de amplas massas de desvalidos e também de um novo ator social no cenário político do país: as classes assalariadas urbanas.

Proteção social aos assalariados

As décadas de 1910 e 1920 são marcadas por fortes mobilizações sociais das classes assalariadas urbanas, em particular nos grandes núcleos do Sudeste, então região dinâmica da economia. Eram movimentos que apresentavam forte inspiração anarquista e comunista, trazida pelos imigrantes, e que lutavam por melhores condições de vida e trabalho. Recordemos que, nos anos 1920, a "questão social era uma questão de polícia". Esses movimentos eram então violentamente reprimidos pela força policial e pelos integralistas. Não obstante, a nova dinâmica do processo de acumulação econômica demandava a regulação social da nova relação que então se impunha nos meios urbanos, sobretudo no industrial, entre capital e trabalho.

O marco da origem da previdência social no país é atribuído ao ano de 1923, quando Elói Chaves, então deputado, apresenta projeto transformado em decreto-lei estipulando a criação obrigatória, em cada companhia ferroviária (vital para o transporte do café até os portos para fins de exportação e para, no sentido inverso, o transporte de bens de consumo importados), de um fundo de aposentadorias e pensões para seus trabalhadores. Não obstante, vários estudos mostram a existência de programas de previdência social anteriores, datados já do período colonial, sobretudo aos trabalhadores do serviço público e aos militares. Mas é do século XX, de 1919, a instituição da responsabilidade *potencial* do empregador por acidentes ocorridos no trabalho com os seus empregados. Nesse caso, é interessante notar que o financiamento desse tipo de seguro é atribuído aos empregadores.

Em 1926, aqueles fundos criados para as empresas ferroviárias são estendidos aos trabalhadores da estiva e marítimos (igualmente, portanto, segmentos de trabalhadores fundamentais para a economia de então), agora sob a denominação de Caixas de Aposentadorias e Pensões (CAP). Trata-se de um contrato entre o empregador e o empregado, por meio do qual ambos se comprometiam com a responsabilidade de prestar auxílio ao empregado quando este não fosse mais ativo. Apresenta-se a partir daí a terceira característica de nosso sistema de proteção social, que vigorará até 1988: o financiamento tripartite, entre empregadores, empregados e Estado. Este contribuiria com recursos provenientes de uma taxa adicional sobre os serviços prestados pelas empresas a que as caixas pertenciam; já os empregadores, com um percentual da renda bruta anual da empresa; e os empregados, por sua vez, com um percentual de seu salário.

O que importa salientar, no entanto, é que as caixas, como eram chamadas no cotidiano (até hoje existe a expressão "encostado na caixa" para se referir a pessoa aposentada), prestavam benefícios em dinheiro (aposentadorias e pensões) e em serviços (assistência médica). Portanto, não era previsto até então o pagamento ou a garantia de qualquer fonte de renda aos desvalidos (objeto da filantropia), mas somente àqueles que estavam vinculados ao mercado de trabalho do setor privado da economia.

A partir de 1930, com a quebra do regime oligárquico e a presença cada vez mais marcante das classes assalariadas urbanas no cenário político e econômico, a previdência social, até então deixada para o setor privado através de contratos de seguro empregador-empregado, passa a ser objeto da atenção do Estado. Ao lado de uma série de dispositivos legais regulamentando o trabalho, começam a ser criados os Institutos de Aposentadoria e Pensões (IAP), agora sob o controle direto do Estado. Enquanto no caso das caixas o Estado se abstinha de participar de sua administração, nos institutos a escolha do seu presidente é de responsabilidade do poder público, referendada pelo então Ministério do Trabalho, Indústria e Comércio (MTIC), criado em 1930. Essa passagem das CAP para os IAP significa uma extensão da cobertura previdenciária às classes assalariadas urbanas, com sua segmentação por categorias profissionais, e não mais por unidades empresariais, como no primeiro caso.

Com essas inovações no sistema de proteção social, via previdência, constitui-se uma quarta característica do sistema de proteção social brasileiro: o fato de ser meritocrático. Disso decorre que, como o financiamento, tanto das CAP quanto dos IAP, era tripartite, o acesso a essa forma de seguro social dependia da capacidade de contribuição do empregado, o que na década de 1930 significava a inserção do trabalhador no mercado formal de trabalho. Em decorrência disso, traços embrionários do sistema de proteção social já apontados anteriormente – frisemos, não para os desvalidos, mas para os trabalhadores urbanos do setor privado da economia – são consolidados: a concepção e a formalização do acesso a direitos sociais previdenciários orientadas pela lógica do seguro social. Mais que isso, a configuração de um perfil de cidadania, entendida aqui como aquele em que os sujeitos são portadores de direitos sociais, regulada[5]: vale dizer, sua concessão gradual a segmentos assalariados segundo sua capacidade de contribuição, esta, sim, compulsória. Futuramente, no pós-1988, isso vai se configurar numa dificuldade de se instituir direitos sociais universais, independentemente da situação dos sujeitos no mercado.

Havia uma lógica para a implementação de novas medidas de regulação social, não mais como questão de polícia, mas de concessão de direitos sociais aos segmentos mais organizados e mobilizados da sociedade, vale dizer, os trabalhadores assalariados urbanos: não somente sua capacidade de reivindicação, mas também a instauração de um novo padrão de incorporação tecnológica na produção, tendo em vista a industrialização de nossa economia, associada à construção de um Estado nacional, contrapondo-se, assim, à vontade política das forças oligárquicas agroexportadoras. Afirmava em 1930 Getúlio Vargas:

> Se o nosso protecionismo favorece os industriais em proveito da fortuna privada, corre-nos, também, o dever de acudir o proletariado com medidas que lhe assegurem relativo conforto e estabilidade e o amparem nas doenças, como na velhice... Tal é a valorização básica, essa sim, que nos cumpre indicar quanto antes – a valorização do capital humano, por isso que a medida da utilidade social do homem é dada pela sua capacidade de produção[6].

À parte o fato de tão precocemente ser referido o conceito de "capital humano", que no início do século XXI ganha tanta relevância, fica clara a opção não mais por uma concepção liberal, mas, sim, pela intervenção do Estado na economia, via proteção do mercado interno. No entanto, o que chama a atenção é que tanto nos anos 1920 quanto nos 1930 prevalece a concepção da "imprevidência" do trabalhador em relação ao seu futuro: cabe ao Estado, diante da incapacidade

---

5 Wanderley Guilherme dos Santos, *Cidadania e justiça: a política social na ordem brasileira*, Rio de Janeiro: Campus, 1979.

6 Getúlio Vargas, *A nova política do Brasil*, Rio de Janeiro: José Olympio, 1938, pp. 27-8.

do trabalhador assalariado de pensar a garantia de seu futuro, assumir essa responsabilidade, por meio de um sistema de previdência social. Sistema esse que é pesadamente financiado pelo trabalhador assalariado (de forma direta por meio do desconto no salário de sua contribuição, e de forma indireta pelo repasse desses custos sociais que recaem sobre os empregadores para os preços finais dos produtos) e que, ademais, é regido pelo sistema de capitalização.

O sistema de capitalização, vigente até 1960, viabiliza que os recursos previdenciários sejam investidos nos projetos de infraestrutura necessários ao processo de industrialização da economia brasileira, que, no pós-1930, ganha fôlego e é objeto de uma política explícita por parte do Estado. Assim, a previdência social constitui-se também num meio de captação de poupança forçada, para garantir tanto um nível mínimo de consumo das classes de mais baixa renda quanto a capacidade de trabalho dos assalariados através da assistência médica, e ainda para propiciar investimentos diretos em vários setores da economia. Nessas condições, ela acaba se constituindo em componente básico da organização das atividades econômicas e também dos processos políticos no interior da sociedade brasileira como um todo. Cabe notar que o regime de capitalização foi extinto em 1960, quando o parque industrial brasileiro já estava montado e o modelo de desenvolvimento econômico baseado na substituição de importações já se encontrava esgotado.

De fato, as CAP foram criadas na década de 1920, num período em que as diferentes correntes socialistas e sindicais, pensando ter chegado o grande momento da classe operária, empreenderam várias ações em comum, embora nenhum agrupamento político-sindical alcançasse o domínio do movimento em caráter exclusivo. Já os IAP foram criados nos anos 1930 (de 1933 a 1936), nos mesmos moldes organizacionais das caixas, num contexto em que, de um lado, o movimento sindical vinha adquirindo um cunho acentuadamente político-institucional, buscando atuação parlamentar, e, de outro, as classes dominantes, ainda sob o impacto dos movimentos grevistas dos anos 1910 e 1920, e presas a compromissos internacionais de introduzir instrumentos de regulamentação do trabalho, estavam mais receptivas à implementação de medidas dessa natureza[7].

O que cabe ressaltar aqui é que, com a organização e a implantação de um sistema de previdência social, via CAP e IAP, não só os segmentos assalariados do mercado privado dos núcleos urbanos conquistam uma modalidade de proteção social baseada na concepção do seguro social (contraposta aqui à da seguridade social), como essa modalidade de organização da previdência social ainda permite, ao mesmo tempo, contemplar as necessidades econômicas do novo processo de acumulação e de crescimento econômico. Com isso, fraciona e segmenta os trabalhadores em distintas instituições previdenciárias, cada uma com sua capacidade de captação de recursos (a depender da massa de assalariados de cada setor econômico) e, em consequência, com distintas capacidades de responder às demandas e necessidades de suas respectivas categorias de trabalhadores – e seus familiares –, no que diz respeito aos benefícios em dinheiro e também aos serviços médicos.

Estabelece-se, assim, a partir de 1930, um sistema de regulação social, por parte do Estado, dos trabalhadores assalariados urbanos e do mercado privado da economia, baseado num tripé: previdência social, legislação trabalhista e legislação sindical. Vale dizer, no tripé: proteção social do trabalhador assalariado quando não mais pertencer à mão de obra ativa; legislação trabalhista regulando a relação entre capital e trabalho, e, portanto, as formas de exploração do trabalho (sem ainda a instituição do salário mínimo, que só se dará na década de 1940,); e a legislação sindical regulando os limites (restritos) do campo de ação dos trabalhadores, o que leva os sindicatos a terem um forte traço assistencialista. Mas, com isso, estão contemplados somente os trabalhadores. Os desvalidos continuam à mercê de ações voluntárias, filantrópicas e, como é da tradição, de forte cunho religioso.

Era esse o pacto de solidariedade social que vigeu até 1945, quando acaba o Estado Novo. Aliás, é necessário frisar, a história da previdência

---

7 Amélia Cohn, *Previdência social e processo político no Brasil*, São Paulo: Moderna, 1980.

social brasileira mostra que medidas mais significativas relativas à sua estruturação – a criação das várias instituições previdenciárias de âmbito nacional e, posteriormente, a sua unificação – ocorreram em período de acentuada centralização do poder. Não surpreende, portanto, que esse pacto revele que os movimentos reivindicatórios das classes assalariadas urbanas dos anos 1910 aos 1930, originários sobretudo das organizações sindicais, não foram capazes de atrair a atenção das classes dominantes e, por conseguinte, do Estado para suas condições sociais; seu poder não foi suficiente para fazer prevalecer seus interesses e, portanto, imprimir sua marca na organização do sistema previdenciário. Este traduz os interesses do capital, as desigualdades geradas pelo mercado; no entanto, segue revelando ser um mecanismo eficaz de legitimação do poder.

Mas, mais do que isso, essas conquistas trabalhistas não foram capazes de quebrar a dualidade entre um sistema de proteção social via previdência social para aqueles inseridos no mercado de trabalho e um conjunto de ações assistenciais e assistencialistas para aqueles excluídos desse mercado. Enquanto o primeiro acaba por se traduzir, na lógica da acumulação, como uma poupança da qual o Estado pode lançar mão, este último configura gasto e, como tal, contamina, no imaginário social, o significado de ambos, que são entendidos não como direitos, mas como privilégios.

A Carta da Paz Social

Em 1946, abre-se novo ciclo político no país, com a queda do Estado Novo e a instituição do regime democrático com eleições diretas para a Presidência da República. Período de pós-guerra, trata-se agora de levar adiante o processo de industrialização nacional após o estrangulamento do comércio exterior brasileiro. Quanto à política de regulação dos assalariados, esta já se encontra consolidada pelo tripé anteriormente referido, restando aos desvalidos políticas pontuais, assistenciais e de "responsabilidade" da filantropia.

É verdade que, em 1942, ainda no Estado Novo, é criada a Legião Brasileira de Assistência (LBA), que marca a incorporação, pelo discurso oficial, da miséria e da pobreza, embora estas permaneçam limitadas ao campo de atuação da filantropia. Fruto da necessidade da mobilização do trabalho civil no apoio ao esforço de guerra, ela é a primeira instituição social de âmbito nacional, a cargo das primeiras-damas.

Nesse contexto é redigida e tornada pública a Carta da Paz Social, de janeiro de 1946, em Petrópolis. Esse documento será um marco não somente por se converter num dos fundamentos importantes da criação do Sistema S no período imediatamente posterior, durante o governo Dutra, mas também por apresentar à sociedade um novo pacto de solidariedade social.

O desfecho do documento, datado de janeiro de 1946, registra:

> Confiando na solidariedade dos elementos que contribuem para a grandeza do Brasil em toda a vastidão de seu território, os signatários desta Carta esperam que, num clima de cooperação, fraternidade e respeito recíproco e na união de todas as forças vivas e conscientes da Nação, será possível estabelecer as bases de uma verdadeira democracia, assegurar as liberdades públicas, manter o equilíbrio social e conquistar para nossa Pátria o respeito e a admiração de todos os povos.

Trata-se, agora, numa ordem democrática, de enfrentar as questões sociais, de origem não só dos setores assalariados e organizados da sociedade, mas também da pobreza e dos desvalidos, ou melhor, dos excluídos do mercado de trabalho. E também de não abandonar, ou desvincular, o enfrentamento da questão social da pobreza e da miséria dos interesses econômicos. Afirma o documento, no item 3: "Não só por motivo de solidariedade social, mas de conveniências econômicas, deve ser o mais rapidamente possível aumentado o poder aquisitivo da população, principalmente rural, visando incrementar a prosperidade do país e fortalecer o mercado consumidor interno". Os setores pobres, rurais, sem nenhum tipo de cobertura de um mínimo social, também passam a ser objeto de preocupação da ordem econômica. À preocupação com o aumento da produtividade das empresas associa-se a diminuição dos custos de produção e, portanto, dos preços, segundo o documento, "tendendo assim a facilitar as condições gerais de vida" (item 7a). Além disso, "evitar desentendimentos prejudiciais à cordialidade que deve existir entre patrões e empregados ou trabalhadores entre si" (item 8b).

O que estava em questão, nessa conjuntura, como evidencia a Carta da Paz Social, era a busca por maior participação dos empregadores (inclusive em termos financeiros, já que a contribuição para o Sistema S é patronal) na promoção do bem-estar social. A expectativa, portanto, era que o setor privado também se responsabilizasse por um pacto de solidariedade social, regulado pelo Estado, sem dúvida, mas que se voltasse para a habilitação da força de trabalho para os novos esforços de industrialização que o país demandava, agora numa conjuntura democrática, na qual, inclusive, os setores políticos mais radicais, aqueles que impulsionaram em grande medida os movimentos operários das décadas de 1910 e 1920, se viam legalizados e participantes da vida política.

No entanto, permanece a questão, originária dos embriões do sistema de proteção social brasileiro, da dualidade e da difícil compatibilidade entre o sistema de proteção social brasileiro estatal e aquele regulado pelo Estado, mas não estatal, e sim público. Não obstante, um grande passo é dado com essa iniciativa da Carta da Paz Social, que se transformaria, poucos meses depois, numa grande instituição, hoje das mais vigorosas, com espaço e posição de destaque no pacto de solidariedade social brasileiro, atuando em distintas áreas, que vão da assistência médica à cultura e à formação profissional. Ela permite àqueles sujeitos sociais, até então tidos como desvalidos porque excluídos do mercado, mas não só a eles, adentrarem por essa porta à condição de cidadãos portadores de direitos.

Bibliografia

COHN, Amélia. *Previdência social e processo político no Brasil*. São Paulo: Moderna, 1980.

FONSECA FILHO, Olympio da. *A escola de Manguinhos: contribuição para o estudo do desenvolvimento da medicina experimental no Brasil*. São Paulo: Revista dos Tribunais, 1974.

HOCHMAN, Gilberto. *A era do saneamento: as bases da política de saúde pública no Brasil*. São Paulo: Hucitec/Anpocs, 1998.

IYDA, Massako. *Cem anos de saúde pública: a cidadania negada*. São Paulo: Editora Unesp, 2001.

SANTOS, Wanderley Guilherme dos. *Cidadania e justiça: a política social na ordem brasileira*. Rio de Janeiro: Campus, 1979.

VARGAS, Getúlio. *A nova política do Brasil*. Rio de Janeiro: José Olympio, 1938. v. 1.

PARTE 2

ESTADO AUTORITÁRIO, DESENVOLVIMENTO E DEMOCRACIA (DO ESTADO NOVO AOS ANOS 1950)

5.

HISTÓRIA DO SESC: 70 ANOS INOVANDO A SERVIÇO DO COMÉRCIO

Guilherme Ramalho Arduini[1]

Agradecimentos

Este trabalho não teria sido possível sem o incentivo e a colaboração de muitas pessoas. Por esse motivo, quero deixar registrada em primeiro lugar a minha gratidão a Danilo Santos de Miranda, diretor regional do Sesc, pelo convite e por fornecer algumas pistas fundamentais à realização desta pesquisa. Agradeço também a Andréa de Araújo Nogueira e Maurício Trindade da Silva, pela confiança depositada e por toda a ajuda ao longo deste projeto.

Durante as pesquisas no Rio de Janeiro, tive acesso à documentação graças ao excelente trabalho dos então bibliotecários da Associação Comercial do Rio de Janeiro (Roberta Alves, Leonardo Soares e Katia Regina de Sales Costa) e do Departamento Nacional do Sesc (Fátima Salerno e Rui Maciel). Ao Rui devo algumas recomendações de leituras futuras, como posto na bibliografia suplementar deste relatório.

Por fim, tive a ajuda de diversos funcionários do Regional do Rio de Janeiro, a quem cito nominalmente: Christiane Caetano, Vanessa Medeiros e Gustavo Gomes de Matos.

---

1 Doutor em Sociologia pela Universidade de São Paulo. Docente do Instituto Federal de São Paulo, campus Hortolândia. Bolsista do Conselho Nacional de Desenvolvimento Científico e Tecnológico (CNPq). E-mail: guilherme.arduini@ifsp.edu.br.

A todos os citados e aos que contribuíram indiretamente para a realização desta pesquisa, expresso meus mais sinceros agradecimentos e meu desejo de estar à altura da confiança depositada.

Introdução: objetivo e justificativa do recorte de pesquisa

Este relatório tem como objetivo apresentar o resultado da primeira fase do projeto "História do Sesc: 70 anos inovando a serviço do comércio", na qual se procedeu a uma investigação sobre a fundação do sistema de serviço social no comércio nos anos 1940. Essa quadra histórica foi prenhe de tendências contraditórias: no âmbito internacional, a aliança entre soviéticos e americanos para derrotar o nazismo deu lugar ao retesamento de suas relações diplomáticas e de sua propaganda ideológica, com incontornáveis consequências para as organizações sindicais (patronais e operárias) brasileiras. No plano nacional, o fim do Estado Novo significou a alvissareira volta aos tempos de liberdade de opinião e de associação política, a qual trazia em seu bojo o eclodir de diversos conflitos sociais que puseram em xeque a continuidade da vida política nos moldes democráticos.

Além de buscar compreender como a criação do Sesc se relaciona com esse contexto, é explorada a vertente da continuidade entre o projeto instaurado pelo Sesc e projetos anteriores de intervenção na saúde e no lazer do trabalhador, como foi o caso dos círculos operários católicos. Surgidos no começo do século XX e fortalecidos durante a década de 1930, eles demonstraram as mesmas preocupações que motivaram a criação do Sistema S: combater o comunismo e propor um discurso que aproximasse o capital e o trabalho como dotados dos mesmos interesses. A ideia de "serviço social" como um misto de campo de saber e técnica de intervenção na vida social em benefício da harmonia entre as classes é, em grande parte, uma criação de um grupo de intelectuais católicos organizados no Rio de Janeiro no Centro Dom Vital, do qual nascem iniciativas destinadas à formação da Universidade Católica, ao recrutamento de secundaristas, universitários e profissionais liberais (especialmente advogados e médicos) e ao fortalecimento do atendimento ao trabalhador.

Sem prejuízo desse quadro, duas ressalvas merecem nossa atenção. A primeira delas diz respeito à escolha por tratar o Sesc (às vezes conjuntamente com o Senac) em separado. Para justificar tal escolha, é preciso levar em consideração as diferenças em relação ao serviço social da indústria. Por exemplo, o Senai é a única instituição do Sistema S que precede todas as outras, tendo sido fundada em 1942. O início de suas atividades esteve ligado a um projeto de criação de um parque industrial nacional capacitado a substituir as importações, impossibilitadas durante a Segunda Guerra Mundial. Do ponto de vista da concepção do trabalho, o Senai retrata uma ideologia trabalhista característica do Estado Novo, de disciplinamento do trabalhador e oferta dos benefícios sociais estabelecidos na Consolidação das Leis do Trabalho (CLT)[2].

A segunda ressalva diz respeito ao fato de que ainda que a criação do Sesi, do Sesc e do Senac responda aos mesmos desafios, cada uma apresenta diferenças importantes entre si, em vista dos interesses específicos do setor representado e do público que pretende atingir. Há, inclusive, uma diferença geográfica em sua origem, com o projeto do Sesi sendo levado adiante pelo empresariado paulista, enquanto o Sesc coube ao ramo carioca.

É por esse motivo que neste relatório discorrerei algumas vezes sobre a criação do sistema como um todo e, em outras, sobre a criação do Sesc em específico. Vale lembrar que as diferenças não passaram despercebidas por outros pesquisadores, como demonstra o estudo de Barbara Weinstein, *(Re)formação da classe trabalhadora no Brasil (1920-1964)*, a contemplar o ramo industrial do processo em exame neste relatório. A atuação dos comerciários desse período carece de estudos sistemáticos, cabendo um papel pioneiro ao presente estudo.

Em termos de recorte temporal, a pesquisa privilegiou a escolha de eventos nos quais se tornaram mais inteligíveis os processos

---

[2] A esse respeito, ver Ângela de Castro Gomes, *A invenção do trabalhismo*, Rio de Janeiro: Editora FGV, 2004.

históricos ligados à criação do Sistema S e do Sesc em particular, bem como sua opção pelo investimento na ocupação do tempo livre do comerciário, uma de suas principais frentes de atuação até hoje.

O marco inicial deste relatório é o I Congresso Brasileiro de Economia, ocorrido no Rio de Janeiro entre 25 de novembro e 18 de dezembro de 1943, o primeiro de repercussão nacional a consagrar como líderes do empresariado nacional os nomes de João Daudt d'Oliveira, Roberto Simonsen e Euvaldo Lodi. Esse grupo se encontrava unido em torno da ideia de uma nova agenda com profundas repercussões no papel do Estado e na relação deste com a sociedade. O limite final da pesquisa é o I Congresso de Técnicos do Sesc, ocorrido na Colônia do Sesc de Bertioga, em 1951. Ele registra o fortalecimento institucional do Sesc, capaz de reunir em sua mão de obra interna a expertise para avaliar a eficácia do tipo de serviço social prestado. Quando necessário, propôs a mudança do foco de atividades, diminuindo a ação de tratamento de doenças e especializando-se na oferta de lazer aos trabalhadores, uma das principais atividades exercidas pela instituição até hoje.

Dentro desse período, diversos outros elementos ajudam a dar inteligibilidade ao processo de criação do Sesc: 1) o Congresso de Teresópolis, em 1945, no qual o empresariado se reúne para discutir os rumos do país em um cenário que sinaliza o fim da Segunda Guerra e do Estado Novo; 2) a publicação do Decreto-Lei nº 9.853, de 13 de setembro de 1946, e da Portaria nº 146, de 24 de setembro de 1946, tratando respectivamente da criação e da regulação do Sesc; 3) o desafio de estabelecer as diretorias regionais do Sesc e atender às especificidades de cada estado. Tais aspectos também serão abordados no texto.

Documentação consultada, metodologia de pesquisa e estrutura do texto

A documentação incluiu os periódicos das associações comerciárias envolvidas na criação do Sesc (a Associação Comercial do Rio de Janeiro e a Confederação Nacional do Comércio), as atas das reuniões do Conselho Nacional do Sesc e o Boletim do Departamento Nacional do Sesc, acrescidos de outros textos produzidos por ocasião de alguma efeméride[3]. A esse ponto de vista foram adicionados outros, disponíveis por meio da consulta a textos de pesquisadores ou de outros documentos da época de fundação do Sistema S. Uma lista completa dos textos consultados está disponível na Bibliografia, ao final deste relatório.

A fundação do Sesc teve como personagem principal João Daudt d'Oliveira, o presidente da Associação Comercial do Rio de Janeiro e da Confederação Nacional do Comércio durante a maior parte do período em análise[4]. Essa constatação impõe ao pesquisador certas

---

3   Dentro da documentação consultada, algumas séries merecem destaque:
    BOLETIM da Confederação Nacional do Comércio. Rio de Janeiro: 1948-1950, 45 n.
    BOLETIM do Sesc. Rio de Janeiro: 1949-1951, 15 n.
    RELATÓRIOS da Associação Comercial do Rio de Janeiro. Rio de Janeiro: 1945-1950, 6 v.
    Também foram relevantes para a pesquisa os textos memorialísticos produzidos por ocasião de algumas efemérides das instituições do Sistema S:
    GIANI, Luiz Antônio Afonso; STEPANSKY, Daizy Valmorbida. *Texto-base sobre a história do Sesc*. Rio de Janeiro: Sesc, 1978.
    LAMARÃO, Sergio Tadeu de Niemeyer; ARAÚJO, Rejane Correia. *Memória Sesc Rio de Janeiro*. Rio de Janeiro: Sesc-ARRJ, 1994.
    VASCONCELOS, Lavinia Maria Cardoso. *Assistência social ao trabalhador*. Petrópolis: Escolas Profissionais Salesianas, 1953.

4   João Daudt d'Oliveira nasceu em 1886 no Rio Grande do Sul, onde cursou a maior parte de sua formação escolar em colégios militares e também a Faculdade de Direito. Foram seus colegas de turma João Neves da Fontoura, Maurício Cardoso, Getúlio Vargas e Firmino Paim. Ainda como aluno da Escola Militar da Praia Vermelha, na capital federal, participou da Revolta da Vacina, motivo pelo qual foi expulso. Regressa ao Rio de Janeiro, em 1916, na condição de dono de indústria farmacêutica. Concilia tal ocupação com intensa vida política, marcada pelo apoio a Getúlio Vargas desde quando este era governador de seu estado natal. Foi um articulador de primeira hora da Aliança Liberal e ingressou na Associação Comercial do Rio de Janeiro ainda em 1930, em um movimento tático dessa instituição para aproximar-se do novo governante do país. Sua atuação na associação contribuiu para aumentar a interlocução dessa instituição com o Executivo Federal, em especial no que dizia respeito à definição das políticas econômicas. A partir de dezembro de 1942, assume a presidência da Associação Comercial do Rio de Janeiro. Integrou a equipe diretora da Confederação Nacional do Comércio desde sua criação em 1945, inicialmente de forma provisório e na condição definitiva de presidente a partir de 1946. Para mais detalhes de sua vida, conferir o verbete do Dicionário Histórico Biográfico brasileiro, disponível em: http://www.fgv.br/cpdoc/acervo/dicionarios/verbete-biografico/oliveira-joao-daudt-d. Acesso em: 30 jun. 2022.

escolhas metodológicas, por exemplo: acompanhar os pronunciamentos, notícias e opiniões a respeito de sua figura pública, na tentativa de compreender como ele negocia os apoios que lhe permitem erguer-se como a liderança inconteste entre os comerciários. Faz-se necessário, portanto, compreender bem suas declarações sobre a sociedade brasileira que contribuíram para a criação de instituições do serviço social dedicadas ao comerciário. Ao mesmo tempo, é mister perceber, através das justificativas propostas por João Daudt d'Oliveira, o modo como se opera a constituição de uma estrutura da magnitude do Sesc.

É fato que a natureza institucional das fontes consultadas deve impor ao cientista social um certo distanciamento, haja vista que, por obrigação da função desempenhada, é comum que elas enfatizem o papel das lideranças da instituição. Por esse motivo, a avaliação sobre o papel de Daudt d'Oliveira levou em conta outros textos, como a avaliação de bibliografia a seu respeito e a comparação com o papel desempenhado por Euvaldo Lodi e Roberto Simonsen, parceiros de Oliveira na construção do projeto político em torno da Carta da Paz Social e que se dedicaram à criação do Sistema S na indústria.

A estrutura deste relatório se pretende bastante simples: organiza-se em pequenos módulos temáticos, articulados entre si por uma dupla ligação temática e cronológica. Os primeiros módulos têm como objetivo mapear a linhagem de pensamento social que forneceu o alicerce ideológico para a criação do Sesc, regressando ao período da década anterior à sua fundação. Servirão para incluir o Sesc em um panorama histórico mais amplo e, assim, demonstrar o que a entidade possui de tradição herdada e o modo como ela se reinventou e, através disso, alterou sua concepção do que deveria ser o cuidado com o trabalhador. Os últimos módulos apresentam a finalidade de historicizar a criação do Sesc e, ao mesmo tempo, estabelecer seu diálogo com outras instituições importantes no tratamento conferido ao trabalhador do comércio, como as faculdades de serviço social.

Desenvolvimento: o Sesc e as tradições anteriores de ação social

Na manhã de quarta-feira, 29 de janeiro de 1947, o experiente empresário João Daudt d'Oliveira exerceu pela primeira vez o direito de ser, como autoridade máxima da Confederação Nacional do Comércio, o presidente do Conselho Nacional do Sesc, inaugurado nessa data. Embora seja difícil supor o que se passava em sua cabeça, é possível que ele estivesse bem satisfeito em ver realizado um projeto exposto desde o I Congresso Brasileiro de Economia, em 1943. Independentemente do motivo, ele procurou reafirmar em seu discurso os aspectos inovadores que deveriam pautar a atuação do Sesc, definidos da seguinte maneira:

> Deixemos bem claro que não se trata de filantropia, mas de serviço social. Certo, em todos os nossos atos devemos inspirar-nos pelo carinho do caso individual, pelo amor ao próximo, pela solidariedade cristã, que dão autenticidade e força à verdadeira filantropia e ao serviço social. Com essa inspiração cristã, porém, não nos movemos num ato isolado de filantropia, mas numa atitude sistemática de combate aos males que estão retardando o progresso do nosso povo. Cumpre encarar os problemas sociais como problemas de massa e como problemas de estrutura[5].

Em falas anteriores, João Daudt d'Oliveira insistira nas causas desses problemas sociais, agravados pela Segunda Guerra. Embora o país tivesse participado do esforço bélico apenas no final, os sintomas da carestia pela ausência de comércio com quase todos os países industrializados se faziam sentir na sociedade brasileira. Por diversas vezes, João Daudt d'Oliveira comparou a situação brasileira à dos Estados Unidos, para concluir que os americanos, que já haviam demonstrado uma enorme capacidade de se adaptar à economia de

---

5 "1ª Reunião do Conselho, em 29 de janeiro de 1947", *Atas do Conselho Nacional do Sesc*, Rio de Janeiro, 1947.

guerra, superaram as dificuldades oriundas do imediato pós-guerra com uma agilidade muito maior que a dos brasileiros.

Parecia ser o caso, portanto, de imitar os americanos e estabelecer planos econômicos e sociais com dois principais objetivos: combater o pauperismo e fortalecer o mercado interno. Este último dependia de uma ação efetiva do Estado no intuito de facilitar os investimentos da iniciativa privada e, assim, desenvolver a economia. De modo semelhante, a atuação no primeiro objetivo deveria ser compartilhada entre o poder público e os empresários. A estes caberia aplicar a capacidade de planejamento e racionalização dos recursos adquiridos para a produção de lucro, desta vez voltada para retirar a franja de trabalhadores do ciclo de reprodução da pobreza crônica. Essa seria a base do serviço social.

Ao diferenciá-lo da filantropia, Daudt d'Oliveira pretende dar ao serviço social um caráter sistemático e laico, dotado de uma escala de conhecimentos e ações concatenados que extrapolaria em muito a mera vontade individual. A massa de conhecimentos e de agentes não poderia ficar a cargo exclusivamente da boa vontade de indivíduos, embora o horizonte religioso da missão a ser cumprida seja reafirmado a todo momento. Em um paradoxo revelador sobre as formas de modernização da sociedade brasileira, convém notar que a alteração no discurso justificador não retirou das mãos da Igreja seu tradicional papel de principal agente da ação social. Esse ramo de atividade, tradicionalmente ligado à Igreja, assim permanecia no momento em que o Sesc iniciou suas atividades.

Tal dado é corroborado pela primeira prestação de contas do Departamento Nacional dos gastos feitos até então, apresentada ao Conselho Nacional na segunda reunião do grupo, em 22 de agosto de 1947[6]. De sua fundação, em setembro de 1946, até julho de 1947, o Sesc havia repassado a quantia de 450 mil cruzeiros[7] para a Ação

---

6 "2ª Reunião do Conselho, em 22 de agosto de 1947", *Atas do Conselho Nacional do Sesc*, Rio de Janeiro, 1947.

7 O equivalente a 3 milhões de reais, de acordo com o conversor de moedas do jornal on-line Estadão. Disponível em: http://acervo.estadao.com.br/.

Social Arquidiocesana, órgão presidido pelo arcebispo do Rio de Janeiro Dom Jayme Câmara, e 200 mil cruzeiros[8] para a Universidade Católica, fundada pelos jesuítas e administrada por seu principal representante no período, o padre Leonel Franca.

Somadas, essas duas instituições receberam uma quantia ligeiramente superior a 13% de todos os gastos realizados pelo Departamento Nacional do Sesc em 1947, que girou em torno de 5 milhões de cruzeiros[9]. As contribuições financeiras reaparecem em vários orçamentos seguintes, acompanhadas de agradecimentos de Câmara e Franca e da prestação de contas sobre o que foi feito com o dinheiro: a quantidade de comerciários alfabetizados, no caso da Ação Social Arquidiocesana, ou de funcionários do Sesc bolsistas na Faculdade de Serviço Social da universidade inaciana.

Ao pugnarem por esse tipo de ação social, os fundadores do Sesc se inseriam em um debate cujos termos estavam definidos desde, pelo menos, os primeiros anos da República e giravam em torno de como encontrar soluções para tornar o Brasil um país civilizado. A constatação sobre as agruras de tal experiência política tornou-se matriz interpretativa para historiadores contemporâneos, como José Murilo de Carvalho[10], que ressaltam a falta de preparo da maioria da população para os desafios inerentes a uma vida política regida pelos princípios republicanos e uma vida econômica determinada pelo trabalho assalariado. Problemas como o analfabetismo crônico e o déficit institucional do Estado, incapaz de oferecer os serviços básicos de educação e saúde com a abrangência geográfica e a qualidade que se faziam necessárias, comprometiam qualquer expectativa de transformar a *terra brasilis* em uma nação moderna, habilitada para desfrutar da companhia das principais nações do Ocidente.

---

8   Neste caso, R$ 1,33 milhão, em valores atuais.
9   O equivalente a R$ 33,3 milhões, segundo o site: http://acervo.estadao.com.br/.
10 José Murilo de Carvalho, *Os bestializados: o Rio de Janeiro e a República que não foi*, São Paulo: Companhia das Letras, 1987; idem, *A formação das almas: o imaginário da república no Brasil*, São Paulo: Companhia das Letras, 1990.

Para muitos intelectuais do período, o desafio consistia, portanto, em construir uma opinião pública capaz de escolher governantes de qualidade e de espalhar a prosperidade entre todas as classes sociais. As primeiras intervenções tiveram resultados catastróficos, como demonstra o plano econômico proposto por Rui Barbosa em 1890 para incentivar o desenvolvimento da indústria. Sua facilitação do crédito encontrou uma cultura empresarial mais afeita a investir na especulação financeira do que a assumir os riscos do empreendedorismo. A consequência foi a "crise do encilhamento", da qual o país só se recuperou atirando todas as suas fichas na exportação do café como forma de gerar divisas. No tocante às reformas educacionais, o percurso não foi muito diferente. A cargo dos governos estaduais, fortalecidos pela Constituição republicana, de cunho federalista, a educação foi, via de regra, preterida nos orçamentos em benefício de outros setores da administração pública. As poucas reformas que saíram do papel enfrentaram, como foi o caso em São Paulo em 1891, a resistência de profissionais da educação e burocratas sempre pouco dispostos a deixar de lado a pedagogia tradicional ou a aceitar aumentar os gastos na medida necessária para a universalização do ensino.

No período de uma década, a euforia do início da vida republicana deu lugar a um sentimento de desilusão e a um punhado de análises sobre as razões do descaminho da vida republicana[11]. Algumas delas seriam relevantes para a compreensão do pensamento que deu origem ao Sesc, como é o caso da obra do padre Júlio Maria, alcunha adotada por Júlio César de Morais Carneiro após sua ordenação como sacerdote.

Em sua ótica, o caminho para o aperfeiçoamento da democracia estaria na aplicação dos princípios da doutrina social da Igreja, em particular da encíclica *Rerum novarum*, trazida a lume no mesmo ano da primeira Constituição republicana (1891). A importância desse documento perdura até os anos de criação do Sesc, como atesta uma requintada edição do documento em comemoração a seu

---

11 Um belo retrato desse impasse dos primeiros anos republicanos foi apresentado por Machado de Assis em sua virtuosa obra *Esaú e Jacó* (1904).

quinquagésimo aniversário, publicada pela Imprensa Nacional, com direito à reprodução do retrato de Leão XIII feito para o salão nobre do Conselho Nacional do Trabalho. Nas páginas seguintes, a figura de Getúlio Vargas, então presidente da República, aparece ao lado de Sebastião Leme, cardeal arcebispo da capital federal[12]. A presença das três figuras, lado a lado, denota um esforço onipresente no período: afirmar que a proposta oficial da Igreja de naturalizar a desigualdade social e rejeitar a luta de classes como o elemento social da vida social capitalista era abraçada pelo regime varguista, que se encarregaria de promover a harmonia social através de sindicatos operários tutelados. O pensamento exposto na *Rerum novarum* seria complementado por outra encíclica, a *Quadragesimo anno*, assim nomeada por celebrar os 40 anos da *Rerum novarum*. Este segundo documento não apresenta grandes alterações na interpretação geral proposta por seu antecessor.

Convidado a redigir um capítulo para uma coletânea pensada para celebrar os dez anos da República, Júlio Maria publicou "A Igreja e a República", texto que inaugura uma chave interpretativa para a sociedade brasileira. De acordo com tal visão, a colônia que os portugueses fundaram na América estaria calcada nos princípios católicos: foram os jesuítas os primeiros colonizadores, catequizando os índios e garantindo sua sobrevivência por meio da boa administração do trabalho. Junto a eles, beneditinos, franciscanos e outras ordens prezaram pela transmissão dos saberes e pelo amparo aos órfãos vindos da Europa.

Ao mesmo tempo que faz essas observações, Júlio Maria demonstra aceitar as novidades políticas e econômicas como fatos consumados. Segundo eles, não caberia aos católicos brasileiros contestar o regime republicano[13], mas obrigá-lo a aceitar o apoio às obras sociais da Igreja como parte de sua política pública em relação aos trabalhadores.

---

12 Citado conforme o prefácio de Jefferson Cano para meu livro *Em busca da Idade Nova* (São Paulo: Edusp, 2015).

13 Nesse aspecto, Júlio Maria se contrapunha aos intelectuais católicos do período, como Eduardo Prado e Carlos de Laet.

Por meio de uma atuação conjunta, os católicos poderiam reconstituir o catolicismo como alicerce doutrinário para a organização da sociedade brasileira e, dessa forma, recuperar o traço fundamental que tornaria a unir a elite ao povo, restabelecendo a harmonia social.

As ideias de Júlio Maria permaneceriam adormecidas por quase duas décadas, mas seus textos voltariam a ser lembrados no período que Jorge Nagle[14] define como sendo de "otimismo pedagógico", vivenciado entre as décadas de 1910 e 1920. O tema da formação da mão de obra aparece no bojo de questões mais amplas sobre a educação, a movimentar organizações civis como a Liga Nacional de São Paulo, da qual resulta a parte referente à educação no documento que dá origem ao Partido Democrático de São Paulo. Ambos manifestam seu apoio à universalização do ensino primário, e a escolarização ganha contornos políticos na medida em que se torna condição primordial para garantir a saúde da democracia.

Dois fatores, entretanto, ajudam a diminuir a importância da educação dentro dos programas de tais partidos, sendo o primeiro a diluição das questões educacionais em programas partidários com tratamento de diversos temas. O segundo, a participação dos católicos do Centro Dom Vital nesses movimentos, transformando a luta pela alfabetização em uma luta pela instrução religiosa. Outros setores da sociedade brasileira participaram intensamente da defesa de uma educação nacional, com a formação de um corpo profissional cujo pensamento sobre educação remete ao tratamento do tema sob uma perspectiva mais técnica do que política, o que incluía a questão sobre o tipo de educação a ser privilegiada.

Nesse período, as mudanças na educação estiveram em consonância com as transformações no país: à medida que o Estado oligárquico ruía, perdia importância um tipo de ensino comprometido com o bacharelismo e o empreguismo público. Os currículos voltados para a formação profissionalizante ganharam força, por vezes sendo apresentados como a única escolha possível para as classes desfavorecidas,

---

14 Jorge Nagle, *Educação e sociedade na Primeira República*, São Paulo: EPU/Edusp, 1974.

às quais se ofertaria exclusivamente o preparo para trabalhos manuais. Tal visão é rebatida por intelectuais católicos, capitaneados por Jackson de Figueiredo, escalado para defender o ponto de vista dos católicos na imprensa. Sua morte acidental, em 1928, exige sua substituição por um de seus melhores amigos: Alceu Amoroso Lima, também conhecido pelo nome com o qual assinava suas críticas literárias: Tristão de Athayde[15]. Filho de industriais cariocas, portador de uma carreira valorizada de crítico literário nos círculos intelectuais da capital federal nos anos 1920, ele assumiu publicamente sua fé católica poucos meses antes de ser içado, de supetão, ao posto oficioso de representante da Igreja.

Nessa condição, sua carreira de escritor sofreu grave inflexão, ainda que tenha mantido o propósito exposto desde sua primeira coluna de crítica, a saber: contribuir para a formação de uma cultura brasileira superior. No contexto do início dos anos 1930, de crise econômica mundial, quebra da legitimidade jurídica no sistema político brasileiro e agitação nos meios operários, em geral organizados em sindicatos anarquistas ou comunistas, Tristão formula a ideia de que a emergência dessa "cultura brasileira superior" não nasceria do culto à literatura, mas, sim, de um esforço pela produção de uma harmonia social nos moldes daquela apregoada pela doutrina social da Igreja. Sua proposta, pioneira para a época, consistia em promover instituições que arbitrassem os conflitos entre patrões e empregados e

---

[15] Sempre que indagado sobre o assunto, Alceu justificava sua opção pelo pseudônimo por uma certa insegurança sobre a qualidade de seus textos, ou ainda sobre a aceitação de sua condição, contraditória para os padrões do período, de herdeiro de uma das principais fortunas do Rio de Janeiro e homem dedicado ao estilo de vida ascético próprio da condição de escritor. Convencido sobre a necessidade de usar um pseudônimo, a escolha por Tristão de Athayde se justificaria pela sonoridade do nome, atraente aos seus ouvidos. A rápida consagração nas rodas literárias o levou a relaxar o cuidado de manter o nome em segredo, que ademais, provavelmente, não duraria muito em uma cena literária tão restrita como a carioca. Desde então, passou a usar os dois nomes, embora seja possível perceber uma diferença no perfil de livros mencionados como de autoria de Alceu – nome mais comumente usado para a segunda fase de seus escritos, mais abertos à aceitação de um mundo no qual a visão católica não é protagonista – e de Tristão de Athayde, que tanto podem ser os da crítica literária vanguardista da década de 1920 quanto os de análise social dos anos 1930.

oferecessem a estes últimos assistência médica, formação profissional e lazer nas horas de descanso.

Tal proposta toma forma na Confederação Nacional dos Operários Católicos, organizada em novembro de 1931 pela Comissão de "Sociologia e Letras" do Centro Dom Vital, presidida por Alceu Amoroso Lima. A redação do estatuto consagra uma legislação social que viesse a atender aos seguintes propósitos, entre outros:

> 1º) justo salário correspondente não só ao esforço físico do trabalhador, mas às condições normais da vida, às suas obrigações familiares, à educação da prole, ao conforto do lar, ao rendimento do trabalho e às exigências da dignidade humana. [...]
>
> 7º) fundação de conselhos de empresa compostos de delegados dos patrões e delegados eleitos pelas diversas categoriais operárias; destinados a estabelecer contato permanente entre o pessoal da direção e pessoal da execução em cada empresa, controlar a aplicação da legislação protetora do trabalho e especialmente os princípios relativos à higiene, à saúde e à segurança do operário, favorecer o aperfeiçoamento da produção e maior rendimento do trabalho e conseguir a participação progressiva dos técnicos, empregados e operários não só na marcha e gestão da empresa, como na parte dos lucros e benefícios[16].

É possível identificar alguns traços de continuidade entre as propostas da Confederação e as opiniões de lideranças empresariais, como João Daudt d'Oliveira. A preocupação com a segurança, a saúde e a higiene do operário está presente na escolha dos anos iniciais do Sesc em promover grandes campanhas de prevenção e tratamento da tuberculose e da sífilis, consideradas as duas principais epidemias a assolar os trabalhadores. Também a opção tomada a partir de 1951 de investir na ocupação do tempo livre do trabalhador se coaduna com o esforço em produzir um maior rendimento do trabalho, dado que,

---

16 "Ata da Sessão da Comissão de 'Sociologia e Letras' realizada na sede do Centro Dom Vital, no dia 12 de novembro de 1931", Rio de Janeiro, 1932.

como demonstrou Betânia Figueiredo[17], há uma mudança significativa na visão do empresariado sobre férias e descanso remunerado entre as décadas de 1930 e 1940.

Figueiredo retraça as manifestações do empresariado sobre feriados, domingos e férias, considerados ainda no início dos anos 1940 como "dias inúteis" para o trabalho. Em seguida, localiza uma mudança iniciada em meados da década de 1940 no sentido de uma valorização desses momentos como de reposição das forças para que o trabalhador se encontre em pleno vigor no período útil. Para atingir esse objetivo, o tempo livre deve ser racionalmente organizado: os feriados, por exemplo, precisariam ser reduzidos a um mínimo[18] e determinados em escala nacional, para que todo o sistema produtivo pudesse funcionar nos mesmos dias.

As férias e, em especial, os descansos semanais remunerados deveriam ser uma premiação para os funcionários com assiduidade de 100%. A mudança conceitual indica a absorção do período de descanso como parte da rotina de trabalho de uma dupla maneira: como incentivo ao trabalho pontual e como parte de uma estratégia de recuperação dos desgastes provocados pela jornada, de forma a garantir a otimização do tempo gasto no local de trabalho.

Em contrapartida à falta de apoio dos empresários à ideia de promover a gestão de seus empreendimentos compartilhada com os trabalhadores por meio dos conselhos administrativos, eles ofereceram, através do Sistema S o que definiram como uma forma indireta de participação do trabalhador nos lucros[19], na medida em que esta rede

---

17 Betânia Gonçalves Figueiredo, *A criação do Sesi e Sesc: do enquadramento da preguiça à produtividade do ócio*, Universidade Estadual de Campinas, Campinas, 1991.

18 Não há consenso em torno do número, mas Betânia Figueiredo analisa a quantidade de feriados existentes no período, em torno de vinte, com propostas de redução para cinco ou sete.

19 Esse argumento será importante para estruturar a defesa da independência do Sistema S perante os ataques que ele recebe. Ver, mais adiante, o embate entre João Daudt d'Oliveira e o deputado Diógenes Arruda, o qual lembra em medida considerável as tentativas atuais de desmantelamento do Sistema S.

de instituições se mantém a partir da contribuição de 2% sobre a folha de pagamento dos trabalhadores. Por fim, a própria ideia de "salário justo" se encontra no cerne da legislação trabalhista consolidada em 1942.

A afinidade ideológica entre Tristão de Athayde e João Daudt d'Oliveira é confirmada pelo convite feito em 1935 para o primeiro tomar parte na Sociedade Literária Felippe d'Oliveira, patrocinada por Daudt para homenagear o irmão poeta, falecido em um acidente de carro. Registrado em periódicos do período, como a revista *Lanterna Verde*, o convívio entre Alceu e Daudt d'Oliveira não é, entretanto, o único elemento para entender sua influência sobre a atuação do Sesc em seus primeiros anos. Na condição de presidente do Centro Dom Vital, uma agremiação de leigos e clérigos que se reuniam para assistir a palestras sobre liturgia, moral e doutrina social católica, Tristão promoveu a participação de seus membros em iniciativas das quais resultariam a Ação Social Arquidiocesana e a Universidade Católica.

Uma delas foi o Instituto Católico de Estudos Superiores (Ices), criado em 1932 com o intuito de promover a ideia de uma universidade católica. Além de presidir os trabalhos do Ices, que oferecia cursos regulares e conferia diplomas[20], Tristão também respondia pelo ensino de sociologia, na cadeira que passa a ser chamada, a partir de 1935, de "sociologia e ação católica"[21].

A mudança de nome provinha da inclusão de uma organização criada naquele ano por Tristão e presidida por ele, chamada de Ação

---

[20] Embora não tivesse validade legal, a opção por organizar os estudos de modo espelhado ao sistema oficial de ensino tinha o objetivo claro de propugnar por uma universidade católica, explícito desde a primeira hora de funcionamento do Ices. A notícia que o *Correio da Manhã* trouxe, no dia 25 de maio de 1932, sobre a sessão solene de instalação do Ices, ocorrida no dia anterior, é representativa: "É pensamento dos organizadores do Instituto transformá-lo, mais tarde, com o seu desdobramento em outros tantos organismos científicos, numa Universidade Católica Brasileira, que seria, aliás, a primeira a criar-se neste continente. [...] Na sessão inaugural estiverem presentes o cardeal Leme, o núncio apostólico Aloisi Masella, o ministro da Educação, sr. Francisco Campos, o reitor da Universidade, prof. Fernando Magalhães, o diretor da Escola de Belas-Artes, prof. Archimedes Memoria". A presença do alto comando da Igreja e do Estado brasileiro na sessão inaugural demonstram a importância e o apoio da iniciativa.

[21] Conforme notícia em *Correio da Manhã*, Rio de Janeiro, 14 abr. 1936.

Católica, cujo objetivo era responder a dois desafios na administração do laicato católico. O primeiro dizia respeito aos problemas internos da Igreja no Brasil: muitos de seus jovens aderiram ao integralismo, agremiação política bastante próxima ao fascismo e em conflito crescente com a Aliança Nacional Libertadora (ANL), reunião de diversas tendências de esquerda. O fato de a ANL provocar ojeriza na hierarquia católica não significava, porém, que a aceitação aos discípulos de Plínio Salgado fosse isenta de problemas.

Para alguns padres e para Alceu Amoroso Lima, o parâmetro para o julgamento desse grupo era a traumática experiência da Action Française, condenada em 1927 pela Santa Sé por exigir que a prática religiosa se traduzisse em uma visão política de culto à liderança de Charles Maurras e defesa da monarquia.

No Brasil como na França, a sedução de um período em que tudo parecia indefinido levou o papa Pio XI a sugerir a criação desse canal de participação dos leigos (especialmente os jovens) na estratégia de não associar a Igreja a nenhum partido político e, ao mesmo tempo, dotá-la de força política para suas negociações com o Estado. As peças do quebra-cabeças se completam com a qualificação da Igreja para esse embate a partir de um novo saber: "sociologia" e "ação católica", isto é, o saber técnico e a prática social se associam como duas faces da mesma moeda, oferecida pela Igreja ao Estado em troca de apoio no atendimento social que caracterizou, desde os tempos da colônia, a presença dela na vida social brasileira.

Esse quadro se mantém constante por toda a década de 1930, confirmado por diversos artigos de Tristão, escritos dez anos antes das declarações de João Daudt d'Oliveira sobre a relação entre o serviço social e a caridade cristã. Conforme evidencia o trecho a seguir, Amoroso Lima defendia, já em 1937, uma intervenção nas condições de vida do trabalhador brasileiro em termos razoavelmente semelhantes aos desenvolvidas pelo Sesc:

> Os sindicatos operários cristãos, o movimento cooperativista ou as caixas de compensação e salário familiar são obras sociais católicas que visam o progresso das condições econômicas da sociedade.

> A Igreja organiza essas instituições, vela por sua eficiência prática e visa com elas contribuir para o reino da justiça social. Longe de julgar que o domínio das relações econômicas não é de suas atribuições, mostra a Igreja, praticamente, que o problema econômico está diretamente ligado ao destino e à vida de cada homem, de cada família, de cada povo, de modo que não lhe é estranho de modo algum[22].

Pois há muitos que pensam que a ação social é uma questão política, uma questão financeira ou uma questão técnica. Há, porém, uma coisa que está acima de todas elas, que supera todas e a todas comunica o seu fervor e a sua vitalidade – é o amor da obra, é o espírito de dedicação e sacrifício, é a comunicação da pessoa humana à obra social. Esse elemento humano, pessoal, vital, fervoroso, é que a Igreja comunica à ação social, dos particulares e do Estado[23].

Em texto escrito sob uma situação de estrita vigilância política, às vésperas do Estado Novo, Alceu procura salvaguardar um espaço de legitimidade para a Igreja, em um momento histórico no qual o Estado varguista quer tomar conta por completo do mundo do trabalho. Em minha tese de doutorado[24], procuro mostrar como a atuação dos católicos do Centro Dom Vital se espelha naquela de seus irmãos-inimigos: os comunistas. Os dois se voltam para os mesmos grupos preferenciais: estudantes e trabalhadores, de onde procuram se abastecer de mão de obra. A juventude comunista estava para a Ação Universitária Católica da mesma forma que o sindicato (quando controlado pelos comunistas) estava para os círculos operários.

Em seu combate ao comunismo, os católicos recebem a ajuda de empresários e do Estado, tendo em vista a partilha de objetivos políticos semelhantes, assim definidos por Betânia Figueiredo:

---

22 Alceu Amoroso Lima, "Ação Social Católica", *A Ordem*, Rio de Janeiro, 1937.

23 *Ibidem*.

24 Guilherme Ramalho Arduini, *Os soldados de Roma contra Moscou: a atuação do Centro Dom Vital no cenário político e cultural brasileiro (Rio de Janeiro, 1922-1948)*, Universidade de São Paulo, São Paulo, 2014.

Todos estes setores são unânimes, na década de 40, em articular um discurso dissimulador do conflito capital e trabalho e ao avaliar a necessidade emergencial de atuar de alguma maneira para "resolver" o problema social: ora de forma conjunta e integrada, ora setorialmente. A intervenção é sempre no sentido de impedir a eclosão do conflito, a dissolução da ordem instituída. Ao nível do discurso os apelos para convivência harmoniosa entre as classes são uma constante, mas a sua insistência nos remete a afirmar o seu sentido dissimulador, escamoteando conflitos[25].

Os conflitos estão presentes, segundo Betânia Figueiredo, na imprensa operária do período, na qual é possível perceber outras formas de diversão tradicionais entre os trabalhadores, como festas, batuques e danças que se estendem madrugada adentro, comprometendo a jornada de trabalho do dia seguinte. Como parte do esforço na configuração de uma rotina de descanso capaz de favorecer ao máximo a produtividade durante o expediente, surge a figura da assistente social, que pratica os princípios do serviço social para efetuar seu trabalho.

A implantação do serviço social no Brasil surgiu no seio do bloco católico, que manterá, por um período relativamente longo, o monopólio dos profissionais especializados nesses serviços, tanto a partir da sua própria base social quanto de sua doutrina e ideologia[26].

De acordo com Alceu Amoroso Lima, numa concepção cheia de referências orgânicas: "O serviço social visa curar sem violência a sociedade dos males dissolventes e anarquizantes que a atacam em sua fibra mais íntima"[27].

As primeiras escolas de serviço social foram católicas e forneceram todo o arcabouço teórico e prático para as experiências mais sistematizadas da implantação dessas atividades, como o Sesi e o Sesc[28].

---

25 Betânia Gonçalves Figueiredo, op. cit., p. 21.

26 Raul de Carvalho, "Modernos agentes da justiça e da caridade", *Serviço Social & Sociedade*, São Paulo, 1980.

27 Amaral Fontoura, *Introdução ao serviço social*, Rio de Janeiro: Aurora, 1959, p. 124.

28 Marilda Vilela Iamamoto e Raul de Carvalho, *Relações sociais e serviço social no Brasil: esboço de uma interpretação histórico-metodológica*, São Paulo: Cortez, 1998.

As primeiras turmas de assistentes sociais foram formadas por mulheres arregimentadas nos setores das classes dominantes que atuavam na Ação Social Católica[29].

É preciso fazer a ressalva de que os católicos do Rio não foram os únicos a se preocupar com a questão. Com efeito, uma congregação belga estabelecida em São Paulo, das cônegas regulares de Santo Agostinho, convida uma professora da Escola Católica de Serviço Social de Bruxelas para oferecer um curso sobre serviço social a mulheres da sociedade paulistana, algumas delas já envolvidas em obras de caridade. O charme da cultura francófona, ainda em voga, somada ao apoio de instituições eclesiásticas, explica o sucesso da iniciativa. No Rio, o curso foi um dos primeiros estabelecidos logo na criação da Universidade Católica, em 1941.

A fundação do Sesc e os seus antecedentes

O serviço social ganhou legitimidade como campo do conhecimento e prática social a partir da recorrência com que o tema apareceu nos discursos empresariais ao longo da década de 1940. Durante o I Congresso Brasileiro de Economia, evento que reuniu representantes do empresariado nacional entre novembro e dezembro de 1943, discutiu-se qual deveria ser a política do Estado brasileiro para favorecer a industrialização do país e seu desenvolvimento econômico. Para alguns dos protagonistas do encontro, como João Daudt d'Oliveira, a solução para o problema passava forçosamente pela formação de um mercado interno aquecido, dotado de uma massa de trabalhadores providos de riquezas. Desde sua primeira intervenção no Congresso, logo no discurso da sessão de abertura, Daudt d'Oliveira aborda o tema de maneira taxativa, conforme demonstram as palavras a seguir:

---

29 Betânia Gonçalves Figueiredo, *op. cit.*, pp. 47, 50.

> A elevação do padrão de vida brasileiro, acima de tudo, será fruto da educação, sólida e a alcance de todos. Pouco valerá ao trabalhador em tempos normais ganhar salários mais altos, se ele não souber utilizá-los. É preciso ensinar-lhe pela educação, pela escola, como alimentar-se convenientemente, como vestir, como morar, como ter hábitos higiênicos, como extrair do seu ordenado o máximo de proveitos materiais e espirituais para si como para sua família[30].

Para Daudt d'Oliveira, não existem dúvidas de que atingir a democratização do desenvolvimento significa investir na formação da mão de obra, inclusive em aspectos exteriores à jornada de trabalho. A demanda por esse tipo de trabalho é confirmada no encontro seguinte com ampla participação do empresariado, na Conferência de Teresópolis, em 1945. Ela dá origem ao documento fundador do Sesc em termos de intenções e princípios de funcionamento: a Carta da Paz Social. Essa denominação faz referência a um esforço semelhante do empresariado estadunidense, que produzira uma "Carta da Paz Econômica" após a Conferência de Rye.

Uma versão inicial da carta brasileira aparece no número do *Boletim da Associação Comercial do Rio de Janeiro* publicado logo após o evento, ainda sob o nome de "Carta de Teresópolis". Ela é assinada por representantes dos três setores (agricultura, indústria e comércio), que se apresentam como uma entidade única e, mais ainda, se consideram os legítimos representantes do bem comum, afirmando textualmente estarem "acima de partidos, grupos ou pessoas".

A retórica contrária à evocação de conflitos também é perceptível na evocação dos objetivos, que incluem a ideia de fazer a renda crescer a partir da maior atividade econômica do país, de modo que todos os grupos sociais possam desfrutar desse crescimento. O argumento parte da ideia de que não haveria um limite para o desenvolvimento do país e que ele seria sempre positivo em termos de redução de desigualdade social, na medida em que ação, nesse sentido, exigiria mais riqueza

---

30 João Daudt d'Oliveira, "Discurso na sessão solene de abertura do I Congresso Brasileiro de Economia", Rio de Janeiro, 1943.

produzida. Por isso, ao definir o combate ao pauperismo como seu primeiro objetivo, a Carta de Teresópolis afirma como sua estratégia de luta: "São dois os instrumentos de que deve lançar mão esse empreendimento nacional, que consiste em essência no levantamento do nível da vida da população: a valorização do homem e a criação de condições econômicas mais propícias ao desenvolvimento geral do país"[31].

Em seguida aparece o segundo objetivo, coadunado ao primeiro:

> II – AUMENTO DA RENDA NACIONAL – A forma capaz de conduzir à realização do primeiro objetivo é favorecer o aumento da renda nacional, o que permitirá sua mais ampla e melhor distribuição. O meio adequado para obtê-la é o planejamento da ação nacional para melhor aproveitamento das fontes da produção agrícola e industrial, e nos setores dos transportes, de energia e do crédito[32].

Os objetivos seguintes fazem menção ao "desenvolvimento das forças econômicas" (III) antes da democracia econômica (IV), pensada como o desenvolvimento em paralelo de todas as regiões e atividades, com a colaboração das nações amigas, especialmente dos Estados Unidos. Uma vez atingidos os objetivos anteriores, o documento menciona a ideia de "justiça social" (V). Após os objetivos, aparecem as diretrizes, recomendações da conferência para as ações a serem tomadas pelo Estado para atingir os objetivos. Entre elas são mencionadas a Primeira Conferência Industrial do Brasil. No setor agrícola, merece destaque o item 3, que recomenda o uso preferencial das melhores terras para o cultivo de gêneros alimentícios, com fomento às cooperativas de pequenas propriedades. Para a população envolvida no campo, pede maior ênfase à formação geral, e à profissionalizante em particular, além dos outros serviços públicos básicos. Merece destaque também a preocupação da carta com a garantia da produção dos gêneros alimentícios para o mercado nacional, em consonância com aquilo que hoje

---

[31] "A Carta Social de Teresópolis", *Boletim da Associação Comercial do Rio de Janeiro*, Rio de Janeiro, 1945, p. 5.

[32] *Ibidem*, p. 6.

seria chamado de "segurança alimentar". Na carta, fica explícito que apenas o excedente da produção nacional deveria ser exportado.

Outras inovações da carta incluem a preocupação com a preservação das matas nativas nas quais não haja necessidade premente de explorar madeira e a definição de que o critério de exploração deve ser a proximidade com as regiões mais povoadas do país. Para o problema do transporte, a carta sugere a expansão da rede ferroviária, em especial a eletrificada. Em relação ao setor industrial, pede a ajuda do Estado para proteger a indústria nacional dos seus competidores estrangeiros. Essa ajuda não deveria se dar apenas dentro do mercado nacional, mas incluir a prática do *drawback*, isto é, da restituição dos impostos sobre as matérias-primas pagas pelos exportadores.

A ênfase na exportação é recomendada ao capital estrangeiro, cuja entrada no país deve ser estimulada. O capital estrangeiro já pertencente ao país deveria ser tratado de forma idêntica ao nacional, e acordos bilaterais poderiam permitir ao país receber investimentos direcionados para a exportação. Mas o documento sugere que os investimentos internacionais contem com participação do capital nacional e, em paralelo, que as empresas que tenham o Estado como acionista sejam de economia mista, em vez de exclusivamente públicas. Sobre dois temas diretamente ligados ao Sesc, a saber, a educação e a oferta de saúde através da boa alimentação, a Carta de Teresópolis recomenda o seguinte:

> 54 – O estímulo à criação e ao desenvolvimento de institutos de Educação e Ensino, por meio de créditos a longo prazo e juros módicos, e com isenção de impostos ou taxas que recaiam sobre estabelecimentos dessa natureza.
> 55 – A elevação do nível de vida do educador, por meio de remuneração compatível com a sua função social, quer nos cargos de direção ou no professorado, tanto público como particular, sem majorar o custo do ensino. Para isso o Estado subvencionará os estabelecimentos particulares que não possam alcançar o justo equilíbrio econômico, criando-se assim categorias de colégios de administração autônoma e controlada.
> [...]

> 57 – O incentivo à instalação de restaurantes nos próprios locais de trabalho, bem como de restaurantes populares distritais, preferentemente pela conjugação de iniciativas particulares[33].

Na sessão de 4 de julho do Conselho da Associação Comercial do Rio de Janeiro, João Daudt d'Oliveira anuncia a criação de uma comissão para cobrar do poder público a tomada de ações em conformidade com a Carta de Teresópolis. No mesmo momento, informa que as conclusões da Conferência darão ensejo a um segundo documento: a Carta da Paz Social, ao mencionar o exemplo dos Estados Unidos, cuja Carta da Paz Industrial dera origem a uma legislação a ser votada pelo Congresso norte-americano, para definir os termos nos quais se daria a contribuição entre trabalhadores e empregadores.

D'Oliveira ainda não se define pelo nome, ora chamando o documento de Carta da Paz Econômica – denominação da congênere americana –, ora chamando-o de Carta da Paz Social. Este segundo nome possui uma conotação diferente do original, na medida em que aponta uma harmonização das relações entre empregados e patrões. Com efeito, em entrevista ao jornal *O Globo* em agosto de 1945, Daudt d'Oliveira afirma ser favorável a políticas de promoção de igualdade de oportunidades financiadas pelos empresários, em uma clara alusão ao que viria a ser o Sistema S do comércio:

> Um dos pontos básicos da Carteira será a criação de um Fundo Financeiro por meio de contribuições correspondentes a uma percentagem dos lucros. O Fundo Social a que aludimos pretende repartir benefícios aos trabalhadores do país, para levantar-lhes o nível cultural e econômico e dar-lhes oportunidade de galgarem, pelo valor individual, os postos de direção. São os empregadores em conjunto, que destinam a uma grande obra social de combate ao pauperismo e de bem-estar dos

---

33 *Ibidem*, p. 33.

empregados e assalariados – também em conjunto – uma parte dos lucros que estes os ajudarem a ganhar[34].

A Carta da Paz Social é oficialmente assinada no dia 10 de janeiro de 1946. Do texto da Carta de Teresópolis, há poucas alterações em termos de conteúdo, mas faz-se um rearranjo de suas ideias centrais, com o objetivo de demonstrar o comprometimento da classe empresarial em um projeto de intervenção na organização dos trabalhadores. A ênfase na educação – entendida não apenas como o sistema formal, mas em sentido mais amplo – aparece desde o primeiro parágrafo. A função social do capital aparece logo na sequência: em paralelo ao lucro, afirma-se a necessidade de que ele produza o bem-estar coletivo.

O penúltimo item da carta se dedica a definir o papel do Estado nesse projeto social: liberal em sua relação com os empresários, moderadamente intervencionista no que tange aos trabalhadores. A abolição de impostos, taxas e instituições estatais burocratizadoras da atividade econômica é o tema de parte do item 10 da carta; a outra parte se dedica à previdência social e aos sindicatos. Em uma crítica indireta aos institutos de pensão, a carta solicita que o poder público crie formas de participação efetiva dos trabalhadores na gestão do dinheiro voltado para a aposentadoria; e, ao mesmo tempo, que o Estado garanta o efetivo cumprimento da legislação trabalhista, mas reserve o espaço do sindicato para a atuação autônoma dos trabalhadores. Aqui também existe uma rejeição dos sindicatos varguistas, com as lideranças impostas pelo Executivo e baixa participação da base na gestão da política.

A Carta da Paz Social é tema de diversos comentários ao longo dos boletins seguintes da Associação Comercial do Rio de Janeiro. Alguns deles, como o do conselheiro da entidade chamado Oswaldo Benjamin de Azevedo, ressaltam o caráter altruístico do empresariado nacional, a rejeitar o egoísmo próprio do liberalismo clássico e propor meios de contribuição do empresariado. Outros comentários provêm

---

34 "Entrevista do Sr. João Daudt d'Oliveira a *O Globo*", *Boletim da Associação Comercial do Rio de Janeiro*, Rio de Janeiro, 15 ago. 1945, p. 33.

de editoriais do boletim que reforçam a ameaça de greves – como a ocorrida na indústria metalúrgica dos Estados Unidos –, como que a lembrar o que poderia ocorrer caso a iniciativa de distribuição indireta dos lucros proposta pelos comerciários não fosse bem-sucedida.

No decorrer do ano de 1946, o cotidiano da capital federal se encarregaria de fornecer exemplos eloquentes de agitação social. No mês de setembro, diversas agitações populares contra a carestia resultam em saques e depredações a lojas. Na visão da Associação Comercial do Rio de Janeiro, sua fragilidade diante da opinião pública decorria da avaliação negativa de como o empresariado era apresentado pelos legisladores do direito trabalhista, como é possível depreender do editorial publicado sobre as depredações:

> Dava-se ideia de que as providências sancionadas representava o resultado de uma luta heroica contra forças retrógradas e reacionárias, de quem fora necessário arrancar pela intimidação alguns direitos para os empregados. Não se aludia jamais à boa vontade, ao espírito de cooperação, ao assentimento cordial com que os empregadores recebiam as iniciativas em benefício dos operários, medidas que correspondiam em geral aos seus sentimentos naturais de bondade brasileira.
> O Serviço Nacional da Aprendizagem Comercial (Senac), já instalado, iniciou seus passos contando com recurso de 90 milhões de cruzeiros anuais, oriundos de contribuição exclusiva dos comerciantes.
> Em breve teremos também organizado o Serviço Social do Comércio (Sesc), instituição que prestará os mais assinalados serviços a quantos empreguem sua atividade em nossa profissão[35].

Não por acaso, o mês de setembro marca a fundação do Sesc através de um duplo instrumento jurídico. Em primeiro lugar, o Decreto-Lei nº 9.853, de 13 de setembro de 1946, atribuiu à Confederação Nacional do Comércio a tarefa de criar o Sesc. Em seguida, a Portaria nº 146, de 24 de setembro de 1946, vem assinada pelo presidente da República e aprova o

---

35 "Editorial", *Boletim da Associação Comercial do Rio de Janeiro*, Rio de Janeiro, 1946, pp. 6-7.

regulamento do Sesc. A curta duração entre a lei e a portaria serve como medida da intensidade dos trabalhos de bastidores para a aprovação da entidade, que teve seu surgimento acelerado pelas convulsões sociais marcantes para o período. Ainda no ano de 1946, seriam constituídas as primeiras regionais e o Departamento Nacional da entidade.

A afirmação institucional do Sesc

O primeiro desafio do Sesc foi estabelecer as prioridades de ação e coordenar o trabalho em escala nacional, e ainda respeitar as peculiaridades de cada região. Por esse motivo, os primeiros anos do Sesc formam um período cheio de estudos e relatórios, como o de Astério Dardeau Vieira, diretor-geral do Departamento Nacional, que afirma a necessidade, em termos de saúde pública, e a viabilidade, em termos financeiros, de o Sesc adotar como prioridade nacional o combate à tuberculose entre os comerciários adultos e à mortalidade infantil entre os filhos de comerciários, as comerciárias e cônjuges gestantes de comerciários.

O estudo visava demonstrar que os principais departamentos regionais possuíam orçamento próprio para isso, mas que, no caso de alguns estados, mormente os que ainda não tinham um Departamento Regional próprio, seria necessário contar com a ajuda do Nacional. Tal afirmação procura se basear em tabelas detalhadas do número de comerciários em cada estado e estimativas do valor necessário para tal investimento.

Na terceira reunião do Conselho Nacional, ocorrida em 30 de março de 1948, repetem-se as laudatórias ao esforço da Ação Social Arquidiocesana e da Universidade Católica, ambas incluídas na programação das atividades propostas pelo Sesc. A universidade foi associada ao item do planejamento de número "II – Fomento à formação do pessoal". Por sua vez, a Ação Social Arquidiocesana é incluída na rubrica "III – Fomento e incentivo a instituições técnicas de pesquisas, educação, cultura e civismo", e seu trabalho apresenta os seguintes objetivos:

> Aumentar o número de suas aulas populares; preparar cursos especiais; imprimir aos seus cursos orientação que permita formação moral, social e cívica dos alunos; organizar centros sociais, neles mantendo serviço de orientação social e familiar ao comerciário em geral; mencionar em todas as oportunidades, pelos meios mais adequados, a cooperação que recebe do Sesc e outros órgãos patronais do comércio, prestigiando assim os empreendimentos sociais do Sesc[36].

As parcerias do Sesc foram importantes meios para a efetivação de seus objetivos maiores, descritos em um texto anexo a essa reunião. Ele começa por reforçar que o "recente surto de educação política" (palavras do original) elevou o grau de exigência dos comerciários e lhes permite diferenciar um bom trabalho social daquele que não passa da superfície. Para obterem a confiança de sua clientela, alguns princípios gerais devem pautar a execução de toda e qualquer atividade social. Ela deve ser centralizada ou então exercida de forma delegada, isto é, repassada a alguma outra instituição que possa fazer isso com verba do Sesc. Um segundo princípio diz que o Sesc não deve fazer concorrência com nenhum outro ramo do comércio ou da assistência social. Este último ponto é importante por estabelecer uma diferença entre o serviço social e a assistência social. A educação e a saúde são consideradas prioridades, uma vez que aumentam o valor econômico do trabalhador e, portanto, valorizam o patrimônio da nação; no entanto, a hierarquia do plano de ação do Sesc conferiu à proteção ao indivíduo e à família o lugar de prioridade número um.

Eis aqui um outro traço de continuidade em relação ao pensamento católico, que também investe na família como principal garantia de reprodução da sociedade. Daí a educação ser mencionada no relatório como um dever em primeira instância da família, mas, dada a impossibilidade de as famílias darem conta sozinhas desse item, o Estado entra em ação. Ao Sesc caberia completar o trabalho do

---

[36] "3ª Reunião do Conselho, em 30 de março de 1948", *Atas do Conselho Nacional do Sesc*, Rio de Janeiro, 1948.

Estado através de dois eixos principais de ações listadas por ordem de prioridade. O primeiro deles seria a alfabetização de adultos[37], seguido da formação profissionalizante, a cargo do Senac.

No tocante à saúde, as principais medidas do Sesc podiam ser de natureza preventiva e de assistência à maternidade. No primeiro caso, valorizava-se a educação higiênica ao comerciário e à sua família, bem como a disseminação de exames e encaminhamentos aos doentes de tuberculose e sífilis, especialmente no caso de comerciários em idade ativa – dada a produtividade perdida por trabalhadores nesta condição. As mulheres grávidas – comerciárias ou cônjuges – recebiam um programa especial de atenção, iniciado ainda em 1947 e expandido no ano seguinte. O pacote de medidas incluía o fornecimento de diversos tipos de exame de saúde durante a gravidez – em uma época em que o pré-natal e semelhantes eram raros –, bem como de um enxoval para o nascituro e de informações básicas sobre gravidez e primeira infância saudáveis.

O amplo leque de ações ofertadas pelo Sesc estava amparado em uma estruturação precoce de sua administração, a começar pelo Departamento Nacional, responsável por planejar as ações sociais das regionais. O Departamento Nacional foi constituído em sua fundação por três divisões: 1) a Divisão de Estudos e Planejamento; 2) a Divisão de Delegacias; e, finalmente, 3) a Divisão de Administração. A primeira era mais diretamente voltada ao objetivo do departamento, podendo, para essa finalidade, constituir uma consultoria técnica fixa e, sob autorização do diretor-geral do Departamento Nacional e do presidente do Conselho Nacional, consultorias provisórias para determinados fins. Uma vez estipulados os planos de ação, cabia à Divisão de Estudos e Planejamento agir em parceria com a de delegacias para garantir que as regionais tivessem um bom conhecimento e levassem a cabo suas tarefas.

O Conselho Nacional julgou, em reuniões posteriores, que a estruturação da cúpula do Sesc não poderia garantir por si só a efetividade

---

37 Essa informação dá uma medida mais exata da importância de instituições como a Ação Social Arquidiocesana no escopo do Sesc.

dos serviços prestados na base. Em resposta a essa demanda, seu presidente, João Daudt d'Oliveira, sugere, em 30 de junho de 1948, a realização de um congresso de técnicos e diretores do Sesc, para avaliação dos primeiros anos da experiência e estudo aprofundado do plano geral de ação. Na mesma data, são sugeridas algumas parcerias com outros órgãos, por exemplo, com o Senac, para a divulgação conjunta das entidades. Há também uma proposta de convidar o presidente do Sesi para tomar parte nas reuniões do Conselho Nacional do Sesc, tendo em vista a possibilidade de sinergia no trabalho dessas instituições e com o objetivo de evitar o risco de que Sesi e Sesc se sobreponham no atendimento ao trabalhador.

João Daudt d'Oliveira estabeleceu alguns procedimentos para o funcionamento da conferência de técnicos: deveriam reunir-se entre si, sem a presença dos presidentes das regionais. O documento produzido ao final da reunião seria apreciado pelo Conselho Nacional, quando oportuno. O próprio João Daudt só estaria presente na cerimônia de abertura, para enfatizar a importância do evento, mas dando liberdade aos técnicos para discutir. O programa dos assuntos seria feito pelo Conselho Nacional, com a devida antecedência para estudo prévio dos técnicos. O presidente do Sesc São Paulo ofereceu a colônia de Bertioga para sediar o evento, mas pediu que ele fosse adiado porque, no mês proposto, julho, a colônia já teria compromissos com as férias escolares dos filhos dos comerciários.

A partir da I Convenção Nacional dos Técnicos do Sesc, em 1951, em Bertioga, os rumos da instituição são alterados sob a justificativa de que a assistência médica do Sesc duplicaria uma estrutura pública já existente. Contudo, segundo Betânia Figueiredo, os números de saúde pública permaneceram muito ruins durante todo o período, e seria necessário, portanto, buscar a resposta em outro sentido, formulado da seguinte maneira pela autora:

> A atuação na área médica não proporcionava os resultados duradouros que se desejavam obter. A avaliação feita sobre a primeira fase [i.e., os primeiros quatro anos de existência do Sesc] reconhecia a assistência médica como um paliativo incapaz de resolver os problemas

de "desajuste social" e garantir a ordem social. A doença era social e remediá-la requeria assistência outra que a médica. Ao Sesc, na sua segunda fase, interessava atuar na "adaptação social".

Só uma intervenção sistematizada, buscando resultados por meios merecedores de credibilidade, é que justificaria o prosseguimento dos serviços sociais financiados pelos empresários. Definitivamente não se tratava de caridade. Caridade não necessariamente remetia a rigor, frequência, desejados pelo serviço social. A caridade não poderia exigir o retorno do investimento realizado. Ainda segundo Betânia Figueiredo, não se pode perder a referência insistente no período sobre a eficiência do trabalho, sua produtividade, seu planejamento etc. O serviço social também fará parte desse universo esquadrinhado milimetricamente pelos saberes científicos. A teoria do serviço social é elaborada apoiando-se na medicina social, na medicina do trabalho, na psicologia, no direito social. Apesar de não ser considerada uma ciência, apoiava-se em métodos racionais e "científicos".

Os desafios enfrentados pelo Sesc em sua fase inicial

À medida que as reuniões do Conselho Nacional se sucedem umas às outras, as invocações iniciais de princípios se traduzem nas preocupações do dia a dia, com problemas localizados, tais como: qual deveria ser o critério para a seleção das cidades a receber novas unidades do Sesc? Essa foi a pauta da segunda reunião do Conselho, ocorrida em 22 de agosto de 1947. As atas registram a sugestão de Brasílio Machado Neto de que o Departamento Nacional do Sesc auxiliasse as regionais localizadas em lugares "mais infeccionados pelo comunismo, para que a essa praga fosse dado tenaz combate"[38]. A ideia foi aprovada, constituindo-se uma comissão formada por João Daudt d'Oliveira, Brasílio Machado Neto, Antônio Ribeiro França Filho,

---

38 "2ª Reunião do Conselho, em 22 de agosto de 1947", *op. cit.*, p. 29.

Caetano de Vasconcelos, Rafael de Oliveira Alves e o diretor-geral da Administração Nacional.

Outra preocupação demonstrada pelo Conselho, em especial por seu presidente, João Daudt d'Oliveira, era com a falta de trabalhadores qualificados para o tipo de função desempenhada pelo Sesc. As escolas subvencionadas não eram suficientes para gerar a mão de obra necessária, não obstante o largo montante investido para essa finalidade: para o ano de 1949, manteve-se a parceria com a Ação Social Arquidiocesana (patrocinada em 600 mil cruzeiros)[39] e a Universidade Católica (200 mil cruzeiros)[40].

Na reunião seguinte do Conselho, uma solução é apresentada para esse problema, que envolve a formação dos profissionais pelo próprio Sesc: Escola Sesc de Serviço Social, definida como um progresso de uma caridade de caráter puramente pessoal para um braço da engenharia social, um desenvolvimento das técnicas criadas a partir das descobertas das ciências sociais para intervenção na sociedade. A sociologia americana serve como referência para fornecer os melhores exemplos de intervenção.

Ao mesmo tempo que afirma a cientificidade do serviço social, advogando a necessidade de que ele torne previsível e planejável o convívio social, o relatório afirma que a mulher apresenta o perfil mais desejável para a maioria das tarefas. A esse respeito, é significativo que o regulamento do curso utilize a palavra "aluna", no feminino.

O curso propõe dois estágios de formação que poderiam ser feitos dentro do Sesc, e um terceiro, o da faculdade de assistência social, que aproveitaria os dois estágios iniciais de formação. O primeiro estágio teria duração de um ano e daria a titulação de praticante; o segundo formaria auxiliares sociais. Desde o primeiro ano, entretanto, o ensino da religião deveria ser incluído em caráter facultativo, fato revelador do tipo de formação privilegiada e das configurações de quem pensa o

---

[39] Quantia equivalente hoje a 3 milhões de reais, de acordo com a página: http://acervo.estadao.com.br/. Item "Conversor de valores".

[40] Ou 1 milhão, pelos mesmos cálculos.

curso. O relatório sobre o currículo do curso envolve também aulas de sociologia, demografia, economia, além de enfermagem.

A reunião foi convocada para definir qual seria a resposta do Sesc ao projeto que pretendia transformá-lo em autarquia. João Daudt d'Oliveira já prestara esclarecimentos em uma comissão especial no Congresso e também se reunira com o presidente da República. Em ambas as ocasiões, reiterou que o Sesc estava disposto a prestar esclarecimentos ao Tribunal de Contas, mas queria salvaguarda da natureza da instituição de direito privado. Sua opinião esteve longe de formar consenso, mas, após dois dias de discussão, terminou por prevalecer. Brasílio Machado Neto temia que a abertura das contas iniciasse a transformação do Sesc em autarquia. Em meio a esse debate, havia um outro, conceitual, em que houve consenso: a verba recolhida para o custeio do Sesc era vista como uma contribuição dos empresários, não como um tributo. Esse era um argumento importante, pois caso se tratasse de tributo, seria mais difícil sustentar a ideia de o Sesc ser um órgão da iniciativa privada.

A parceria entre público e privado consistia na forma de serviço social adotado em países que haviam adotado o modelo do Estado de bem-estar social e permitia aos trabalhadores e empregadores formularem as soluções para os problemas relacionados às condições de trabalho. Produzia-se, assim, uma solidariedade de classes, quebrada em caso de intervenção de um ente estranho. Essa argumentação era a resposta dos empresários aos que desejavam ver a responsabilidade sobre o Sesc ser legalmente transferida para o Estado. Embora não se afirme com detalhes de quem parte a proposta, supõe-se que ela era suficientemente forte para forçar o Sesc a elaborar um estudo jurídico em defesa de sua autonomia. Por esse motivo, um dos anexos à reunião discorre sobre as características jurídicas de uma autarquia, com o objetivo de demonstrar que em nenhuma delas o Sesc se encaixa[41].

A primeira dessas características se deve ao fato de o Sesc ter sido criado por uma lei federal. O texto da lei, entretanto, informa que a

---

41 A construção desse trecho se baseia em *Livros de atas da reunião do Conselho Nacional de 1949*, a partir da página 109.

Confederação Nacional do Comércio fica autorizada a criá-lo. Não foi o Estado que criou o Sesc, de forma que ele não deve ser considerado de direito público. Outra característica de uma autarquia é possuir hierarquia padronizada, caráter especializado, autonomia patrimonial e administrativa. Embora o Sesc obedeça a esses aspectos, eles não se atrelam exclusivamente às autarquias. O último elemento a levar em conta é determinar se o órgão fornece um serviço público que seja de responsabilidade exclusiva do Estado.

Porém, do ponto de vista legal, o que o Sesc faz não é exercer um serviço público, dado que o serviço não pode ser oferecido pelo Estado para ser viável, nem é um item necessário para a sobrevivência (como luz e água, por exemplo). Para concluir, o caráter privado das contribuições que mantêm o Sesc corrobora a tese de que se trata de ente privado.

Um importante feixe de ameaças para a consolidação do Sesc advém do modo como o órgão é financiado. A lei atribuía aos institutos de pensão a tarefa de recolher a contribuição dos comerciários, motivo pelo qual faziam jus a recolher 1% das contribuições. Apenas alguns meses depois da aprovação da lei de criação do Sesc, os institutos de pensão passaram a atrasar o repasse das verbas, com diferenças que chegavam a três meses, no caso do Instituto de Aposentadoria e Pensões dos Comerciários, e quinze, no caso do Instituto de Aposentadoria e Pensões dos Empregados em Transportes e Cargas . João Daudt diz que já havia cobrado atitudes de representantes dos institutos de pensão. O problema do financiamento reaparece em 22 de novembro de 1950. João Daudt d'Oliveira forma uma comissão para uma audiência com o ministro do Trabalho. Esta seria a última medida antes de acionar a Justiça.

Outra vertente de atuação do Sesc consistiu no uso de sua Divisão de Estudos e Pesquisas como uma espécie de centro de pensamento social do empresariado, sobretudo do comércio, ao analisar a produção legislativa concernente ao tema conforme aquilo que julgavam ser o interesse das classes produtoras.

Em 1950, por exemplo, foi objeto de apreciação um estudo sobre o projeto de lei de autoria do Executivo Federal (mencionado sem o número), destinado a aumentar o salário mínimo. O relatório reconhece a urgência dessa pauta, mas busca demonstrar a impraticabilidade da medida proposta pelo Ministério do Trabalho, interpretada como uma mudança de concepção do salário mínimo. Ele deixaria de se pautar pelo valor necessário para a sobrevivência e se tornaria o valor necessário para a aquisição de um pacote de produtos e serviços considerados básicos. O problema estaria, segundo o relatório, em definir os limites desse pacote básico, o qual incluiria a noção de "recreação" e de "manutenção da família".

A primeira alteração ("recreação") pode parecer, à primeira vista, simpática, embora, na falta de outro item, o referente às despesas com a educação pareça remeter um tanto ao *panis et circences* da Roma antiga. A falta de inclusão das despesas com a educação dificilmente poderia ser justificada pela garantia constitucional do ensino gratuito. Pode-se realmente afirmar que o trabalhador, desejoso de assegurar a seus filhos educação decente, não enfrenta dificuldades econômicas muito elevadas?

O problema assume, porém, gravidade incomparavelmente maior quando se trata de outra inovação, isto é, do próprio conceito do salário mínimo, idealizado em um valor suficiente para possibilitar não somente a existência individual do trabalhador, como também a de sua família. Ainda não foi possível instituir salário mínimo familiar, mesmo nos países socialmente mais adiantados e possuidores de um sistema perfeito de seguridade social. Não é possível, nem mesmo oportuno[42].

Em vez de aumentar o salário mínimo com base na justificativa da proteção à família, o texto propõe a adoção do abono familiar. Desse modo, a nobre intenção de proteger a família seria tratada de forma mais justa, evitando distorções, como no caso de vários membros da família ganhando cada qual um salário calculado para sustentá-la sozinho, ou o de um trabalhador que, sem ter filhos, recebesse valor correspondente à manutenção de uma família com filhos, em flagrante

---

42 "Anexo n° 4: o salário mínimo", *Atas do Conselho Nacional do Sesc*, Rio de Janeiro: 1950, p. 66.

contradição com o objetivo de incentivar o trabalhador a gerar prole. Por fim, o aumento do salário mínimo, sem o devido acréscimo nos vencimentos dos operários mais qualificados por meio de medidas geradoras de maior produtividade, produziria um desânimo dos trabalhadores que buscassem maior qualificação profissional.

Em suma, o aumento do salário mínimo e todas as outras medidas preconizadas pela mensagem presidencial são considerados medidas de oneração do custo do trabalho sem a devida contrapartida em termos de ganho de produtividade. O relatório é um bom termômetro da tensão nas relações entre comerciários e o trabalhismo de Vargas, destoando das relações amistosas existentes durante a década de 1930. Em lugar das medidas propostas pelo Executivo Federal, o relatório propõe os seguintes princípios:

> O salário mínimo correspondente à vida economicamente ativa do trabalhador e os benefícios sociais mínimos da Previdência dos gastos previdenciários; vale lembrar que o sistema é repartido em diversos institutos de pensão voltados a uma classe profissional exclusivamente, com regras próprias de funcionamento e opacidade no manejo do dinheiro recolhido. Aumentar a carga imposta aos ombros destas instituições seria um comprometimento adicional à sua já combalida saúde financeira[43].

Em outra intervenção, insiste na necessidade de promover um Congresso federal dos trabalhadores do Sesc e apresenta a visão do empresariado sobre a participação dos empregados nos lucros das empresas:

> Recentemente tivemos, aqui, uma reunião de grande importância – A Mesa-Redonda das Classes Produtoras –, para estudo do problema da participação dos empregados nos lucros das empresas. Nossos trabalhos se divulgaram e constatamos que apenas poucos jornais não estiveram perfeitamente acordes com o ponto

---

43 *Ibidem*, p. 74.

de vista das Classes Produtoras, considerando uma calamidade para o país a forma de participação direta[44].

João Daudt d'Oliveira ressaltou que a repercussão positiva do ponto de vista dos empresários se deveu à sua preparação para se familiarizar com o assunto desde 1943, nas discussões que deram origem à Carta da Paz Social. Outro aspecto que granjeou respeitabilidade para o Sesc foi a decisão de, voluntariamente, apresentar suas contas para apreciação do Tribunal de Contas; dessa maneira, obteve a confiança dos parlamentares e da opinião pública sobre a lisura dos meios administrativos da instituição. O esforço por tornar as contas do Sesc mais transparentes está presente em uma sugestão do Departamento Regional do Rio Grande do Sul, logo adotada por unanimidade, de criar um padrão único de prestação de contas para todas as regionais. Embora o tipo de serviço prestado por cada regional seja variável, apresentar as finanças da entidade para o Tribunal de Contas exige que as categorias sejam uniformes, ainda que o gasto registrado por cada unidade seja diferente[45].

Considerações finais

Em coerência com o fato de ser este um esforço que deve continuar nos próximos meses, o objetivo desta última parte do texto consiste em traçar as principais linhas de força do período em análise e, ao mesmo tempo, projetar alguns dos temas que podem ser interessantes para a continuidade da pesquisa. Por isso, podemos começar afirmando que o Sesc consiste em uma *modernização da caridade*, submetida a um processo de *laicização, racionalização e profissionalização*.

---

44 "Ata da reunião do dia 30 de março de 1950", *Atas do Conselho Nacional do Sesc*, Rio de Janeiro, 1950, pp. 4-5.

45 Por exemplo: se um estado investe em maternidade e outro em tratamento de tuberculosos, ambos podem ser registrados como gastos com assistência médica.

Em primeiro lugar, a *laicização* ocorre na medida em que argumentos e valores morais transmitidos até os anos 1930 por uma pujante elite intelectual católica – da qual Alceu Amoroso Lima é, sem dúvida, o principal representante – são preservados e ressignificados na década seguinte, por uma elite empresarial com afinidades eletivas. A exortação à caridade se torna espírito público; a ideia de reinstalação de cristandade é substituída pela ideia de progresso econômico e desenvolvimento social. Conforme explicitado na Carta da Paz Social, o combate à pobreza é um dever moral do empresariado, mas não só: é também a garantia de sustentabilidade da atividade econômica. Não obstante tais transformações, persiste a justificativa de que o empresariado deve ser protagonista em um processo de aproximação com as classes trabalhadoras, do qual resultaria uma rede de instituições capaz de garantir a concórdia entre os dois lados da sociedade e, assim, impedir a proliferação de greves e a propaganda comunista.

A *racionalização* se apresenta através da coletânea de estudos e relatórios que amparam as decisões sobre as prioridades de atuação da entidade. Em lugar da boa vontade individual soberana, é mobilizado um esforço coletivo de radiografia da situação de pobreza nacional, com a crença no poder das ciências sociais para indicar os instrumentos de transformação. Nesse sentido, vale lembrar que, em sua primeira fase de atuação, o Sesc nem sempre diferenciou os comerciários dos industriários ou do público em geral. Seja na escolha de atender a todos nas campanhas gratuitas de conscientização sobre os riscos da tuberculose e da sífilis, seja no oferecimento cobrado de leitos de hospitais do próprio Sesc para particulares como meio de financiá-los, a instituição teve um impacto que, desde o início, não se limitou à classe comerciária.

A *profissionalização* se deve ao investimento da entidade na formação de sua mão de obra, através de cursos de serviço social, herdeiros assumidos da doutrina social da Igreja. Se as primeiras assistentes sociais eram mulheres da alta sociedade, imbuídas de um espírito avesso à retribuição financeira por seu trabalho, logo fica patente a necessidade de o Sesc investir em sua própria mão de obra, inicialmente mediante cursos e em seguida no incentivo para que os funcionários permanecessem na entidade[46].

Entrelaçado ao processo histórico de legitimação do serviço social, deu-se a constituição de um grupo encabeçado por João Daudt d'Oliveira. Apesar de não se identificarem explicitamente com algum grupo partidário[47], esses comerciários exigiam uma política de Estado que abarcasse todos os setores de seu interesse. Para aumentar a produtividade da mão de obra, foram criados instrumentos como o Sesc, mantidos pelo empresariado e operando em parceria com órgãos públicos. Embora a força econômica do grupo fosse claramente um sinal de sua importância política, a realização de seus planos não se mostrou tarefa fácil. Entre seus adversários, incluíam-se movimentos operários que enxergavam o Sesc como uma ingerência em suas esferas de atuação e legisladores interessados em transformá-lo em órgão de direito público, e havia ainda a má vontade dos Institutos de Pensão em repassar verbas às quais o Sesc fazia jus.

Resta ainda assinalar quais seriam os próximos passos desta pesquisa. Além da evidente continuação do papel do Departamento Nacional, recomenda-se um estudo mais específico sobre a regional paulista do Sesc, pelos caminhos próprios que ela tomou a partir da década de 1950. A criação da colônia de férias, dos centros de saúde e, depois, da Conferência de Bertioga, o investimento no lazer do trabalhador, dão indícios de especificidades que merecem estudos próprios. Também será interessante verificar se existe algum traço de continuidade na colaboração entre o Sesc e as instituições católicas, embora isso não se tenha tornado visível nessa primeira fase.

---

46 A esse respeito, conferir a dissertação de mestrado de Betânia Figueiredo (*op. cit.*), em especial seu capítulo III: "Breve histórico Sesi/Sesc" (pp. 84-171).

47 Com a devida ressalva de que João Daudt d'Oliveira pertenceu ao grupo político de Vargas até o início da década de 1930. Não obstante, as declarações da Associação Comercial do Rio de Janeiro ao longo dos anos 1940 dão a entender que há um distanciamento do grupo.

Bibliografia

"1ª REUNIÃO do Conselho, em 29 de janeiro de 1947". *Atas do Conselho Nacional do Sesc.* Rio de Janeiro: 1947.

"2ª REUNIÃO do Conselho, em 22 de agosto de 1947". *Atas do Conselho Nacional do Sesc.* Rio de Janeiro: 1947.

"3ª REUNIÃO do Conselho, em 30 de março de 1948". *Atas do Conselho Nacional do Sesc.* Rio de Janeiro: 1948.

"ANEXO no 4: o salário mínimo". *Atas do Conselho Nacional do Sesc.* Rio de Janeiro: 1950.

ARDUINI, Guilherme Ramalho. *Em busca da Idade Nova: Alceu Amoroso Lima e os projetos católicos de organização operária.* São Paulo: Edusp, 2015.

ARDUINI, Guilherme Ramalho. *Os soldados de Roma contra Moscou: a atuação do Centro Dom Vital no cenário político e cultural brasileiro (Rio de Janeiro, 1922-1948).* 200 f. Tese (Doutorado em Sociologia) – Universidade de São Paulo. São Paulo: 2014.

"ATA da reunião do dia 30 de março de 1950". *Atas do Conselho Nacional do Sesc.* Rio de Janeiro: 1950.

"ATA da Sessão da Comissão de 'Sociologia e Letras' realizada na sede do Centro Dom Vital, no dia 12 de novembro de 1931". *Anais do Centro Dom Vital.* Rio de Janeiro: 1932.

"A CARTA Social de Teresópolis". *Boletim da Associação Comercial do Rio de Janeiro.* Rio de Janeiro: 1945, n. 447.

BOLETIM da Confederação Nacional do Comércio. Rio de Janeiro: 1948-1950, 45 n.

BOLETIM do Sesc. Rio de Janeiro: 1949-1951, 15 n.

CARVALHO, José Murilo de. *A formação das almas: o imaginário da República no Brasil.* São Paulo: Companhia das Letras, 1990.

CARVALHO, José Murilo de. *Os bestializados: o Rio de Janeiro e a República que não foi.* São Paulo: Companhia das Letras, 1987.

CARVALHO, Raul de. "Modernos agentes da justiça e da caridade". *Serviço Social & Sociedade.* São Paulo: 1980, n. 2.

CORREIO da Manhã. Rio de Janeiro: 1932-1936.

D'OLIVEIRA, João Daudt. "Discurso na sessão solene de abertura do I Congresso Brasileiro de Economia". Em: Congresso Brasileiro de Economia, 1, 1943, Rio de Janeiro. *Anais...* Rio de Janeiro: ACRJ, 1943.

"EDITORIAL". *Boletim da Associação Comercial do Rio de Janeiro*. Rio de Janeiro: 1945, n. 450.

"ENTREVISTA do Sr. João Daudt d'Oliveira a *O Globo*". *Boletim da Associação Comercial do Rio de Janeiro*. Rio de Janeiro: 1945, n. 449.

FIGUEIREDO, Betânia Gonçalves. *A criação do Sesi e Sesc: do enquadramento da preguiça à produtividade do ócio*. 221 f. Dissertação (Mestrado em História) – Universidade Estadual de Campinas. Campinas: 1991.

FONTOURA, Amaral. *Introdução ao serviço social*. 3. ed. Rio de Janeiro: Aurora, 1959.

GIANI, Luiz Antônio Afonso; STEPANSKY, Daizy Valmorbida. *Texto-base sobre a história do Sesc*. Rio de Janeiro: Sesc, 1978.

GOMES, Ângela de Castro. *A invenção do trabalhismo*. Rio de Janeiro: Editora FGV, 2004.

INTERCÂMBIO. Rio de Janeiro:1988-1992. Quadrimestral.

IAMAMOTO, Marilda Vilela; CARVALHO, Raul de. *Relações sociais e serviço social no Brasil: esboço de uma interpretação histórico-metodológica*. São Paulo: Cortez, 1998.

LAMARÃO, Sergio Tadeu de Niemeyer; ARAÚJO, Rejane Correia. *Memória Sesc Rio de Janeiro*. Rio de Janeiro: Sesc-ARRJ, 1994.

LIMA, Alceu Amoroso. "Ação Social Católica". *A Ordem*. Rio de Janeiro: 1937, n. 83, pp. 39-43.

NAGLE, Jorge. *Educação e sociedade na Primeira República*. São Paulo: EPU/Edusp, 1974.

RELATÓRIOS da Associação Comercial do Rio de Janeiro. Rio de Janeiro: 1945-1950, 6 v.

VASCONCELOS, Lavinia Maria Cardoso. *Assistência social ao trabalhador*. Petrópolis: Escolas Profissionais Salesianas, 1953.

Bibliografia suplementar[48]

BICKEL, Marcia Cristina Pinto. *O Serviço Social do Comércio e a produção de conhecimentos sobre o lazer no Brasil (década de 1970)*. 176 f. Dissertação (Mestrado em Estudos do Lazer) – Universidade Federal de Minas Gerais. Belo Horizonte: 2013.

BICKEL, Marcia Cristina Pinto. *Sesc: história em contextos*. Rio de Janeiro, 1999.

BOLETIM de Intercâmbio. Rio de Janeiro: 1980-1987. Trimestral.

CARTA Mensal. Rio de Janeiro: 1955-2015. Mensal.

COMÉRCIO & Mercados. Rio de Janeiro: 1967-1995. Mensal.

CONFERÊNCIA NACIONAL DAS CLASSES PRODUTORAS. 3, 1972, Rio de Janeiro. *Anais...* Rio de Janeiro: CNC, 1972. v. 1-2.

CONFERÊNCIA NACIONAL DAS CLASSES PRODUTORAS. 4. 1977, Rio de Janeiro. *Anais...* Rio de Janeiro: CNC, 1977.

D'OLIVEIRA, João Daudt. *Discursos: proferidos na posse da diretoria da Casa de Mauá em 6 de junho de 1947*. Rio de Janeiro: [s. n], 1978.

FIORE, Maria Heloisa Mendes de Araújo. *Origens e implantação do programa de lazer no Sesc*. Rio de Janeiro: Sesc, 1982.

REGO, Mauro Lopez. *A organização Sesc: contextualização histórica e filosófica*. 32 f. Trabalho de conclusão da disciplina Teoria das Organizações (Mestrado Executivo) – Fundação Getulio Vargas. Rio de Janeiro: 1992.

REGO, Mauro Lopez. *A responsabilidade social como resposta do Sistema S ao ambiente institucional brasileiro pós-década de 1990: o caso do Sesc*. 86 p. Dissertação (Mestrado Executivo) – Fundação Getulio Vargas. Rio de Janeiro: 2002.

SESC. *Como vive e pensa o comerciário*. Rio de Janeiro: 1953, v. 1, n. 23.

SESC. *Convenções Nacionais de Técnicos*. Rio de Janeiro: Sesc, 1972.

---

48 Esta seção contém itens de interesse para a história do Sesc coletados em uma pesquisa realizada por bibliotecários do Departamento Nacional da instituição (Rui Maciel e Fátima Salerno), a quem agradecemos a gentileza.

SESC. Departamento Regional de Minas Gerais. *Projeto Memória Sesc Minas Gerais: um roteiro de sua história (julho de 1999/agosto de 2005).* Belo Horizonte: Sesc, 2005. v. 5.

SESC. Departamento Regional do Rio de Janeiro. *10 anos de saúde no Sesc-Rio: 1974-1984.* Rio de Janeiro: Sesc, 1984.

SESC: os fatos no tempo: 30 anos de ação social. Rio de Janeiro: [s. l.], 1977.

SESC; SENAC. *Sesc, Senac: patrimônios do Brasil.* Rio de Janeiro: Sesc/Senac: 2010.

STEPANSKY, Daizy Valmorbida; VELLOSO, Henrique Eduardo Antony. *Origens e criação do Serviço Social do Comércio.* Rio de Janeiro: Sesc, 1979.

WEINSTEIN, Barbara. *(Re)formação da classe trabalhadora no Brasil (1920-1964).* Tradução de Luciano Vieira Machado. São Paulo: Cortez, 2000.

6.

A SERVIÇO DA PAZ SOCIAL: A PROPOSTA CATÓLICA E DEMOCRATA CRISTÃ DA PARTICIPAÇÃO DOS TRABALHADORES NOS LUCROS DAS EMPRESAS NA CRIAÇÃO DO SESC

Áureo Busetto[1]

A proposta de participação dos trabalhadores nos lucros das empresas tem sido constante na corrente de pensamento democrata cristão europeu desde meados do século XIX e foi inclusa na Doutrina Social Católica em 1931. Somente nos anos de 1940, ela passaria a ser enunciada e defendida por agentes sociais como uma solução efetiva e socialmente justa ao desenvolvimento do Brasil. Seus entusiastas e defensores investiram diferentes leituras, adaptações e tentativas de aplicação. Assim, ela passou a constar em manifesto da hierarquia católica, em programa partidário, na Constituição de 1946, e projetada por líderes do empresariado como legitimação social à formação do Serviço Social do Comércio (Sesc) e do Serviço Social da Indústria (Sesi).

Definida como medida voltada à humanização do capital e valorização do trabalho, a participação nos lucros das empresas pelos trabalhadores foi difundida na Europa a partir da vaga revolucionária de

---

[1] Doutor em História Social pela Universidade de São Paulo, docente do Departamento de História da Faculdade de Ciências e Letras da Universidade Estadual Paulista (FCL-Unesp/campus de Assis) e do Programa de Pós-Graduação em História da Unesp.

1848, com a emergência de tendências socialistas no interior de manifestações populares. Um grupo de religiosos e pensadores católicos, reunidos em torno da revista *L'Ere Nouvelle*, deu os primeiros passos na organização da corrente democrata cristã ao propor a reconciliação da Igreja com o povo e a aceitação da democracia pelo catolicismo. Muito mais uma ação social do que propriamente um movimento político, a Democracia Cristã, somando seu projeto de aliança entre cristianismo e classes populares às aspirações liberais, preocupações sociais e à religiosidade romântica, ofereceu um programa social fundamentado no entendimento entre capital e trabalho. Para tanto, advogava o compartilhamento dos lucros das unidades produtivas entre patrões e trabalhadores, além da livre associação destes últimos. Ante a reação defensiva da Igreja a qualquer ideia de mudança social e ao repúdio aos postulados políticos democráticos e liberais, a democracia cristã não encontrou eco de seu projeto junto à maioria católica, então ocupada com a defesa da Igreja contra a secularização do Estado. Sua primeira expansão ocorreu após a renovação doutrinária iniciada pelo papa Leão XIII com a sua encíclica *Rerum novarum*, publicada em 1891[2].

Fruto da preocupação de Leão XIII com o drama social gerado pela expansão da economia liberal e pela ascensão do socialismo ateu nos meios operários, a encíclica *Rerum novarum* transcendia o limite da simples refutação do liberalismo e do socialismo. Nesse sentido, traça um quadro das funções sociais da Igreja, do Estado e dos sindicatos, constituindo-se na pedra basilar da Doutrina Social Católica. Ao enfatizar a oposição da Igreja ao liberalismo econômico e marcar uma distinção entre socialismo e movimento operário, ela fornece uma base aos católicos dispostos a organizar formas de defesa da classe trabalhadora, como sindicatos católicos. Ainda que ocupada com a situação precária e os infortúnios dos operários, a *Rerum novarum* não expressa uma doutrina precisa do salário, mas traz a primeira manifestação da

---

2 Jean-Marie Mayeur, *Des partis catholiques à la démocratie chrétienne, XIX-XX siècles*, Paris: Armand Colin, 1980, pp. 22-83; Pierre Letamendia, *La démocratie chrétienne*, Paris: PUF, 1977, pp. 9-34.

Igreja reconhecendo o direito do trabalhador à remuneração salarial condigna. De maneira clara e contundente, evoca a conciliação entre as classes calcada na cooperação mútua, com a qual patrões e trabalhadores, recusando a inimizade e o ódio, assentados, portanto, no amor e na justiça, operando obras próprias, notadamente de socorro mútuo, concretizariam sua aproximação, caminho crucial à paz social.

A Doutrina Social da Igreja passaria a contar com um conjunto de princípios sobre o direito do trabalho e o do capital quando da publicação de *Quadragesimo anno*, encíclica do papa Pio XI, publicada em 1931, em comemoração dos quarenta anos de divulgação da *Rerum novarum*. Harmoniosa continuidade dos ensinamentos contidos na encíclica comemorada, *Quadragesimo anno* reativa a desconfiança em relação ao liberalismo econômico e à ação dos interesses privados que agem por si mesmos. Recomenda que a liberdade, reconhecida como direito natural pela Igreja, não deve ser absoluta no âmbito econômico, mas, sim, limitada pelas prescrições da justiça, pela fraternidade e pelas legítimas exigências do interesse geral, preconizando, tal qual a célebre encíclica de Leão XIII, a função social da propriedade. Nesse sentido, enfatiza que tanto o capital quanto o trabalho não podem reclamar para si a totalidade do produto e do lucro, dado que estes são resultantes do esforço combinado daqueles. O capital, esclarece a encíclica, não pode "reclamar para si a totalidade do produto do lucro deixando apenas à classe trabalhadora o necessário para refazer suas forças e se perpetuar"; por sua vez, "todo o produto e toda a renda, feita a dedução do que exige a amortização e a reconstituição do capital", não pertencem integralmente aos trabalhadores. Daí a sua defesa da participação dos trabalhadores nos lucros das empresas, definida como um dever de justiça social para a efetivação da paz social. Ainda que de forma circunspecta, Pio XI manifesta seu desejo de ver aplicado o compartilhamento do produto comum das unidades produtivas entre empresários e empregados à participação do trabalhador nas responsabilidades comuns das empresas, prática que, posteriormente, viria a ser denominada de cogestão[3].

Tais definições doutrinárias de Pio XI contribuíram bastante para estimular militantes do catolicismo social e democratas cristãos da Europa a se empenharem ainda mais, no período entreguerras, na defesa da participação dos trabalhadores nos lucros das empresas. Porém, a ideia colhia resistência da maior parte dos empresários, descaso das autoridades públicas e oposição dos comunistas. Somente com o fim da Segunda Guerra, o regime de participação nos lucros ganharia maior ressonância no continente europeu, posto que, no período, ocorria reorganização ou criação de partidos democratas cristãos na Europa Ocidental. Entre o arrefecimento do poder da direita tradicional e o receio de parte da população perante o crescimento do comunismo no pós-guerra, a Democracia Cristã se constituíra numa força política considerável, em particular na Alemanha e na Itália[4], firmando-se como uma terceira via ideológico-política, ou seja, uma espécie de corpo doutrinário-ideológico que, inspirado na Doutrina Social da Igreja, propunha soluções políticas distintas às do liberalismo individualista e do comunismo coletivista. Posição sustentada com base no princípio do comunitarismo participativo, com o qual democratas cristãos esperam instaurar ou fortalecer estruturas comunitárias fundamentadas no respeito à dignidade humana dos seus membros, na participação ativa de todos na vida coletiva, nas relações de solidariedade que, opostas à indiferença, à luta e dominação, promovam o chamado bem comum. Caminho gerador, no entendimento da Democracia Cristã, de um pluralismo comunitário que contribuía para a ampliação e o fortalecimento da política de participação, contrapondo-se à concentração do poder nas mãos do capital e do Estado. Pluralismo comunitário aplicado a todos os setores da vida social – desde a comunidade

---

3 As menções de trechos das encíclicas *Rerum novarum* e *Quadragesimo anno* foram compiladas da publicação *Encíclicas dos sumos pontífices*, São Paulo: Brasil Editora, 1961.

4 Jean-Marie Mayeur, *op. cit.*, pp. 90-132.

familiar, passando pela empresarial, até a comunidade mundial – e capaz de superar o individualismo capitalista e o estadismo comunista, bem como qualquer tipo de paternalismo[5].

É com vistas à aplicação do princípio do comunitarismo participativo que a Democracia Cristã propõe a participação dos trabalhadores nos lucros e na gestão das unidades produtivas, entendidas como medidas fomentadoras da forma comunitária no interior das empresas e reformadoras da estrutura destas. Reforma acompanhada de outras, como: a da família, por meio da instituição do salário familiar; a agrária e a urbana, orientadas, respectivamente, para a formação de estruturas comunitárias na luta por terra e por moradia próprias em condições condignas; a do Estado, mediante descentralização do seu poder, tornando-o uma comunidade de comunidades; e as das relações continentais, objetivando a instituição de comunidades regionais, com base em processos de integração econômica, política e cultural. A descentralização do poder estatal é calcada no princípio da subsidiariedade. Expressa primeiramente na encíclica *Quadragesimo anno*, a ideia de subsidiariedade prega que o Estado não deve desempenhar as atividades econômicas e sociais desenvolvidas pelas comunidades integrantes da sociedade, quando essas exercidas de maneira adequada e sem risco ao bem comum. Assim, caberia ao Estado as funções maiores da direção da vida pública, como política externa, defesa do país, política econômica e de desenvolvimento nacional e medidas para suplantar ou atenuar desigualdades regionais. A reforma do Estado para a Democracia Cristã se completa com a adoção, pelo poder público, do planejamento, definido como uma de suas principais funções. Contudo, a elaboração e as fases de execução do planejamento devem contar com a participação ativa e integral de representantes das comunidades intermediárias, como organizações profissionais, sindicatos, cooperativas, associações de bairro, organismos não governamentais[6].

---

5   Áureo Busetto, *A democracia cristã no Brasil*, São Paulo: Editora Unesp, 2002, pp. 235-40.
6   *Ibidem*, pp. 263-6.

A proposta de participação dos trabalhadores nos lucros das empresas não ecoaria no Brasil durante as três primeiras décadas do século XX, só obtendo ressonância nos anos finais do discricionário Estado Novo e, mais ainda, no início do período democrático regido pela Constituição de 1946. Embora a proposta fosse enfocada em dois diferentes momentos políticos, era enunciada e defendida como solução necessária à chamada questão social, ou seja, uma série de problemas derivados da relação capital-trabalho, pautada por remuneração insuficiente à justa manutenção dos trabalhadores e grande parcimônia na efetivação de direitos trabalhistas, em meio a condições de trabalho e de vida precárias e insalubres. Ainda que soluções a tais problemas fossem reivindicadas pela classe operária brasileira desde o seu primeiro crescimento na década de 1910 – primeiramente em greves e manifestações organizadas pelo anarcossindicalismo, depois sob a influência da militância comunista –, governantes da Primeira República, temerosos de que aquelas movimentações dos trabalhadores pudessem enveredar para a radicalização, adotaram algumas medidas pontuais de cunho trabalhista, mas sem o efetivo cuidado do seu emprego por parte do patronato e, de resto, investindo comumente na repressão policial contra as reivindicações dos trabalhadores. Outra condução à questão social fora adotada pelo longo governo Vargas, ascendido da chamada Revolução de 1930 e findado em 1945.

Em meio a ações para manter-se no poder e conduzir uma política industrializante, calcada na busca de um capitalismo nacional autônomo, via substituição de importações e criação de empresas estatais atuantes no setor siderúrgico e de mineração, Getúlio Vargas, desde o seu governo provisório até o Estado Novo, deu ampla atenção às classes trabalhadoras, investindo numa política social que, pensada em termos de harmonização entre capital e trabalho, objetivando a estabilidade social, se valia do controle direto dos sindicatos pelo Estado. Para tanto, Vargas criou o Ministério do Trabalho e a obrigação dos sindicatos de nele se registrarem, assim disciplinando e controlando possíveis reivindicações trabalhistas, além de transformar organizações sindicais, tanto de trabalhadores quanto de empresários, em seus colaboradores. Em termos de direitos sociais, regulamentou o trabalho feminino e o de menores, reconheceu acidentes e doenças decorrentes de algumas profissões, e se empenhou na instituição do salário mínimo, da carteira de trabalho, da jornada de trabalho de oito horas, de férias anuais e remuneração do descanso semanal; todos abrigados na promulgada Constituição de 1934. Durante a ditadura do Estado Novo, sob a vigência da outorgada Constituição de 1937 que, autoritária e corporativa, abolia o direito de greve e permitia censura à imprensa e perseguição política, Vargas manteve os direitos trabalhistas constantes da carta constitucional anterior, estabeleceu o salário mínimo nacional, impôs o sindicato único por categoria profissional, instalou a Justiça do Trabalho e elaborou a Consolidação das Leis Trabalhistas (CLT), sistematização do enorme conjunto de leis, decretos e normas trabalhistas avolumadas desordenadamente.

A política social de Vargas também visava neutralizar ações engendradas à luz da ideologia da luta de classes no meio sindical. Neutralização igualmente desejada pela hierarquia católica e pelo empresariado, setores que, anteriormente, se empenhavam no combate às influências de forças da esquerda junto aos trabalhadores via assistencialismo, operado em ações voltadas à sobrevivência e à saúde do trabalhador, por meio de obras de caridade cristã ou associações de socorro mútuo. Ambos os setores não demoraram em perceber a convergência de seus interesses com o governo Vargas.

O aval da Igreja ao governo Vargas era consoante ao modelo da neocristandade que, empregado na condução do catolicismo brasileiro pelo cardeal dom Leme desde os anos de 1920, procurava acercar-se do poder estatal na obtenção de privilégios ao processo de recatolização do Brasil, em reação ao liberalismo e ao comunismo na vida nacional. Em apoio a Vargas, o qual no início de seu governo provisório atendera a demandas próprias da Igreja, não sem interesse em ter o seu poder legitimado por esta, dom Leme cuidou para que a militância católica colaborasse com o governo. Colaboração que se deu tanto por meio do trabalho intelectual do Centro Dom Vital e de seu periódico *A Ordem*, ambos funcionando desde o início da década de

1920, quanto do da Ação Católica Brasileira (ACB) – fundada em 1935 e dedicada à formação intelectual, política e espiritual da militância católica e de suas atividades especializadas entre universitários, comerciários e operários – e dos Círculos Operários Católicos – associações de operários que, criadas a partir de 1932, promoviam assistência e auxílio mútuos aos trabalhadores. Apoio da hierarquia católica mantido mesmo com a decretação do Estado Novo, cuja forte repressão ao comunismo era vista como ação bastante benéfica à Igreja no Brasil[7].

Com participação ativa em conselhos, comissões e institutos oficiais ocupados em regular e fomentar setores da economia, criados desde 1930 e proliferados durante o Estado Novo, o empresariado endossava a política industrializante do governo Vargas e, ao mesmo tempo, conseguia defender interesses próprios da indústria e do comércio, ainda que, por vezes, a relação entre esses dois setores e o governo fosse perpassada por tensões pontuais, por exemplo, ante medidas oficiais de instituição do salário mínimo e a criação da Justiça do Trabalho. Na interseção entre as políticas industrializante e social, o governo Vargas cuidara da formação de mão de obra especializada, que, diminuta à época, era entendida como necessária para melhor racionalizar e qualificar a produção fabril, resultando no aumento da produtividade e no barateamento de produtos industriais, bem como na geração de mais emprego e em melhorias na condição de vida. Entendimento comungado por alguns empresários, em particular pela maior liderança dos industriais, Roberto Simonsen. Assim, em janeiro de 1942, Vargas decretou a criação do Serviço Nacional de Aprendizagem dos Industriários, que teve denominação alterada, antes do fim daquele ano, para Serviço Nacional de Aprendizagem Industrial (Senai), por incluir aprendizagem voltada aos setores de transporte, comunicação e pesca[8]. A instituição do Senai se deu por meio de entendimentos entre o governo Vargas e organismos de representação do empresariado industrial, ainda que não sem

---

7   Oscar Beozzo, "A Igreja entre a Revolução de 1930, o Estado Novo e a redemocratização", São Paulo: Difel, 1981, t. III, v. 10, pp. 24-36.

8   *Diário de Notícias*, Rio de Janeiro, 13 nov. 1942.

embate quanto à forma de operação daquele serviço social, em função da resistência dos empresários em custeá-lo, o que por fim e sob certa pressão do governo, se concretizou. Porém, não sem que este atendesse à demanda dos industriais de que aquele serviço de aprendizagem ficasse vinculado ao Ministério do Trabalho, Indústria e Comércio, e não ao Ministério da Educação e Saúde, como previsto originalmente.

Todavia, aquelas tensões não levaram ao rompimento do empresariado industrial e Vargas. Situação que ficou patente no discurso de Roberto Simonsen, proferido por ocasião da visita de Vargas à Fiesp, em janeiro de 1943. Nele, o líder dos industriais paulistas afirmava que o presidente aplicara "toda a força de seu governo não para impor diretrizes autoritárias ao trabalho nacional, mas para preparar as bases de uma pacificação social, de um grande e sadio entendimento entre as forças produtoras". E frisava que os "preceitos da ordem política" criados pelo presidente impediram no Brasil "infiltrações perigosas" que pudessem ter prejudicado ou aniquilado tantas outras nacionalidades. Ao reconhecer que as atividades industriais recebiam "carinho especial" do governo Vargas e a "esplêndida organização sindical" por ele instituída, salientava a confiança da indústria no governo varguista e reafirmava a disposição do setor em continuar cooperando com o presidente no desenvolvimento nacional. Por fim, enfatizava a criação do Senai como "legítimo padrão" daquela cooperação, além de caracterizar a sua legislação instituidora como "obra integralmente brasileira, modelar conciliação dos altos desígnios do governo com as realidades do trabalho"[9].

Mas a classe empresarial também procurava refletir, além do aparato corporativo estado-novista, direções que pudessem ser mais adequadas ao desenvolvimento nacional. Dinâmica tida como necessária em função tanto do quadro econômico estruturalmente desequilibrado, marcado por escassez de bens de capital e matéria-prima, quanto da situação de guerra mundial e da problemática político-financeira e de crédito, cujas soluções governamentais se revelavam ineficientes, tendo a necessidade de refletir acerca das possíveis

---

9   *Diário de Notícias*, Rio de Janeiro, 26 jan. 1943.

mudanças que adviriam ao cenário econômico pós-Segunda Guerra. Nesse sentido, empresários realizaram, no final de 1943, o I Congresso Brasileiro de Economia, organizado por Roberto Simonsen, presidido por João Daudt d'Oliveira, à época, presidente das Associações Comerciais do Brasil, e tendo como vice-presidente Euvaldo Lodi, então presidindo a Confederação Nacional da Indústria (CNI), na cidade do Rio de Janeiro. Com ampla participação de industriais e comerciantes, e restrita de agricultores, reunindo ainda banqueiros, economistas, funcionários do Estado, professores e técnicos, o evento foi concluído com a aprovação de mais de noventa teses. Em termos gerais, o Congresso preconizava um desenvolvimento mais nacional, tendo como motor a empresa privada e como eixo principal a industrialização, com considerável intervenção do Estado, mas assinalando que tal posicionamento não significava nenhum confronto com o capital estrangeiro[10].

No Congresso, foi apresentada a tese "Os lucros devem ser distribuídos entre os que contribuem para obtê-lo", de autoria de Ildefonso Albano[11], tendo ela ampla divulgação na imprensa carioca. Calcada no entendimento de que os lucros gerados a partir do capital inicial não eram fruto apenas da atuação do capitalista, a tese de Albano defendia que lucros advindos daquele fossem revertidos em favor do capital, da gerência e do operário, por meio de distribuição equitativa entre os três segmentos, mas assegurando ao capital inicial os juros devidos. O autor salientava que, a partir da Revolução Francesa, se instituíra no mundo "a crença na irrestrita liberdade econômica", cuja aplicação, no decorrer do tempo, via leis de vários governos, mesmo os mais democráticos, não resultara em nada mais exceto "na concentração da grande riqueza nas mãos de poucos e na miséria de muitos".

---

10 Francisco Corsi, "O I Congresso Brasileiro de Economia", *História Econômica & História de Empresas*, [s. l.], 2006, pp. 120-1.

11 Ildefonso Albano, à época, já tinha sido presidente da província do Ceará, deputado federal pelo mesmo estado e ex-diretor do Departamento de Indústria e Comércio do governo federal, além de desenvolver atividades como fabulista e jornalista, tendo sido destacado membro da Congregação Mariana carioca.

Tipo de liberdade que, afirmava Albano, se revelara um erro desde o século XIX, uma vez que "o capitalismo, reservando para si todo o lucro, não conseguira resolver o problema da miséria"; mas com a ressalva de que "o comunismo, em que o Estado dirige todos os meios de produção, não produzira com perfeição, dada a falta de concorrência". Ao considerar que o capitalista e a gerência nada produziam sozinhos e o operariado o fazia, visto que o uso de "seus instrumentos manuais produz qualidade, enquanto a máquina produz quantidade", e reconhecer que o operário, "apesar de ser o elemento essencial, mais indispensável à produção", era o que continuava sendo "o pior remunerado", a tese concluía que a participação nos lucros das empresas era um "direito indiscutível dos trabalhadores". E, por fim, o autor sugeria a constituição de uma comissão mista que, integrada por representantes do capital, do governo e do operariado, estudasse a conveniência e a forma de aplicação legal de sua tese, que, alegava, complementaria "a magnífica legislação social" de Vargas[12].

A tese de Ildefonso Albano, aprovada com dificuldades na seção em que foi apresentada, acabou recusada na votação final da plenária do I Congresso de Economia; mesmo o autor argumentando que a proposta "não era arrojada, mas apenas justa", ela não impedia os operários de reverter o montante dos lucros recebidos no avanço das empresas em que se empregavam e, em tom de alerta, poderia mesmo ser considerada conservadora pelos que sabiam o que "significava instinto de conservação"[13]. Mais tarde, Albano registraria, na sua coluna assinada em periódico católico, que a recusa de sua tese, "tão mal-recebida", se deveu ao fato de "os capitalistas dominarem as principais comissões técnicas do I Congresso Brasileiro de Economia"[14]. Atitude compreensível, uma vez que grassava entre muitos empresários a noção de que a legislação social do governo Vargas concedera benefícios suficientes ou

---

12 *Diário de Notícias*, Rio de Janeiro, 8 dez. 1943; *O Jornal*, Rio de Janeiro, 8 dez. 1943; *Jornal do Brasil*, Rio de Janeiro, 8 e 12 dez. 1943; *A Noite*, Rio de Janeiro, 9 dez. 1943.

13 *O Radical*, Rio de Janeiro, 9 dez. 1943.

14 *A Cruz*, Rio de Janeiro, 3 jun. 1945.

em demasia aos trabalhadores; logo, não precisava ser complementada, ainda mais com medida que entendiam como ameaça à acumulação de capital, julgada necessária ao avanço da indústria e, por extensão, do Brasil. O empresariado parecia ainda confiar no poder do Estado Novo em controlar ou contornar conflitos entre capital e trabalho.

Desde a entrada do Brasil na Segunda Guerra, em 1942, em defesa da democracia, e a crescente insatisfação de vários segmentos sociais com a censura e a repressão, o Estado Novo começaria a colher manifestações contrárias cada vez mais notórias. Período em que já eram antevistos o fim próximo da Segunda Guerra e uma consequente abertura do Brasil à democracia parlamentar representativa. Tudo isso levou Vargas, de um lado, a emprenhar-se na vinculação dos direitos trabalhistas à sua pessoa e governança, por meio de bem preparada e intensa propaganda oficial, via Ministério do Trabalho, sob o comando de Marcondes Filho[15], e, de outro, já em 1945, a estabelecer uma série de medidas preparatórias para o retorno da democracia – fim da censura, definição do prazo para eleições gerais e instituição de dispositivos eleitorais e organização dos partidos, além de acenar com a legalização do Partido Comunista Brasileiro (PCB); medida efetivada em outubro de 1945, passando o PCB a atuar ao lado dos então recém-criados e grandes Partido Social Democrático (PSD), União Democrática Nacional (UDN) e Partido Trabalhista Brasileiro (PTB), além de tantos outros partidos menores, inclusive, o Partido Democrata Cristão (PDC).

Dentro desse quadro político e com o fim da guerra na Europa, a participação dos empregados nos lucros das empresas passaria a ser defendida pela hierarquia católica como uma das propostas para a reforma social brasileira que se faria necessária com a chegada dos novos tempos. Em 22 de maio de 1945, a Igreja tornava público o Manifesto do Episcopado do Brasil, assinado por dom Jaime Câmara, então apenas arcebispo do Rio de Janeiro. O documento marcava, de certa forma, uma inflexão do apoio da Igreja a Vargas, dados o desconforto e a preocupação da hierarquia

---

15 Adalberto Paranhos, *O roubo da fala: origens da ideologia do trabalhismo no Brasil*, São Paulo: Boitempo, 2007, pp. 81-118.

católica com o abrandamento da repressão oficial à militância comunista. Ademais, o manifesto ressonava, em menor intensidade, posicionamento contrário de setores mais intelectualizados da militância católica à manutenção do apoio da Igreja à ditadura varguista. Esse sentimento emergiu em parte dos integrantes da ACB e do Centro Dom Vital ao entrar em contato, na primeira metade da década de 1940, com o pensamento reformista e democrático do filósofo católico francês Jacques Maritain, difundido graças ao trabalho de Alceu Amoroso Lima, que, à frente daqueles dois círculos católicos, deixou para trás a defesa do catolicismo conservador. A partir daqueles círculos e sob a inspiração do pensamento de Maritain, organizou-se autêntica, porém, pequena e paulista militância da Democracia Cristã que, denominada inicialmente Vanguarda Democrática, ingressaria na vida partidária em 1949, no anteriormente fundado PDC, tornando este definitivamente no polo nacional defensor da participação dos trabalhadores nos lucros e na direção das empresas[16].

Constituído numa pastoral aos católicos, o Manifesto do Episcopado, após posicionar a Igreja acima das disputas partidárias, mas externando preferência pela democracia, considerava caber aos cristãos, e não à Igreja, decidir qual o melhor sistema econômico à plena realização do bem comum, desde que defendesse remuneração justa como direito do trabalho, garantia aos trabalhadores "para se porem a salvo da miséria" e lhes permitir "a alegria de viver e a serenidade da alma". Evocava a responsabilidade das indústrias para com tal bem-estar, lembrando-as de não ser "apenas o capital empregado que lhes permitia prosperar, mas, também, o trabalho de seus operários". E interpelava: "Não seria, pois, razoável que operários tivessem, além do justo salário, qualquer distribuição ou participação proporcional nos lucros das mesmas?". Em nota de rodapé, explicava a interpelação em função de a proposta "não descer a critérios técnicos de percentagem, tempo e modo" e ser um "apelo ao senso social dos empregadores e

---

[16] Os projetos de políticos democratas cristãos sobre participação dos empregados nos lucros e na direção das empresas são focalizados, detalhados e analisados em Áureo Busetto (*op. cit.*, pp. 239-54).

um incentivo ao que muitos deles já faziam por iniciativa particular". E seguia pregando que a remuneração ao trabalho tinha de "proporcionar o acesso à propriedade particular de bens móveis e imóveis, quanto possível, a todo operário"; tipo de propriedade definida como direito natural da pessoa humana e garantia da liberdade, sempre em observância às "limitações sociais que a exigência do bem comum impusesse". Por fim, preconizava, com certo arrojo, quando comparado a posições anteriores da Igreja brasileira, "a dignificação do trabalho e a sua participação, tanto nos conselhos da administração pública e particular como nos benefícios gerais da cultura e vida social", expandidas não "só a todos os trabalhadores urbanos, como também às populações rurais", visto serem estas "as mais desamparadas e pouco atendidas pelas leis sociais"[17] – aliás segmento social não incluso na política social-trabalhista de Vargas, assim como a de categorias profissionais ocupadas com serviços domésticos. A compreensão da hierarquia católica, que com o fim da guerra e a volta da democracia no Brasil intensificaria a disputa ideológica pela adesão das camadas sociais populares, sobretudo na concorrência com o comunismo, pesara para que ela assumisse os pontos mais contundentemente reformistas da *Rerum novarum* e de *Quadragesimo anno*. Enfim, a ideia era manter a Igreja como polo de atração das classes trabalhadoras diante de sua reorganização em tempos de democracia. Mas o Manifesto deixa claro o anseio da hierarquia católica de que aquelas iniciativas reformistas partissem dos empresários, agindo em comunhão com os trabalhadores.

Ainda em maio de 1945, empresários do comércio, da indústria e da agricultura, objetivando colaborar com o governo na elaboração de um planejamento da economia nacional então em crise, realizaram em Teresópolis a I Conferência Nacional das Classes Produtoras, presidida por João Daudt d'Oliveira. As conclusões do evento foram reunidas na Carta Econômica de Teresópolis. Nela, o empresariado, ao lado da defesa da democracia política e econômica, firmava o princípio da liberdade e do primado da iniciativa privada, mas admitia certa

---

17 "Manifesto do Episcopado do Brasil", *A Ordem*, pp. 79-83, jun. 1945.

interferência do Estado, tanto como estímulo quanto como ação supletiva. Recomendava o desenvolvimento harmônico de todas as regiões brasileiras, oferecimento de iguais oportunidades a todos os indivíduos, avanço quantitativo e qualitativo da produção, com aproveitamento e defesa racional dos recursos naturais do país, estabilidade econômica, simplificação da administração pública e garantia de salário que permitisse dignas condições de vida ao homem da cidade e ao do campo. Estimava alcançar, com o proposto planejamento da economia, entre outros objetivos, a eliminação do pauperismo da população brasileira via ação conjunta entre Estado e iniciativa privada, e o estabelecimento da justiça social como meio de eliminação de conflitos entre empregadores e empregados, da troca recíproca de responsabilidades e de melhor distribuição de riquezas[18]. Sem dúvida, a Carta de Teresópolis englobava, de um lado, argumentos técnico-econômicos, de outro, ainda que sem menção direta, alguns pontos reformistas da Doutrina Social Católica e mesmo da Democracia Cristã, inclusive consonantes à definição desta corrente sobre a atuação do Estado. Ao contrário de ambas, no entanto, a carta não propunha a participação dos trabalhadores nos lucros, na administração das empresas nem na elaboração de planejamento do Estado, esta última fortemente defendida pela Democracia Cristã.

O empresariado contemplaria a participação nos lucros somente em outro documento, extensão da Carta de Teresópolis, denominado Carta da Paz Social, tornado público em 10 de janeiro de 1946 por João Daudt d'Oliveira em discurso na ocasião da posse da diretoria da então recém-criada Confederação Nacional do Comércio (CNC). A cerimônia foi transmitida pela Rádio Nacional e pela Rádio Roquette-Pinto, sob comando do Ministério da Educação e Saúde[19], com ampla cobertura pela imprensa carioca. Ainda durante o evento, o ministro do Trabalho leu os decretos-leis nº 8.621 e nº 8.622, os quais, assinados naquele mesmo dia, estabeleciam, respectivamente, o Senac e os direitos e deveres de comerciantes e comerciários. Os empresários do comércio tinham

---

18 *A Manhã*, Rio de Janeiro, 20 maio 1945.
19 *Correio da Manhã*, Rio de Janeiro, 11 jan. 1946.

atendida a demanda por um serviço nacional de educação comercial que, correlato ao Senai, era demandado desde a Conferência de Teresópolis. Quando da divulgação da Carta da Paz Social, fazia três meses que Vargas havia sido deposto por lideranças militares que, em consonância com setores civis, vislumbraram sua maior aproximação aos trabalhadores como manobra para manter-se no poder. Os sindicatos promoviam greves contra a defasagem salarial, decorrente da falta de reajustes reais do salário mínimo ante a carestia de vida, e contra o descumprimento oficial de leis trabalhistas, a partir da entrada do Brasil na guerra[20]. Ademais, já tendo ocorrido a eleição presidencial, a posse do general Dutra à presidência da República se daria em breve, assim como a instalação da Assembleia Constituinte. A candidatura presidencial lançada pelo PCB obtivera 10% dos votos, e o partido elegera vários deputados constituintes, resultado que deixara alarmados empresariado, políticos conservadores, a Igreja e mesmo as Forças Armadas, receosos com possível potencialização do comunismo entre as classes trabalhadoras. Essas, então, incluídas no jogo político-eleitoral, passaram a ter relevância na ascensão de grupos e/ou políticos ao poder.

Na Carta da Paz Social, os empresários preconizavam a participação dos trabalhadores nos lucros das empresas via criação de um fundo social. Este deveria ser aplicado em obras e serviços que beneficiassem todas as categorias de empregados e a assistência social em geral, atribuições a serem repartidas com os institutos assistenciais existentes. E pautar-se pelo objetivo "de promover a execução de medidas que não apenas visassem melhorar continuamente o nível de vida dos empregados, como também lhes facilitassem os meios de aperfeiçoamento cultural e profissional". Seria constituído por uma contribuição de cada empresa (agrícola, industrial e comercial, ou de outra natureza), "retirada dos lucros líquidos de seu balanço levantado nas condições prescritas pela legislação do imposto sobre a renda", cuja forma de arrecadação e cujas percentagens anuais deveriam ser "fixadas de modo

---

20 Barbara Weinstein, *(Re)formação da classe trabalhadora no Brasil, 1920-1964*, São Paulo: Cortez, 2000, pp.123-33.

a atender às necessidades do plano assistencial". Organizado e administrado "da maneira mais apropriada e eficiente, de acordo com a experiência", fosse internamente às empresas ou de um agrupamento delas, fosse "por meio de comissões mistas locais, compostas de representantes de empregadores e empregados, sendo preferível, sempre que possível, destinar aos trabalhadores e empregados os benefícios sociais correspondentes à cota dos lucros da empresa a que pertencem". A forma de administração do fundo deveria ser decidida mediante "consultas aos empregadores e empregados, de maneira a melhor atender aos anseios gerais"[21]. Enfim, o empresariado assumira a participação dos trabalhadores nos lucros como uma ação social da classe, contudo, optando por promovê-la de forma indireta. Não deixa de chamar a atenção que o documento do empresariado, apesar de seu título, não contemple nenhuma menção à Doutrina Social Católica nos termos do que as célebres encíclicas de Leão XIII e Pio XI pregavam sobre a paz social, bem como a defesa que *Quadragesimo anno* fazia à participação dos trabalhadores nos lucros das empresas.

Não por acaso, Daudt d'Oliveira ocuparia parte de seu discurso naquela cerimônia da CNC para justificar a adoção da forma indireta de participação nos lucros. Reconhecia, a princípio, que se acentuava, havia muito, "um movimento em favor da distribuição dos lucros das empresas entre os seus empregados", e que diversos empresários já a praticavam, "generalizando o costume da gratificação anual". Historiava que aquela distribuição era adotada desde o século XIX na Europa e nos Estados Unidos, fosse por motivos sociais, fosse, principalmente, para estímulo ao aumento e ao aperfeiçoamento da produção. Acrescia que "várias formas de distribuição" tinham sido "ensaiadas na França, na Alemanha e nos Estado Unidos", sempre com base "na distribuição direta, entre patrões e empregados, ora em proporção por salário, ora em atenção às categorias de serviços, ora pela contagem de pontos de antiguidade e de assiduidade", servindo, ao mesmo tempo, "à poupança do material e à defesa contra reclamações de

---

21 *O Globo*, Rio de Janeiro, 11 jan. 1946.

remuneração baixa". Ressalvava que, entretanto, todas aquelas iniciativas "terminaram abandonadas por conta de seus resultados não corresponderem às esperanças". Asseverava que os empresários brasileiros adotavam "a fórmula da partilha indireta, na forma de benefícios sociais", pelo entendimento de ser "a mais eficiente distribuição anual dos lucros para as condições do Brasil", permitindo ao "trabalhador receber sua parte no lucro da empresa a que servisse em realizações que, possíveis de se concretizarem somente mediante a soma de todo o montante distribuído, melhorariam significativamente seu conforto e lhe propiciariam cultura e diversões úteis", então "fora do alcance de suas possibilidades". E exemplificava afirmando que a forma de distribuição dos lucros adotada, de um lado, se materializaria na construção de "muitas casas higiênicas, hospitais, creches, colônias de férias, postos médicos e parques para uso dos empregados e suas famílias" e, de outro, mudaria o seu "padrão sanitário, integrando-o nas satisfações da vida moderna"[22].

Durante parte do ano de 1946, a participação dos trabalhadores nos lucros das empresas ganhou amplitude na arena política por conta de sua discussão nos trabalhos da Assembleia Constituinte. Após celeumas acerca da matéria, sempre reverberadas na imprensa[23], a Constituição de 1946, promulgada em 18 de setembro daquele ano, estabeleceu no inciso IV do seu artigo 157: "Participação obrigatória e direta do trabalhador nos lucros da empresa, nos termos e pela forma que a lei determinar". A obrigatoriedade e a forma direta da participação dos trabalhadores nos lucros das empresas passavam a ser preceito constitucional, contudo, carente de legislação regular para sua efetivação. Aliás, assim permaneceu durante toda a vigência da Carta de 1946, embora um projeto para tanto tenha sido apresentado à Câmara Federal logo depois de sua promulgação e muitos outros, de autoria

---

22 *O Jornal*, Rio de Janeiro, 11 jan. 1946; *Correio da Manhã*, Rio de Janeiro, 15 jan. 1946; *O Estado de S. Paulo*, São Paulo, 15 jan. 1946.

23 Conforme pode ser constatado na consulta a edições de *O Jornal*, *Jornal do Brasil*, *Correio da Manhã*, *Diário de Notícias* e *O Globo*, publicadas entre abril e setembro de 1946.

de políticos democratas cristãos, fossem encaminhados entre os anos de 1950 e 1964. De qualquer forma, o preceito constitucional quando de sua votação obteve quase unanimidade junto aos constituintes, apenas a bancada do PCB votou contrariamente. O líder comunista, Luís Carlos Prestes, alegaria depois que "a participação dos trabalhadores nos lucros das empresas sem que os empregados fiscalizassem a escrita das mesmas levaria a um ludíbrio dos empregados"[24].

Se, de um lado, os empresários tinham formado opinião a favor da participação nos lucros meses antes que ela fosse estabelecida como preceito constitucional, de outro, procuraram rapidamente concretizar medidas calcadas na forma indireta de participação, talvez por preverem que a forma direta viesse a constar na Constituição. Porém, elas foram tomadas não via criação do Fundo Social projetado na Carta da Paz Social, inviabilizado por conta da desorganização do setor agrário, mas pela instituição de serviços sociais aos trabalhadores da indústria e do comércio. Assim, os empresários levaram a Carta da Paz Social ao governo Dutra e, mediante gestões deles junto a este, conseguiram a instituição do Sesi, pelo Decreto-Lei nº 9.043, de 25 de junho de 1946, e a do Sesc, pelo Decreto-Lei nº 9.853, de 13 de setembro de 1946; ambos financiados, tal como o Senai e o Senac, por arrecadação de uma taxa percentual cobrada dos empresários sobre o montante da remuneração paga aos empregados. E fora a partir das primeiras providências de organização daqueles dois serviços que o discurso dos líderes do empresariado passou a explicitar a base cristã de suas ações em prol da participação dos empregados nos lucros. Tratava-se de recurso do empresariado para buscar legitimar socialmente a participação dos trabalhadores nos lucros pela via indireta, materializada no Sesi e no Sesc, englobando o anteriormente bem constituído Senai e o então recém-instituído Senac. Assim, visando atenuar críticas de outros setores produtivos ou forças partidárias que, ainda que formuladas de maneira indireta, tomavam aqueles serviços de aprendizagem profissional e atendimento social um tratamento privilegiado do governo

---

24 *Diário Carioca*, Rio de Janeiro, 12 out. 1947.

Dutra à indústria e ao comércio. Ademais, lideranças da indústria e do comércio não deixaram a base cristã do Sesi e do Sesc apenas no campo do discurso, pois buscaram a colaboração de círculos católicos para a organização daqueles dois serviços sociais.

Estratégia de aproximação entre empresários e a Igreja que dom Jaime Câmara, já empossado cardeal, deixaria transparecer que estivesse em curso durante os trabalhos da Constituinte. Na ocasião, o cardeal manifestaria consideração, em entrevista à imprensa, a respeito da forma de aplicar a participação dos trabalhadores nos lucros das empresas. Enfatizava que aquela "participação era prevista havia tempos, em documentos pontifícios amplamente divulgados", sendo, portanto, uma orientação superior da Igreja. Detalhava que a aplicação da participação nos lucros poderia ocorrer de duas maneiras: ou o empregado receberia o dinheiro que lhe cabia, ou receberia indiretamente, por meio de serviços de assistência social. Fazia a ressalva de que o "operário brasileiro não estava devidamente preparado para aquele tipo de participação [direta]" e que o estabelecimento dela não poderia se encerrar sob o prisma nacional, devendo, antes, ser considerado sob a perspectiva de necessidades regionais. Defendia ser imprescindível que a participação nos lucros fosse aplicada em todo o território brasileiro, alertando que, sendo o Brasil bastante diverso, não se poderia "estabelecer uma situação única", além do que "o operário do campo tinha formação muito diferente da do trabalhador da cidade". Por fim, concluía que era preciso "uma fórmula prática para cada região do país"[25]. Sem dúvida, tratava-se de um aval importante da Igreja à forma de participação dos lucros adotada pelos empresários da indústria e comércio.

Na cerimônia de posse do Conselho Consultivo do Sesi realizada na Fiesp em agosto de 1946, Roberto Simonsen, em longo discurso, salientava que aquele serviço social era "obra sem par", traduzindo "os superiores propósitos dos industriais, em perfeita consonância com o progresso social do governo e o espírito de serviço que,

---

25 *Correio da Manhã*, Rio de Janeiro, 17 jul. 1946; *O Globo*, Rio de Janeiro, 17 jul. 1946.

tão recomendado pela filosofia cristã", dava à riqueza caráter "de função pública de soerguimento do conforto e bem-estar dos trabalhadores". E sua atuação revelaria "não haver clima propício à penetração insidiosa da luta de classes", uma vez que "patrões e empregados, através do Sesi, se empenhariam, em esforço comum, na consecução de um novo regime de vida, com a mais ampla e equitativa distribuição das riquezas ao proletário". Ao destacar a "missão educacional" do Sesi, julgada necessária à "complementação da educação técnico-profissional do Senai", Simonsen caracterizava aquele serviço social como um instrumento para a "plena formação cívica do trabalhador e vulgarização da cultura, de propulsão de valores culturais nos meios proletários", fornecedor de "uma fisionomia cristã e brasileira à formação cultural dos operários". Acrescentava que o Sesi, cooperando com "as forças educativas do Estado", ocupadas com "mera educação formal" e sem atingir "profundamente as classes trabalhadoras", se constituiria, no mundo fabril, como "órgão de concórdia pela mútua compreensão e pelos laços afins de contato entre empregados e empregadores", levando-os a reconhecer que, "acima das diferenciações funcionais impostas pela sociedade à sua sobrevivência e ao seu progresso", todos eram "irmãos no culto votivo ao mesmo Deus, à mesma bandeira, história pátria, ética social e familiar e com consciência do mesmo destino e esforço para trabalho comum de engrandecimento do país". E vaticinava que, com o desdobramento das finalidades do Sesi, se revelaria a coincidência de seus desígnios com o anseio de paz social propugnado pela Igreja Católica, bem como os técnicos verificariam que, mesmo admitindo a assistência social como benéfica à produção, "a melhoria das condições de trabalho e a dignificação do homem reclamam medidas coincidentes às que a filosofia social da Igreja recomendava sob a égide da caridade", defendida desde "quando o mundo ainda não compreendia ser obrigação generalizada praticar a justiça social".

Paralelismo de propósitos que, afirmava Simonsen, levara os empresários a buscar a colaboração da Igreja, cujas "experiências e realizações praticadas pela sua ação social seriam benéficas à organização do Sesi". Daí ele informar que, além da ajuda de outros organismos sociais e universitários, alguns atuando em sintonia ou ligados à Igreja, a organização do Sesi contaria com a colaboração dos Círculos Operários Católicos, da ACB e da Juventude Universitária Católica (JUC) para realizar cursos intensivos para formar assistentes sociais, educadores sociais, orientadores sindicais e funcionários de várias categorias. Presente àquela cerimônia na sede da Fiesp, dom Carlos Motta, cardeal e arcebispo de São Paulo, fornecia o aval da hierarquia católica ao Sesi, proferindo: "Sem justiça social não é possível democracia cristã, e sem democracia cristã não teremos ambiente para viver, ambiente digno de cidadãos. Pois bem, esta cruzada de socialização [organização do Sesi], mas de uma socialização cristã, iniciamos neste instante"[26].

Aquele discurso de Simonsen serviria de base para os de outras lideranças dos industriais, como Euvaldo Lodi, presidente da CNI. Em discurso proferido na sede dessa entidade, Lodi afirmara que os estudos promovidos por técnicos do Sesi comprovavam total convergência das então novas e científicas bases do trabalho do assistente social, tal como demandado por aquele serviço social, às práticas assistenciais da Igreja. Aliás, isso foi dito no mesmo evento em que Simonsen fez seu último pronunciamento em público (dado que faleceria pouco depois), quando declarou: "Se pudesse sintetizar numa frase única as largas finalidades do Sesi, diria que ele visa, principalmente, corrigir sob a égide dos ensinamentos cristãos os desajustamentos sociais que ferem o operário brasileiro, tendo eles origem em causas de ordem material, moral e espiritual"[27].

João Daudt d'Oliveira ao tratar do Sesc tecia argumentos na mesma direção que os das lideranças da indústria, fossem em pronunciamentos à imprensa, fossem em discursos em cerimônias diversas ou eventos de reunião de classe, como o do estabelecimento da Confederação Nacional dos Trabalhadores no Comércio (CNTI), ocorrido no final de 1946, o da II Semana do Serviço Patronal, organizado pela

---

26 *O Estado de S. Paulo*, São Paulo, 27 ago. 1946; *Correio da Manhã*, Rio de Janeiro, 28 jul. 1946.

27 *A Cruz*, Rio de Janeiro, 11 abr. 1948; *A União*, Rio de Janeiro, 2 maio 1946.

Arquidiocese do Rio de Janeiro, em fins de 1947, ou mesmo o da II Conferência das Classes Produtoras, realizado em Araxá, em agosto de 1949. De maneira geral, Daudt d'Oliveira demarcava a formação do Sesc, assim como do Senac, resultado direto das tomadas de posição expressas na Carta Econômica de Teresópolis e na Carta da Paz Social, sempre enfatizando o propósito de seus signatários em promover "um entendimento definitivo entre capital e trabalho no Brasil", o qual era "nitidamente inspirado nos ensinamentos de Leão XIII". Acrescia que se encontravam naqueles dois documentos "os grandes princípios da *Rerum novarum* adaptados, no tempo e no espaço, às realidades da vida brasileira", uma vez que o Sesc, além "de prestar assistência social multiforme aos trabalhadores do comércio", se ocupava com a "elevação do nível cultural e social dos comerciários e suas famílias". E asseverava que a organização do Sesc não se dera "apenas para que os empresários exercitassem meramente a filantropia, mas para exercitarem um verdadeiro serviço social", ainda que fosse evidente que todos devessem se inspirar "no amor ao próximo, na solidariedade cristã", os únicos sentimentos a fornecer "autenticidade e força à verdadeira filantropia e serviço social". E, ao final, concluía que os comerciantes, ao constituírem aquele serviço social, não "se moveram num ato isolado de filantropia, mas numa atitude sistemática de combate aos males que retardam o progresso do povo brasileiro".

No âmbito das lideranças empresariais, Daudt d'Oliveira era o mais enfático, se não o único, em investir, ao lado da argumentação da base cristã, um tom político para tratar das iniciativas dos comerciantes na criação do Senac e do Sesc. Nessa direção, o líder do comércio destacava que a participação dos lucros era posição firmada junto aos empresários antes de ela se tornar preceito constitucional, procurando, assim, caracterizar a desnecessária obrigação constitucional para aquela classe aceitar e, mais ainda, agir na efetivação daquele tipo de participação, dada sua consciência cristã e social. E procurava contrapor as iniciativas dos comerciantes em criar o Senac e o Sesc, assim como a dos industriais na formação do Senai e do Sesi, à política social do governo Vargas que, a fim e a cabo, serviria apenas para substanciar o personalismo do político; embora nunca utilizasse tal denominação ou o nome do ex-presidente/ditador. Nesta direção, chegou a afirmar: "[...] no Brasil após 1930, somente havia ocorrido uma codificação de leis trabalhistas, sem que resultasse na efetivação da harmonia social entre as classes produtoras e os trabalhadores"; complementando que os empresários, ao contrário daquele governo, "se moviam por meio de iniciativas concretas no âmbito do serviço social dos trabalhadores". E dava a nota para despersonalizar a legislação trabalhista da figura de Vargas: "Não foram as leis trabalhistas frutos da generosidade de um homem disposto a repartir com os trabalhadores sua bondade paternal, mas, sim, o empenho de todos para que se tornassem realidade"[28].

Em termos de trabalho conjunto com a Igreja, o Sesc do Rio de Janeiro, com o incentivo de Daudt d'Oliveira, desenvolveu várias atividades conjuntas com a Ação Social Arquidiocesana (ASA), pastoral criada pelo cardeal dom Jaime Câmara no início de 1947. Assim, foram desenvolvidos projetos de alfabetização de adultos, de assistência médica, programa de profilaxia, além de haver verbas para programas sociais tocados pela iniciativa daquele organismo católico carioca. O Sesc também colaborou com o Serviço Patronal integrado à ASA e não deixou de aderir à campanha "Eu vos dou a minha paz", que, conduzida por aquele organismo católico e comandada por dom Jaime Câmara, procurava organizar os católicos contra o comunismo, tendo entre um dos seus motes: "Não é somente o mal que pode se organizar". Essa atuação Sesc/RJ-ASA acabava rendendo matérias nos jornais católicos *A Cruz* e *A União*, que, ao noticiarem sobre os trabalhos e as realizações daquela unidade, procuravam defini-los, direta ou indiretamente, como de base cristã; material que muitas vezes era publicado na mesma edição a ostentar grandes propagandas do Sesc/RJ[29]. De qualquer forma, o Sesc carioca,

---

28 *O Jornal*, Rio de Janeiro, 12 set. 1946, 31 ago. 1949; *Correio da Manhã*, Rio de Janeiro, 20 nov. 1946; *Jornal do Brasil*, Rio de Janeiro, 22 nov. 1946, 31 maio 1947, 26 nov. 1947; *A Noite*, Rio de Janeiro, 29 mar. 1948, 16 maio 1948.

29 Conforme consulta a edições de ambos os jornais, publicadas entre 1 out. 1947 e 31 dez. 1949.

assim como o paulistano, já tinha muitos números e algumas conquistas para apresentar à sociedade quando do seu segundo ano de operação, e já começava a se movimentar em torno de projetos de cunho cultural, como balé, coro e concerto sinfônico, com apresentações no Theatro Municipal do Rio de Janeiro e no de São Paulo. Ademais, produzia e veiculava o programa *Hora do Comerciário* pela Rádio Tupi, com transmissões nas tardes de sábado[30]; muito provavelmente mais ao gosto da maioria dos comerciários, já que, além da facilidade de acesso, ofereciam conteúdos ao gosto popular, quando comparados à encenação de balés e execução de música erudita, além de repercutir entre outras categorias profissionais ao sintonizar o programa.

De uma maneira ou de outra, João Daudt d'Oliveira, ao investir um tom político a seus argumentos para legitimar a participação indireta dos trabalhadores nos lucros das empresas e a sua concretização via formação do Sesc e do Senac, assim como em seus congêneres da indústria, talvez tivesse claro ou intuísse que aliar argumentos técnico-econômicos, como expressados na Carta de Teresópolis, aos da ordem cristã, como se procurava acentuar na leitura da Carta da Paz Social, não seria suficiente para resguardar aquelas iniciativas em formação profissional e serviço social da agitação e dos diversos interesses da vida político-partidária. Esta pontuada por suspeições de lideranças sindicais e partidárias, notadamente comunistas, socialistas e trabalhistas, acerca de iniciativas autopropelidas como supraclassistas e apartidárias que viessem reunir e/ou servir às classes trabalhadoras. Aliás, suspeições que Sesc e Sesi começavam, tanto quanto o Senai e Sesi, a considerar em sua pauta de preocupações. Afinal, na Câmara dos Deputados era aberta uma comissão de inquérito para esclarecimento da natureza jurídica "do sistema Senai, Sesi, Senac, Sesc", bem como da fiscalização sobre a arrecadação das verbas e o emprego dessas por aqueles organismos. E mesmo o governo Dutra indicava disposição de instalar inquérito, via Ministério do Trabalho, para averiguação de semelhantes assuntos, em meio a denúncias oficiais de desvios de verbas daqueles organismos da indústria e do comércio, quer

---

30 *O Jornal*, Rio de Janeiro, 7 abr. 1948.

servindo a "sinecuras", quer a enormes gastos com publicidade direcionados a apenas alguns órgãos da imprensa. Ainda que sem concretizar tal intento, o governo prometia propositura de lei que viesse encampar os quatro organismos aos Institutos de Aposentadoria e Pensões das suas respectivas categorias profissionais, por acreditar que se tratava de superposição de funções e que poderia ser mais facilmente fiscalizado o uso correto das suas arrecadações. Ademais, no Legislativo Federal transcorria a discussão do primeiro projeto lei que objetivava regulamentar o preceito constitucional da participação dos trabalhadores nos lucros das empresas, isto é, na forma direta, repondo na ordem do dia certo debate sobre o assunto. E mesmo o udenista carioca Carlos Lacerda se colocaria contrário à forma de estruturação e funcionamento do Senai, Sesi, Senac e Sesc, sem deixar de emanar discurso que, banhado em interesse político pessoal, procurava intrigar ainda mais a militância comunista contra aquele sistema[31]. Enfim, para além de os empresários do comércio ostentarem as realizações do Sesc e do Sesi, se fazia necessário que eles, aos moldes do que iniciara João Daudt d'Oliveira, pensassem politicamente, tanto para manter as suas entidades de ensino profissional e de serviço social a salvo de especulações político-partidárias interessadas quanto a posicioná-las a serviço do que entendiam e defendiam ser a paz social.

Bibliografia

A CRUZ. Rio de Janeiro: 1945-1948.
A MANHÃ. Rio de Janeiro: 1945.
A NOITE. Rio de Janeiro: 1943-1948.
A UNIÃO. Rio de Janeiro: 1946

---

31 Fatos noticiados nas edições de *Diário de Notícias*, *Jornal do Brasil*, *A Manhã*, *Correio da Manhã*, *Diário da Noite*, *O Globo* e *A Cruz*, publicadas entre janeiro de 1947 e outubro de 1948.

BEOZZO, Oscar. "A Igreja entre a Revolução de 1930, o Estado Novo e a redemocratização". Em: FAUSTO, Boris (org.). *História geral da civilização brasileira*. São Paulo: Difel, 1981.

BUSETTO, Áureo. *A democracia cristã no Brasil*. São Paulo: Editora Unesp, 2002.

CORREIO da Manhã. Rio de Janeiro: 1946

CORSI, Francisco. "O I Congresso Brasileiro de Economia". *História Econômica & História de Empresas*. [s. l.]: 2006, v. 9, n. 2.

DIÁRIO Carioca. Rio de Janeiro: 1947.

DIÁRIO de Notícias. Rio de Janeiro: 1942-1943.

ENCÍCLICAS dos sumos pontífices. São Paulo: Brasil Editora, 1961.

JORNAL do Brasil. Rio de Janeiro: 1943-1948.

LETAMENDIA, Pierre. *La démocratie chrétienne*. Paris: PUF, 1977.

"MANIFESTO do Episcopado do Brasil". *A Ordem*. Rio de Janeiro: 1945, pp. 79-83.

MAYEUR, Jean-Marie. *Des partis catholiques à la démocratie chrétienne, XIX-XX siècles*. Paris: Armand Colin, 1980.

O ESTADO de S. Paulo. São Paulo: 1946.

O GLOBO. Rio de Janeiro: 1946-1964.

O JORNAL. Rio de Janeiro: 1943-1949.

O RADICAL. Rio de Janeiro: 1943.

PARANHOS, Adalberto. *O roubo da fala: origens da ideologia do trabalhismo no Brasil*. 2. ed. São Paulo: Boitempo, 2007.

WEINSTEIN, Barbara. *(Re)formação da classe trabalhadora no Brasil, 1920-1964*. São Paulo: Cortez, 2000.

7.

O PROTAGONISMO DAS "CLASSES PRODUTORAS" NA FORMATAÇÃO DO SERVIÇO SOCIAL BRASILEIRO

Walderez Loureiro Miguel[1]

Introdução

Procura-se conhecer as influências ideológicas sobre o ofício de serviço social no Brasil no processo de formulação de seu projeto social. Como uma instituição da sociedade civil e como instituição em nível simbólico, ao situá-la como elemento que participa do processo de internalização da ideologia do grupo profissional específico, o assistente social.

Essa premissa se relaciona a uma outra, que é a visão dessa escola numa determinada sociedade de classes[2], no caso a sociedade capitalista brasileira, quando se inaugura a primeira escola de serviço social (1936).

Inicialmente, caracterizam-se, no processo histórico brasileiro, os elementos significativos que indicam a institucionalização do

---

1   Doutora em História Social pela Universidade de São Paulo.
2   Segundo Miriam Limoeiro, o conceito de sociedade de classes constitui-se na relação subordinação/dominação que a perpassa. "Formadas pela dupla via da produção material e da produção ideológica, a relação que entre elas se estabelece, que não é [...] de interdependência, também é exercida através [sic] tanto da produção quanto da ideologia, embora sob formas diversas. [...] a ideologia dentro da formação social e em vinculação com as relações entre as classes sociais. Eliminando-se qualquer destas relações, elimina-se a possibilidade de entender a ideologia e a sua influência na formação, na manutenção e na transformação da sociedade" (cf. Miriam Limoeiro Cardoso, *Ideologia do desenvolvimento: Brasil, JK-JQ*, São Paulo, Paz & Terra, p. 59).

serviço social ou, precisamente, o aparecimento da primeira escola em São Paulo, seis anos após a Revolução de 1930.

Às vésperas do Estado Novo (1937-1945), "[...] o serviço social penetrou no Brasil com a instalação da primeira escola de serviço social, fundada [...] em 1936, pelo Centro de Estudos e Ação Social (Ceas) que dava assim cumprimento a uma de suas primeiras finalidades: difundir e intensificar a formação e ação social, católicas"[3].

O Estado Novo e as instituições, escola e Ceas, são elementos que falam da sociedade política e da sociedade civil, que por sua vez compõem a superestrutura ou estrutura ideológica, segundo os conceitos gramscianos.

Procurar as articulações entre as sociedades política e civil constitui uma maneira de apreender a realidade que se quer estudar, sem deixar, contudo, de abordar as determinações que acorrem a partir da infraestrutura ou estrutura econômica que perpassa a sociedade em seu todo.

O presente artigo fundamenta-se numa análise ideológica, por meio das influências sofridas pelo serviço social brasileiro. De um lado, a europeia, pela Igreja católica. De outro, a interferência norte-americana, num contexto de crise do Estado brasileiro, e neste o papel que as "classes produtoras" desempenharam na política socioeconômica do país e na formatação do serviço social.

O serviço social brasileiro e as conotações ideológicas de sua história

A sociedade brasileira na Primeira República pode ser vista como uma organização social cujos interesses são definidos pelo setor agrário-exportador, centrado na produção do café, representado pela burguesia paulista e parte da mineira. Caracterização que pode ser ampliada pela falta "de uma luta nítida no interior da burguesia, entre o setor agrário

---

[3] Odila Cintra Ferreira, *Resumo das origens do serviço social no Brasil*, São Paulo: [s. n.], 1959, p. 1. Focaliza a interferência do pensamento católico.

e o industrial, pela fraca integração nacional [...], pelo caráter secundário das oposições de classe [...]. Os grandes conflitos operários, como a greve geral de 1917, não chegaram a abalar os fundamentos do poder"[4].

O período que antecedeu a Revolução de 1930 indica que a Aliança Liberal foi um movimento político que refletia o sistema social vigente. Seu advento decorreu de um acordo entre estados (Minas Gerais, Rio Grande do Sul e Paraíba) cujos interesses não estavam diretamente vinculados ao café. Não foi um partido, mas uma aliança de oposições estaduais. A reforma política foi o centro de suas preocupações. Não foi um grupo revolucionário, mas um instrumento de pressão. Portanto, não refletia oposições de classe nem mesmo uma disputa no interior da classe dominante; enfim, representava um acordo entre as oligarquias que controlavam o poder regional. Ao criticar a política do sistema, a aliança sensibilizava uma categoria, inconformada e limitada em seus objetivos (não só buscar melhores salários como levar ao poder seus candidatos) – as classes médias. Estas, "diferentemente da velha classe média americana, não tinham embasamento social e econômico na pequena propriedade independente, mas em atividades subsidiárias (Estado e serviços) da estrutura social da grande propriedade"[5].

Se os tenentes representavam ou não a classe média, essa não é uma questão discutida neste trabalho, apenas apontamos a concomitância entre o programa[6] deles, antes da Revolução de 1930, e as aspirações das classes médias. Para Boris Fausto, após as eleições de 1930, grupos de oposição se unificaram, os velhos oligarcas fizeram alianças com os tenentes e a revolução se efetivou, com a perda de sustentação do governo Washington Luiz. A Revolução de 1930 se precipitou

---

4   Boris Fausto, *O trabalho urbano e conflito social*, São Paulo: Difel, 1976, p. 233.
5   Francisco Weffort, "Estado e massas no Brasil", *Revista Civilização Brasileira*, Rio de Janeiro, n. 7, 1966, p. 140.
6   O Movimento Tenentista adota como programa: voto secreto, reforma administrativa, independência do Judiciário, reforma do ensino. Cf. Boris Fausto, "A Revolução de 30", São Paulo: Difel, 1971, p. 241.

como resultado da aliança temporária entre as facções da burguesia – não vinculadas ao café, as classes médias e o setor militar tenentista[7].

Nessa conjuntura, na qual a classe dominante e a classe média já marcavam presença, que papel desempenhou a classe operária?

Com a crise de 1929, a classe operária lutou mediante uma série de greves: por emprego e melhores salários. Essa movimentação foi significativa, levando a aliança, que demonstrava atenção aos problemas sociais, a defender a aplicação da lei de férias e do salário mínimo, pelos compromissos do Brasil com o Tratado de Versalhes e o Bureau Internacional do Trabalho.

O proletariado não participou na revolução como classe[8], esteve alheia a ela.

O Estado que nasceu em 1930, com a revolução, e se afirmou ao longo da década não chegou a representar os interesses de um determinado setor da sociedade. Na perspectiva de Weffort, "já não é uma oligarquia. Não é também o Estado tal como se forma na tradição ocidental. É certo tipo de Estado de massas, expressão da prolongada crise agrária, da dependência dos setores médios e urbanos e da pressão popular"[9].

A década de 1930 pode ser caracterizada pelas disputas entre tenentistas[10] e os quadros políticos tradicionais, acompanhadas por Vargas a distância (até 1934); pela repulsa de São Paulo ao tenentismo, acrescentada a essa a marginalização da burguesia paulista pelo governo central, o que redundou no acirramento da crise, ao culminar com a revolução paulista de 1932; pelo estabelecimento de um novo tipo de relacionamento entre o Estado e a classe operária, cujo

---

7 Boris Fausto, "A Revolução de 30", *op. cit.*, p. 246.

8 O conceito de classe é visto por Boris Fausto, em sentido estrito, "como categoria social composta de indivíduos que não só exercem papel semelhante no processo produtivo, mas têm objetivos definidos de ação, oriundos de uma consciência comum do papel que desempenham neste processo e na sociedade" (*ibidem*).

9 Francisco Weffort, *op. cit.*, p. 144.

10 Depois de 1930, o programa tenentista tem conteúdo mais radical, como a nacionalização dos bancos estrangeiros, combate gradativo ao latifúndio, reformas na área trabalhista etc. (Boris Fausto, "A Revolução de 30", *op. cit.*, p. 248).

objetivo foi institucionalizar a pressão operária[11] (ao criar o Ministério do Trabalho, Indústria e Comércio, em 26 de novembro de 1930, e as juntas de Conciliação e Julgamento, em 12 de maio de 1932), tornando esse setor mais controlável, segundo os interesses dominantes, viabilizados por meio dos mecanismos supracitados, agora buscando o consenso no interior da sociedade civil; e pela recomposição da classe dominante, que, após a Revolução de 1930, se processou pela mediação do Estado, que gradativamente vai fechando em suas mãos os "excessos revolucionários"[12]. Procurou-se, enfim, ajustar as relações entre patrões e empregados na área do trabalho, com a anulação, no campo sindical, da antiga influência anarquista e da nascente influência comunista, reduzindo os sindicatos a meros organismos oficializados.

E o fechamento se efetiva pelo golpe de 1937. É o advento do Estado Novo. O golpe de 10 de novembro de 1937 "não representou a vitória de um partido organizado [...] nem teve apoio ativo das massas [...]".

O fato de ter faltado mediação entre Vargas e o povo, com exceção das Forças Armadas, representa para Lourdes Sola "a ausência de mobilização política ampla que lhe servisse de base, [permitindo] que [o Estado Novo] apareça como um golpe de elites político-militares contra elites político-econômicas"[13].

As justificativas ao golpe podem ser constatadas no preâmbulo da própria Constituição de 1937:

> Conhecidos fatores de desordem [...] que uma notória propaganda demagógica procura desnaturar em luta de classes, e da extremação dos conflitos ideológicos, tendentes, pelo seu desenvolvimento natural, a se resolver em termos de violência. Atendendo ao estado de apreensão, criado no país pela infiltração comunista [...].

---

11 Ver Edgard Carone, *A República Nova: 1930-1937*, São Paulo: Difel, 1974, pp. 106-23. Esse autor faz um minucioso estudo sobre as greves operárias entre 1930 e 1935, que são paralisadas a partir da decretação da Lei de Segurança Nacional, estado de sítio e estado de guerra, argumentos de força contra qualquer movimento.

12 Boris Fausto, "A Revolução de 30", *op. cit.*

13 Lourdes Sola, "O golpe de 37 e o Estado Novo", São Paulo: Difel, 1971, p. 258.

O Partido Comunista representava, assim, o mal maior a ser extirpado, porque, ao lado da Ação Integralista[14], ele compunha uma força social organizada, com ação definida, propondo ideologias de orientação popular e de âmbito nacional. Ambas as organizações suscitaram ferrenhos debates doutrinários e manifestações contundentes país afora.

Foi nessa efervescente conjuntura de 1930, especificamente em 1932, em plena revolução paulista, que se constituiu o Ceas como um

> núcleo de estudos da doutrina social da Igreja e como um centro popular de ação dentro dos princípios do cristianismo [...], correspondendo à necessidade de uma orientação segura [...] quando mais se evidenciava em nosso país o choque das doutrinas sociais e dos pontos de vista contraditórios sobre os nossos problemas[15].

A atuação da Igreja direciona-se a novos espaços a conquistar. Se Jackson de Figueiredo, expoente da Igreja na Primeira República, representava o pensamento reacionário, defensor da ordem, da autoridade e da estabilidade, a nova vertente trouxe Alceu Amoroso Lima. Alceu, o Tristão de Athayde convertido, vinha criar o "espírito católico aberto". Trouxe para o Brasil a visão de mundo de Maritain, do humanismo integral. Daí o pensamento católico se dividiu em reacionários e liberais abertos e fechados, da direita e da esquerda[16].

Se a ação de Jackson foi política, a de Alceu foi cultural. Segundo Villaça, a partir desse último o movimento católico quis ser um movimento de cultura.

Assim, a criação do Ceas, em São Paulo, refletia a preocupação da Igreja. A iniciativa das cônegas de Santo Agostinho, como reproduz o relatório indicado, na mobilização de um grupo de jovens católicas

---

14 Para Sola, o integralismo compreende uma ideologia de conteúdo fascista, movimento disciplinado, cujas bases sociais eram compostas por elementos de classe média e militares.

15 Centro de Estudos e Ação Social, *Relatório do Centro de Estudos e Ação Social*, São Paulo: PUC-SP, 1936, p. 1.

16 Antonio Carlos Villaça, *O pensamento católico no Brasil*, Rio de Janeiro: Zahar, 1975, pp. 13-4

para participar de um curso intensivo de formação social[17] vinha no sentido da ação apostólica, voltada à superação do catolicismo de fachada, ou à influência de Alceu, que procurava a renovação "pelo revigoramento dos laços entre a Igreja e a vida política e social de maneira participante"[18]; ou ainda por influência do catolicismo europeu, experiente no "tratamento" dos problemas sociais, sobretudo daqueles decorrentes da exploração da classe operária.

As primeiras escolas de serviço social fundadas no Brasil "moldaram-se nos programas e métodos de ensino das escolas de serviço social europeias [...], da influência da União Católica Internacional de Serviço Social. [...] O ensino apoiado na Doutrina Social da Igreja"[19].

A ênfase ideológica prossegue vazada na preocupação de "proporcionar aos alunos sólidos conhecimentos do homem e da sociedade [...], estrutura do Estado, da família e da profissão"[20].

A realidade está contida "dentro" do sistema; não se apreende, no texto estudado, uma postura questionadora. Carone, ao se referir à ideologia dominante no período, alude a um pensamento conservador, de origem evolucionista ou positivista, daí autores como "Haeckel, Darwin, Spencer, Comte e todos os epígonos europeus e americanos serem os mestres das gerações brasileiras das nossas faculdades de direito"[21]. É significativo o número de professores dessa área em escolas de serviço social nos primórdios da profissão.

---

17 Centro de Estudos e Ação Social, *Relatório do Centro de Estudos e Ação Social*, São Paulo: PUC-SP, 1932-1934. Esse curso foi ministrado no Collège des Oiseaux (de "elite") por uma professora belga da Escola Católica de Serviço Social de Bruxelas.

18 Antonio Villaça, *op. cit.*, pp. 107-22. Ou ainda pela análise crítica de Werneck Vianna que, citando Gramsci, assinala que com a encíclica *Rerum novarum*, "abre-se para a sociedade civil católica a oportunidade de praticar a política numa ação de sentido 'cristalizador' do capitalismo, libertando-o da mistificação liberal e reorganizando-o sob o imperativo ético do comunismo" (cf. Luiz Werneck Vianna, *Liberalismo e sindicato no Brasil*, São Paulo: Paz & Terra, 1976, p. 159.)

19 Odila Cintra Ferreira, *op. cit.*, p. 2.

20 *Ibidem*.

21 Edgard Carone, *A República Nova*, *op. cit.*, pp. 85-6.

Para Carone positivismo e evolucionismo são filosofias revolucionárias no Brasil de 1870-1880, sua "valorização" em 1920 e 1930 caracteriza o "conservadorismo, passadismo e falta de ótica para os problemas atuais [...], é a incapacidade crítica das classes dirigentes em se renovar ideologicamente o que faz com que se guiem por valores antiquados e inteiramente superados"[22].

Segundo o relatório em pauta, o Ceas iniciava suas atividades quando, em 9 de julho de 1932, "rebentou em São Paulo o movimento pela reconstitucionalização do país, que absorveu todas energias e iniciativas, dirigindo-se para o único fim a vitória de nossa causa"[23].

O conteúdo ideológico dessa afirmativa pode ser apreendido pela perspectiva histórica de Boris Fausto, referindo-se ao episódio de 1932:

> Não é apenas o "canto do cisne da aristocracia do café", mas representa a revolta de todos os setores da burguesia paulista, tanto por razões estritamente econômicas (bem ou mal o governo vira-se obrigado a considerar o problema do café, estabelecendo um novo esquema de defesa), mas, sobretudo por razões políticas[24].

A pressão operária e as contendas doutrinárias eram captadas na reunião preparatória de fundação do Ceas quando resolveram não "nos limitarmos [...] aos estudos [...] mas começar nossa ação [...], entrar em contacto com os meios operários, nesse momento anormal, muito trabalhado por elementos subversivos"[25].

---

22 Edgard Carone, *A República Nova, op. cit.*, p. 86. Essa crítica de Carone pode ser acompanhada por aquela de Löwy, para quem a concepção comtiana tem implicações ideológicas conservadoras e reacionárias, enfatizando que o positivismo enaltece a aceitação passiva do status quo, uma vez que, para Comte, as leis sociais são leis naturais, isto é, a sociedade é regida por leis que independem da vontade e da ação humana (cf. Michael Löwy, "O positivismo", Rio de Janeiro: Paz & Terra, 2018).

23 Centro de Estudos e Ação Social, *Relatório do Centro de Estudos e Ação Social*, São Paulo: PUC-SP, 1932-1934, pp. 1-2.

24 Boris Fausto, "A Revolução de 30", *op. cit.*, p. 249.

25 Centro de Estudos e Ação Social, *Relatório do Centro de Estudos e Ação Social*, São Paulo: PUC-SP, 1932-1934, p. 2.

A questão central está nas influências ideológicas que o meio operário sofre, sem aludir às situações concretas de vida do proletariado, como o desemprego a que a cidade de Santos assiste, na Companhia das Docas dos Guinle. Esta demite 1.800 estivadores sindicalizados, que são substituídos, estrategicamente, por outros para fugir de certas obrigações contratuais[26].

Ao correlacionarmos as preocupações do Ceas, marcadamente ideológicas, e a política social do governo revolucionário diante da "questão social", observamos como elas se coadunam, isto é, como são aplainados os conflitos existentes. Assim, se a "questão social" antes da criação do Ministério do Trabalho era um "caso de polícia", agora ela pode contar com uma instituição da sociedade civil, no caso, o Ceas. A análise pode ser tomada na seguinte abrangência: por ser "um caso de polícia", configurava a "questão social" na esfera da sociedade política, isto é, como um aparelho repressivo do Estado; mas, daqui para frente, ela é resolvida "mediante concessão (da classe dominante) antes que pressões de baixo pudessem forçar mudanças mais básicas"[27] na esfera da sociedade civil. Então, o Ceas pode ser tomado pela ótica althusseriana, como uma "justificação, legitimação e disfarce das diferenças e do conflito de classes"[28], participando da viabilidade do projeto de dominação.

Todos os esforços do Ceas convergem para um objetivo: criar a Escola de Serviço Social. O que ocorre em 1936, com o fim de

> [...] dar às nossas organizações de assistência, Serviço Social em geral, um elemento imprescindível: a assistente tecnicamente preparada [...]. O Serviço Social deve agir nos diversos quadros da vida social, família, profissão etc. numa tarefa de reajustamento [...], *procurando modificar essas condições quando possível e necessário, e [...] concorrer para a criação de novas condições de bem-estar social*[29].

---

26 Edgard Carone, *A República Nova*, op. cit., pp. 101 ss.

27 Thomas Skidmore, *Brasil: de Getúlio a Castelo (1930-1964)*, São Paulo: Paz & Terra, 1975, pp. 101 ss.

28 Louis Althusser, *Idéologie et appareils idéologiques d'Etat*, Paris: La Pensée, 1970, p. 6.

29 Esse conceito visto pela assistente social Nadyr Gouveia Kfouri: "[...] nos primórdios do serviço social se afirmava que uma finalidade [deste] era adaptar o homem a condições normais de vida. [...] Certamente [...] não era o status quo. O que na

O serviço social nasce no Brasil numa dimensão eminentemente prática: "O Serviço Social deve agir..."[30] como se sua outra dimensão, a teórica, não lhe coubesse construir. Nasce para reajustar, ao contrapor uma visão crítica da história, da vida, do cotidiano como um processo. A realidade está posta, fracionada em "diversos quadros", estanques: "social", "família", "profissão". Levado a "adaptar" o indivíduo às condições de existência, ele impossibilitaria ao homem, pois, seu próprio construir-se, na transformação da realidade, no desempenho de suas atividades, isto é, no seu trabalho e nas relações sociais, produzidas por meio de suas sociabilidades.[31]

A criação da Escola de Serviço Social no Brasil ainda se relaciona ao período em que se implanta o Ministério da Educação e Saúde Pública (1930), que trouxe substanciais mudanças na área da educação, sobretudo na estruturação das primeiras universidades.

A política educacional do Estado Novo visa transformar o sistema educacional num instrumento mais eficaz de manipulação das classes subalternas, como a criação das escolas técnicas profissionalizantes "para as classes menos favorecidas", que, segundo o próprio ministro da Educação de então, Gustavo Capanema, possibilitaria, por meio da moderna juventude brasileira, criar "um exército de trabalho para o bem da nação"[32].

época se entendia [...] a partir do conceito filosófico tomista, [...] como aquelas condições ótimas para a vida humana digna para uma sociedade centrada no homem". Cf. KFOURI, Nadyr Gouveia, *Anais...* Rio de Janeiro: CFAS/CRAS, 1974, p. 73.

30 A ênfase no agir pode ser explicada dentro do pensamento católico, sobretudo pela influência de dom Leme, por sua pastoral, convocando todos ao apostolado; como também pela influência da Ação Católica, experiência trazida da Europa pelos idos de 1934, que passou a ser grande preocupação do Ceas em sua atuação, junto ao meio operário e à juventude. Os pressupostos básicos que sustentam o serviço social desse período são as encíclicas papais *Rerum novarum e Quadagesimo anno*. Cf. Centro de Estudos e Ação Social, *Relatório do Centro de Estudos e Ação Social*, São Paulo: PUC-SP, 1932-1934.

31 Peter Berger e Thomas Luckmann, *A construção social da realidade*, Petrópolis: Vozes, p. 30.

32 Brasil, *Panorama da educação nacional*, Rio de Janeiro: Ministério da Educação e Saúde, 1937, pp. 9 ss.

A abertura às classes "menos favorecidas", pelo acesso delas ao sistema educacional, pode ser explicada pelas mudanças ocorridas na estrutura econômica com a diversificação da produção. Esse período corresponde ao início da implantação do modelo econômico da substituição de importações, quando a indústria se amplia, em um leque de vários ramos, exigindo maior qualificação e diversificação da mão de obra. É o momento em que o Estado assume, ao atender aos interesses de empresas privadas, o "treinamento" da força de trabalho, possibilitando o desenvolvimento das forças produtivas – "criar um exército para o bem da nação" – e beneficiando, diretamente, os diferentes setores da indústria[33].

A nova força de trabalho, configurada nessa sociedade de classes, geralmente é recrutada no meio operário. É formada por trabalhadores urbanos e rurais imigrados ao Brasil em décadas anteriores, ou por populações nacionais, migradas para os centros urbanos, semiqualificadas ou desqualificadas. Daí as escolas técnicas terem como alvo esse "exército social de reserva". Elas também podem ser chamadas de "escolas dos filhos dos outros" ou ainda como único "caminho para subir na vida": representam a ideologia que dissimula o "beco sem saída". Ser de nível médio não possibilita que seus egressos cursem escolas de nível superior, criando uma dualidade do sistema educacional, que, além de produzir e reproduzir a força de trabalho para o processo produtivo, garante a consolidação e a reprodução de uma sociedade de classes[34].

Esses fatos ilustram como o Estado Novo (instância da sociedade política) assume, gradativamente, o sistema de ensino (esfera da sociedade civil) e, na estratégia, procura transformá-lo de instituição anteriormente conduzida pela Igreja em "aparelho ideológico do Estado".

---

33 Bárbara Freitag, *Escola, Estado e sociedade*, 3. ed., São Paulo: Cortez & Moraes, 1979, pp. 47 ss.

34 *Ibidem*, pp. 51-2. "Se em 1933 havia 133 estabelecimentos de ensino técnico, com 14.693 alunos, em 1945 são registrados 1.368 estabelecimentos com 65.485 alunos" – dados que indicam como o Estado cria, pelo treinamento da mão de obra, maior produtividade para o setor industrial.

Assim, a Igreja vê sua área de atuação limitada pela Constituição de 1937, uma vez que o ensino confessional é transformado em facultativo, também pela redução das escolas confessionais no primário[35]. O que pode justificar as intenções da Igreja com o ensino superior, no caso com o serviço social, como é possível constatar na carta que a direção da Escola de Serviço Social de São Paulo, em 1938, recebeu de dom José Gaspar de Afonseca e Silva, ao se referir a ela: "[...] é uma afirmação do catolicismo em São Paulo nos campos da assistência social"[36].

Segundo Odila Cintra, primeira diretora da escola em pauta, a visão daquela autoridade eclesiástica poderia ser aplicada à quase totalidade das outras escolas, nos respectivos estados: mesmo objetivo, mesmo espírito de pioneirismo, mesma previdência, procurando conquistar novas posições[37].

Em linhas gerais, é essa a participação da Igreja no processo histórico dessa profissão. Em seguida, procura-se trazer a influência norte-americana sobre o nascente profissional e as articulações das "classes produtoras" com o Estado, pela mediação do serviço social, ao viabilizar seus interesses, quando propõem um projeto comum à sociedade brasileira, dissimulando, pelos discursos ideológicos, as contradições e os conflitos existentes entre as classes sociais.

O intercâmbio cultural e o projeto das "classes produtoras" na formatação do serviço social

A década de 1940 traz elementos significativos ao entendimento da profissão de serviço social no Brasil, pelo aparecimento de um novo eixo de influência – antes o europeu, agora o americano –, bem como o protagonismo das "classes produtoras", no caso, empresários do comércio e da indústria, ao gestarem seus próprios mecanismos para

---

35 Bárbara Freitag, *op. cit.*, p. 50.
36 Odila Cintra Ferreira, *op. cit.*, p.1.
37 *Ibidem*, p. 1.

sanar, mesmo que indiretamente, os possíveis conflitos nas relações de produção, em suas respectivas áreas. Buscam naquela profissão o instrumento adequado à viabilização desse projeto, ao criar o Serviço Social do Comércio (Sesc) e o Serviço Social da Indústria (Sesi).

Esses elementos estão contextualizados numa dada conjuntura que, sinteticamente, vai sendo caracterizada ao longo deste texto.

No aspecto econômico, ainda no período Vargas, o Estado nacional é importante fator de desenvolvimento do país. A política de câmbio, até então a serviço da dívida externa, torna-se poderosa arma para a formação de capital; o mesmo ocorrendo com a política fiscal, que veio contribuir aos investimentos, sobretudo no setor da indústria. Assim, o "Estado dota o país de importantes complexos industriais nos setores da mineração, do petróleo, da geração e transmissão de energia elétrica, da siderurgia e da química básica"[38].

Na efervescência da Segunda Guerra Mundial, um aspeto relevante a este estudo diz respeito à posição do governo brasileiro em face do desenho geopolítico.

Por determinação econômica e em vista das articulações políticas, Vargas se afasta dos países do Eixo, aproximando-se dos Estados Unidos, o que lhe valeu o financiamento da Companhia Siderúrgica Nacional, especialmente a instalação de uma usina em Volta Redonda em 1941. Iniciativa que favoreceu, segundo Lourdes Sola, a "política continental", que vai se esboçando, sobretudo pela Conferência do Rio de Janeiro, em 1942, quando o Brasil se integra à esfera dos aliados, selando a aliança Vargas-Roosevelt[39]. Dentre as consequências econômicas e políticas, mediante bolsas de estudo, concedidas por

---

38 Celso Furtado, *Análise do modelo brasileiro*, Rio de Janeiro: Civilização Brasileira, 1972, p. 23.

39 Lourdes Sola, *op. cit.*, pp. 275-6. Segundo a autora, um estudo dos efeitos reais desse acordo está por ser feito. Dentre as consequências, podem ser listadas: o Brasil concedia aos americanos o Nordeste como base naval; foram eliminadas as companhias de aviação e italiana, e, em troca, o Brasil recebia 200 milhões de dólares em armazenamentos; o Eximbank financiaria a exploração de minas; os americanos comprariam a borracha excedente, reivindicando sua venda exclusiva no mercado internacional, em troca de financiamento à sua exploração na Amazônia; asseguravam aos

instituições americanas e mesmo pelo governo americano a Escolas de Serviço Social, como a do Instituto Social do Rio de Janeiro.

Em linhas gerais, os últimos anos do Estado Novo marcam a percepção de Vargas de sua não sobrevivência no poder após o término da Segunda Guerra. Isso o levou a buscar uma nova base política, com a criação da Previdência Social, "destinada a ganhar a lealdade (da classe proletária) ao governo paternalista que havia implantado esse programa"[40]; com o controle da nova estrutura sindical por meio do Ministério do Trabalho; e com a criação do Partido Trabalhista Brasileiro (PTB). Com este, Vargas procurou nos operários urbanos organizados "atalhar a marcha dos comunistas, assegurando em seu próprio benefício o voto da classe operária".[41] Com o fim da ditadura Vargas, a redemocratização do país efetiva-se pelo regime eleitoral representativo multipartidário, com base na nova Constituição de 1946, à medida que forças sociais foram se organizando em partidos. Além do PTB, em 1944 também é fundada a União Democrática Nacional (UDN), constituída por antigetulistas, constitucionalistas liberais, e pela burguesia comercial urbana, ligada aos interesses exportadores e importadores, atingida pelo intervencionismo econômico do Estado Novo. Desse partido, uma ala formada por intelectuais e profissionais liberais, a esquerda democrática, desmembrou-se no Partido Socialista Brasileiro (PSB). Já o Partido Social Democrático (PSD), que tinha em Dutra seu candidato à presidência da República, era sustentado pelas oligarquias rurais, industriais[42] e banqueiros, habituados às negociações com o governo central[43]. Segundo Skidmore, um grupo dentre

---

americanos a compra do café e do cacau (John F. Dulles, *Vargas of Brazil: a political biography* Austin: University of Texas Press, 1967).

40 Thomas Skidmore, *op. cit.*, p. 96.

41 *Ibidem*, p. 82.

42 Um dos empresários da indústria mais representativos foi Roberto Simonsen, ideólogo dessa fração da classe dominante que via na intervenção estatal, sobretudo pelo planejamento, um impulso maior à industrialização. (Cf. Lourdes Sola, *op. cit.*; e Thomas Skidmore, *op. cit.*).

43 Lourdes Sola, *op. cit.*, pp. 280-1.

os "de fora" que ressurgia nas eleições de 1945, na abertura democrática, foi o dos comunistas. A anistia geral e o novo Código Eleitoral permitiram a reorganização do Partido Comunista Brasileiro, que encontrou terreno fértil para suas atividades, explorou o alto custo de vida, infiltrou-se nos sindicatos e combateu o capital estrangeiro – o que lhe valeu considerável número de votos. Contudo, ao se tornar uma ameaça como força política crescente, o governo Dutra, ao invocar a Constituição de 1946, declarou em 1947 o PCB fora da lei[44].

Nessa breve contextualização acerca da década de 1940, o foco foi apontar a determinação da estrutura econômica, com alguns elementos e a repercussão destes na superestrutura; como os interesses americanos criaram a "política continental" e, por ela, o programa de intercâmbio das bolsas de estudo para o serviço social, entre outros programas; como o setor industrial[45] vai se efetivando em área dinâmica da economia brasileira (de 1939 a 1946, o produto real da indústria aumentou 60%, enquanto o crescimento da agricultura foi da ordem de 7%). Se isso ainda não significava dominância na condução política econômica, a luta para abrir caminho a esse domínio foi significativa, como ressalta a Conferência de Teresópolis, promovida pelas "classes produtoras" e da qual advieram a Carta Econômica de Teresópolis (1945) e a Carta da Paz Social (1946).

Ao focalizar o intercâmbio de bolsas de estudo para o serviço social, tomou-se a Escola do Instituto Social[46] do Rio de Janeiro pela seguinte eleição:

---

44 Thomas Skidmore, op. cit., pp. 92-3.

45 Gabriel Cohn, "Problemas da industrialização no século XX", São Paulo: Difel, 1971, p. 304.

46 "O Instituto Social [segundo introdução de Alceu Amoroso Lima] foi fundado [quando] o Brasil enfrentava uma grave crise de sua história [...] [com] ameaças à democracia política. [...] Nem oficialismo, nem paternalismo – [...] conceito de Serviço Social [...] na linha de um autêntico aperfeiçoamento constante de bem comum, [...] pretende nosso Instituto Social formar entre as mulheres [...] de todas as classes sociais uma [...] comunidade cristã, que venha substituir o individualismo liberal egoísta [...], formar assistentes socais [...] que venham a ser [...] como elementos de correção das anomalias sociais, verdadeiros elementos de renovação pessoal

Em 1941, foi o Instituto Social[47] convidado, na pessoa de sua fundadora, pela American Association of Social Work e o Children's Bureau para uma estadia de um mês na América do Norte. Tinha o convite em mira facilitar uma troca de ideias entre as representantes das diversas Escolas de Serviço Social dos países do Sul e Centro da América *em vista de maior desenvolvimento da cooperação interamericana de tão grande relevância.* Foi assim o mês de junho dedicado tanto à visita das mais afamadas Escolas americanas de S. Social *como à observação dos métodos empregados nos EEUU* e às conferências com dirigentes de *organizações oficiais ou particulares* que *trabalham em prol do bem-estar do povo.* Isso tudo com utilidade de maior *intercâmbio de experiências* e *informações* [...].

E, por meio dessas bolsas, o "transplante" efetivou-se.

Assistentes sociais bolsistas trouxeram ao país uma nova visão da profissão, pois o serviço social nos Estados Unidos desenvolveu um modus operandi diferente da Europa, até então o único modelo de referência para os países sul-americanos. O serviço social norte-americano, influenciado pelos reformadores pioneiros da Escola Diagnóstica de Mary Richmond, pelo impacto psicologizante da Escola de Pensilvânia e pelos efeitos da crise de 1929, elaborou três métodos básicos para trabalhar com os problemas dos indivíduos, dos grupos e das comunidades. Esses métodos foram concebidos para ser aplicados em um marco institucional preciso, as agências, derivadas dos serviços filantrópicos, cujo objetivo era oferecer serviço social[48].

Para Kruse, é preciso reconhecer, atrás do véu ideológico do intercâmbio das bolsas de estudo, que se este significou para o serviço social uma maior preocupação científica, repercutindo na profissãoe no ensino, significou também uma adesão indiscriminada à concepção

---

e coletiva". (10º Aniversário do Instituto Social (1º de junho de 1937-1947), Rio de Janeiro, 1947, pp. 7-8).

47 "O Instituto Social faz hoje parte da Universidade Católica do Rio de Janeiro, [...] de sua Faculdade de Serviço Social; pertence à União Internacional de Escolas de Serviço Social, com sede em Bruxelas, e é membro fundador da Associação Brasileira de Escolas de Serviço Social (Abess)". (*Ibidem*, pp. 14, 16, 108-14).

48 Herman C. Kruse, *Filosofía del siglo XX y servicio social*, Buenos Aires: Ecro, 1970, p. 17.

que sustentava o fim das ideologias, convertendo a práxis do serviço social num "fazer asséptico", descomprometido. Copiaram-se os métodos[49] sem adequá-los à realidade continental, com traços e características que esterilizavam a ação do serviço social, orientado por uma visão de "neutralidade científica".

O intercâmbio cultural pelas bolsas, dentro da "política continental", vinha como também afirma Kruse em função dos interesses econômicos dos Estados Unidos em manter uma retaguarda hemisférica. Mais tarde, diante da "ameaça cubana", buscou-se o consenso noutra direção. A questão não era mais trazer à "metrópole" os agentes da "promoção do homem", mas ir até às "colônias", agora pela "Aliança para o Progresso" – que, como outras iniciativas, representava a luta para manter a integração do sistema capitalista ou do Mundo Ocidental.

Assim, por meio do intercâmbio cultural, pela visão fracionada da realidade social, enfatizada pelos métodos tradicionais – caso, grupo e comunidade –, o ensino e a profissão de serviço social no Brasil, quiçá para toda a América Latina, estiveram (como significativa parcela ainda está) submersos na visão positivista ou, em sua variação mais moderna, na doutrina funcionalista[50], respondendo por uma

> [...] postura ideológica, [...] identificada com a manutenção da situação imperante do sistema social que a produziu, [...] visando corrigir as disfunções [...] e controlar a luta dos setores sociais oprimidos. Em se tratando de países dependentes, o modelo é

---

49 Serviço social de caso, grupo e comunidade é analisado pela assistente social Suely Gomes da Costa como não tendo "nenhum significado em função de compreender ou explicar os fenômenos que abordam" (Cf. "Documento de Teresópolis: metodologia do serviço social", *Debates Sociais*, 1974, p. 51). Enquanto Alexis Boris Lima faz deles a seguinte crítica: "No sofisticado objetivo de provocar o desenvolvimento pleno das potencialidades de indivíduos, grupos e comunidades, os métodos mostraram-se incapazes [...] para enfrentar os sérios obstáculos que a estrutura econômica-social impõe. A possibilidade de êxito tem sido escassa no sentido de aplainar disfuncionalidades sociais e provocar ajustes que superem os conflitos" (Cf. Boris Alexis Lima, *Contribuição à metodologia do serviço social*, São Paulo: Interlivros, 1975, p. 65).

50 Percy S. Cohen, "O funcionalismo ou abordagem 'holística'", Rio de Janeiro: Zahar, 1970.

congruente com os interesses do centro hegemônico [...], que necessita conservar as estruturas de produção e dominação dos países periféricos, para viabilizar a extração de excedentes e sua sobrevivência como país centro[51].

Pelos elementos históricos conjunturais abordados até aqui, apreende-se que, na década de 1940, há uma crescente organização do setor industrial. Este é o grande beneficiário das transformações ocorridas no período, fazendo com que, de 1943 a 1946, importantes reuniões empresariais de âmbito nacional se realizassem, "das quais a mais importante foi a Conferência das Classes Produtoras [...], reunida em Teresópolis em 1945"[52].

Dessa reunião adveio a Carta Econômica de Teresópolis, redigida

> [...] no momento em que, num clima de profundas transformações mundiais de ordem econômica, social e política, o Brasil se prepara para reestruturar suas instituições de governo, entenderam a Agricultura, a Indústria e o Comércio [...] constituir seu dever trazer a contribuição de sua experiência e do seu patriotismo para que, nos rumos a serem traçados à vida do país [...], sejam adotadas soluções que atendam aos justos anseios e interesses da coletividade, da qual são parte integrante[53].

Este documento, de 6 de maio de 1945, corresponde aos quase seis meses que antecederam à deposição de Getúlio Vargas (em 29 de outubro de 1945), depois de quinze anos no poder.

---

51 Boris Alexis Lima, *op. cit.*, p. 79.

52 Gabriel Cohn, *op. cit.*, p. 303.

53 *Carta Econômica de Teresópolis: conferência das classes produtoras do Brasil, Teresópolis, E. do Rio de Janeiro, 1-6 de maio de 1945*, [Rio de Janeiro: Mauá], 1945. Essa carta, como a da paz social abordada em seguida, é aqui estudada como elemento que participa do filão histórico do serviço social. Uma análise mais aprofundada sobre essas cartas seria objeto de outros estudos, por exemplo, sobre os seus signatários como intelectuais orgânicos da classe dirigente no Brasil. Um estudo das cartas na visão gramsciana do bloco histórico possibilitaria, na primeira, apreender a organização e o funcionamento da estrutura econômica no sistema capitalista, enquanto a outra viria caracterizar a estrutura ideológica, ambas representando as articulações da classe dirigente com o Estado, no estabelecimento de seus interesses e no controle das classes subalternas.

Em plena efervescência política, as diversas posições – comunistas, liberais ou oligárquicas, mesmo divergentes quanto aos objetivos finais – têm um esforço comum: lutam pelo retorno à democratização do país. O aparecimento desse documento explicita bem a estratégia e as determinações da burguesia nacional no estabelecimento de seus interesses.

Com esse alto propósito, reuniram-se, em conferência, delegações dos três ramos das atividades, organizada com o preparo das leis, das instituições, do aparelhamento administrativo, e com a cooperação dos capitais e da técnica das nações amigas, de nossos aliados norte-americanos[54].

Capta-se, por meio deste, a concepção da classe dominante em face da organização da sociedade: uma forma de governo (democracia política), correspondente a um determinado modo de produção (democracia econômica, ou seja, capitalista), fundada no "princípio da liberdade e no primado da iniciativa privada"; de um lado, o Estado e seu aparelhamento jurídico-administrativo (instância da sociedade política) que, no "preparo das leis", viabiliza os propósitos dominantes; de outro, instituições (instância da sociedade civil) são criadas para a materialização da concepção de mundo da classe dominante, ou seja, busca-se o consenso em face dos interesses dominantes.

No que se refere "à cooperação de nossos aliados norte-americanos", observa-se que a aliança Vargas-Roosevelt e a condição de aliados na Segunda Guerra estreitaram as relações entre os dois países; aquela nação, como modelo político e econômico, torna-se uma referência ideológica bastante significativa, por gozar da posição de ser uma das "primeiras potências mundiais, substituindo as nações europeias na hegemonia mundial"[55]. Num paralelo entre o peso significativo do intercâmbio norte-americano, pelas bolsas de estudo, e a "cooperação dos nossos aliados", observa-se que a dominação permeia todos os níveis, do econômico ao ideológico.

---

54 *Carta Econômica de Teresópolis*, op. cit., p. 2.

55 Nilo Odália, "O Brasil nas relações internacionais: 1945-1964", São Paulo: Difel, 1971, p. 357.

> V – JUSTIÇA SOCIAL – As classes produtoras aspiram a um regime de justiça social que, eliminando incompreensões e mal-entendidos entre empregadores e empregados, permita o trabalho harmônico, a recíproca troca de responsabilidades, a justa divisão de direitos e deveres, e uma crescente participação de todos na riqueza comum[56].

Na análise desse objetivo, perante o anseio por um regime de justiça social, num primeiro momento, poder-se-ia supor que haveria mudança na estrutura econômica, nas relações de produção? Não, segundo a proposta dos empresários apenas se eliminariam as "incompreensões e os mal-entendidos entre empregadores e empregados". No texto, que é o próprio discurso dominante, a dominação se faz ausente. A ideologia, como forma de dominação, se faz nessa ausência – "isto é, tornando presentes nos discursos ideológicos outros elementos e outros temas pertinentes à dominação [...] mas que não a própria dominação" – através dos meios de divulgação das formas de funcionamento das instituições sociais[57]. Contudo, a dominação pode ser desnudada na concretude dos fatos históricos, que vêm evidenciar a contradição entre a realidade e os pressupostos básicos em que se apoiam as "classes produtoras":

> É o caso da crise da indústria têxtil entre 1938 e 1940, quando os industriais tentam obter mais horas [60 horas] de trabalho operário [...]. A crise leva os industriais a pedirem auxílio governamental [...] para compensar o custo da produção. Os industriais, com seu pedido [...], fogem ao espírito da lei das 48 horas semanais. [...] "É deplorável [diz o presidente do Sindicato dos Operários em Fiação e Tecelagem] [...], pretendendo equilibrar a produção com o consumo, [...] dotar um horário superior ao normal. [...] as indústrias que mais se batem por [...] fantástica redução de horário são as que [...] burlaram a lei de oito horas"[58].

---

56 *Carta Econômica de Teresópolis*, op. cit., p. 3.
57 Miriam Limoeiro Cardoso, op. cit., p. 68.
58 *Ibidem*.

Outro fato foi registrado em 1944 na Assembleia dos Sindicatos dos Condutores de Veículos de São Paulo, por meio dos motoristas de ônibus, quando foi denunciada a exploração a que são submetidos esses empregados:

> [...] as empresas de ônibus "apresentam grandes lucros em seu movimento e esquecem que lhes cumpre melhorar a situação econômica de seus empregados [...]; os empregados, aos quais são pagos salários baixos, vivem enervados, revoltados e torturados em face das suas necessidades vitais relativas à alimentação e higiene". Depois o Memorial passa a acusar os patrões que "têm deixado de observar os dispositivos da convenção coletiva, concernente à fixação do horário de trabalho, descanso semanal, horário de refeições" [...]. Parece que algumas leis trabalhistas continuam sendo letra morta no setor dos transportes coletivos [...][59].

Após arrolarem seus objetivos básicos, as "classes produtoras" fazem sua "Declaração de Princípios" e, em nome da "segurança, do progresso e da felicidade nacionais, afirmam e proclamam":

> I – ORDEM ECONÔMICA [...]; II – A PRODUÇÃO AGRÍCOLA E FLORESTAL [...]; III – A ENERGIA, COMBUSTÍVEIS E TRANSPORTES [...]; IV – A PRODUÇÃO INDUSTRIAL E MINERAL [...]; V – A POLÍTICA DE INVESTIMENTOS [...]; VI – A POLÍTICA COMERCIAL [...]; VII – A POLÍTICA MONETÁRIA E BANCÁRIA [...]; VIII – A POLÍTICA TRIBUTÁRIA [...]; IX – A POLÍTICA SOCIAL [...]; X – A POLÍTICA DE POVOAMENTO [...].[60]

Por esse documento, como nas reuniões que lhe deram origem, depreende-se que a classe dominante estabeleceu seus interesses,

---

59 Edgard Carone, *O Estado Novo:1937-1945*, São Paulo: Difel, 1976, pp. 122-4.
60 *Carta Econômica de Teresópolis, op. cit.*, pp. 3-25. Indicam-se aqui apenas os itens relativos aos princípios, mas a Carta Econômica de Teresópolis traduz detalhamento toda a fundamentação referente a cada um deles. Parte-se da ordem econômica como se sobre ela as outras se assentassem, o que pode indicar prioridade de interesse ou um ordenamento lógico estrutural.

ao fazer supor que estes correspondem aos da sociedade como um todo, demarcando suas expectativas em face do Estado[61].

Se a Carta Econômica de Teresópolis traz toda a conotação de "uma planificação econômica nacional", para o serviço social ela começa a definir diretrizes cujas implicações têm peso significativo para essa instituição daí para frente. No parágrafo 4º do item IX, relativo à política social, as classes produtoras *"recomendam a organização da assistência social e a criação de cursos intensivos de visitadores sociais, em todos os estados, visando a reintegração no seu próprio meio dos elementos humanos desajustados, segregados ou revoltados"*[62]. Essa colocação se aproxima daquela exposta no item anterior, a respeito da função do assistente social.

Na comparação da recomendação do parágrafo 4º com o que proclamam as "classes produtoras" no parágrafo 1º do mesmo item IX – "[...] a todos devem ser garantidas as mesmas oportunidades para atingir a posição que lhes compete, sendo assegurado ao homem do campo e ao da cidade um salário real que lhes permita existência digna, sã e eficiente"[63] – transparece a contradição existente entre o que proclamam e o que recomendam. Isso porque se "a todos devem ser garantidas as mesmas oportunidades", não haveria elemento humano a ser ajustado ou reintegrado. O que dispensaria a instituição proposta (assistência social) e seus agentes (visitadores sociais). Mas buscar tão meritório fim legitima a iniciativa e dissimula a contradição, uma vez que os desajustados, os segregados, não aparecem como decorrência (ou são gerados) do/no modo de produção capitalista, e sim como anomalias dentro do sistema que, para serem tratadas, conta-se com

---

61 Gabriel Cohn, *op. cit.*, p. 303.

62 Pelo documento referente aos dez anos de atividade do Instituto Social do Rio de Janeiro (já citado), fica evidente que lhe coube orientar a formação de visitadoras sociais que iriam atuar em postos de puericultura na Campanha de Redenção da Criança (pp. 117-8, grifo nosso). Visitadora social compreende uma categoria de agentes que antecederam a ação do assistente social em trabalhos sociais, ou seja, antes do reconhecimento do ensino e da profissão deste.

63 *Ibidem.*

o Estado (sociedade política) e com instituições (sociedade civil) para "reintegração no seu próprio meio". Por esse processo, a classe dominante, mediante a criação de instituições, vai buscando seu espaço no seio da sociedade civil, em que suas decisões são implantadas e operacionalizadas, segundo seus interesses, ou, no dizer de Freitag, em que se busca conseguir a dominação pelo consenso e garantir a hegemonia da classe no poder[64].

Novas articulações da dominação vão se desdobrando, como resultado da Carta Econômica, desta feita pela Carta da Paz Social, corolário daquela e que se tornou pública por ocasião da posse da diretoria da Confederação Nacional do Comércio, em janeiro de 1946.

A hegemonia, pela organização do sistema de concepção de mundo, não está separada da organização da produção. Há uma sincronia, uma interdependência, uma interligação profunda entre a superestrutura e a estrutura, uma articulação de fato entre o sistema produtivo e o projeto de dominação.

A Carta da Paz Social compreende um produto da camada pensante[65] da classe dominante à qual caberia, entre outras funções, "produzir a homogeneização e a explicação de sua consciência de si"[66]. Esse documento aparece na fase de expansão do capitalismo liberal, que se caracteriza pela consolidação e ampliação do mercado interno e por seu funcionamento como fator de diferenciação do sistema econômico. Refere-se ao período de efetivação da economia urbano-comercial, quando se dá a importante transição industrial, que, grosso modo, se estende do fim do século XIX até a década de 1950[67].

---

64 Bárbara Freitag, op. cit., p. 40.

65 A Conferência Econômica teve como presidente João Daut d'Oliveira, e sua mesa diretora foi composta por Roberto Simonsen, Euvaldo Lodi, Iris Meimberg, Brasílio M. Neto.

66 Antonio Gramsci, Os intelectuais e a organização da cultura, Rio de Janeiro: Civilização Brasileira, 1969.

67 Florestan Fernandes, A revolução burguesa no Brasil, Rio de Janeiro: Zahar, 1975, p. 225.

Diante da Carta da Paz Social, assim se expressa João Daut d'Oliveira, em discurso por ocasião da posse da diretoria da Confederação do Comércio, já citada:

> É um documento altamente expressivo do espírito de solidariedade, do realismo amadurecido dos homens de empresa, brasileiros dessa geração. *Ela deverá contribuir para harmonizar e pacificar o capital e o trabalho em nosso país, num plano superior de entendimentos recíprocos.* Com ela nos apresentamos ante os empregados, convidando-os a fundar, sobre base sólida, uma política de mútua compreensão e de respeito recíproco[68].

Os propósitos expressos pelo líder do comércio refletem bem os sintomas de crise e conflitos nas relações de produção. Historicamente, o advento da carta se dá quando as pressões das classes subalternas se fazem sentir ao reaparecerem a vida partidária e a vida democrática no cenário político brasileiro, em 1946.

> Partidos que surgem e persistem ou surgem e depois desaparecem. Há aí um fenômeno novo e básico à cristalização de vários deles, [...] agrupamentos pequeno-burgueses e esquerdistas. Aparecem uns e reaparecem outros, procurando afirmarem-se num maior radicalismo e atendimento às massas urbanas que insatisfeitas estão a exigir reformas mais profundas, [...] questionam a estrutura social, [...] como o problema da propriedade, da divisão do lucro, da exploração capitalista e das lutas de classe, [...] as classes dirigentes se limitam a planos e programas superficiais e total acomodação ao status quo[69].

As "classes produtoras" têm na carta um instrumento que fala por elas e procuram falar também pelos empregados, quando

> [...] reconhecem que *uma sólida paz social, fundada na ordem econômica, há de resultar precipuamente de uma obra educativa,* [...]

---

68 Sesc, *Carta da paz social*, Rio de Janeiro: Sesc, 1971, grifo nosso: "É um marco significativo a assinalar uma tomada de posição dos empregados brasileiros em favor da justiça social".

69 Edgard Carone, *O Estado Novo (1937-1945)*, São Paulo: Difel, 1976, pp. 176-87.

da qual se consiga fraternizar os homens, fortalecendo neles os sentimentos de solidariedade e confiança.

[...] reconhecem a necessidade de assegurar dentro do país um largo período de cooperação para [...] processar o desenvolvimento de suas forças produtivas e a elevação do padrão de vida do brasileiro; [...] promover o aumento da renda nacional e [...] vasta distribuição, [...] melhor aproveitamento dos recursos [...] pondo em execução um planejamento econômico amplo [...], nos termos da Carta de Teresópolis.

[...] e na convicção de que nada será conseguido sem [...] estreito entendimento entre empregadores e empregados, *o qual permita a aqueles o exercício livre e estável de suas atividades e a estes uma existência digna e a crescente participação na riqueza produzida,* [...] assumem o compromisso [...] *desses objetivos, mediante o recíproco reconhecimento de direitos e deveres dentro de um* [...] *regime de justiça social*[70].

Essa carta, como discurso ideológico da classe dominante, pode ser analisada segundo a estruturação seguinte, quando se buscar desnudar a dissimulação nela contida:
a. Uma introdução na qual estão explícitos os objetivos. Se estes visam "contribuir para harmonizar e pacificar o capital e o trabalho em nosso país", é porque a realidade é de "guerra". Assim, é proposta "uma sólida paz social, fundada na ordem econômica". A ordem econômica vigente é a capitalista que, por seus mecanismos e pressupostos, produz e reproduz, cotidianamente, as desigualdades entre as classes sociais. No entanto, a "paz social" proposta "há de resultar, precipuamente, de uma obra educativa". Essa visão, calcada na doutrina liberal, vê a educação como instrumento de correção das desigualdades e injustiças produzidas pela ordem econômica. Concepção que desempenha importante função ideológica, pois dissimula,

---

70 Sesc, *Carta da paz social*, op. cit., p. 3, grifo nosso.

pela educação, seus mecanismos de discriminação social, legitimando essa discriminação[71].

b. Em seguida, procura-se estabelecer a forma de sustentação "de um verdadeiro regime de justiça social", enfatizando que:

> A manutenção da democracia política e econômica e o aperfeiçoamento de suas instituições são considerados essenciais aos objetivos da felicidade social e à dignidade humana. [...]
>
> O capital não deve ser considerado apenas instrumento produtor de lucro, [...] *meio de expansão econômica e bem-estar coletivo. O trabalho* [...] *é um direito de cada um a participar na vida social e um dever* [...] *contribuir com* [...] *suas aptidões,* assegurando aos trabalhadores um salário que lhes garanta uma existência digna, sã e eficiente.
>
> Não só por motivo de solidariedade social, mas de conveniência econômica, deve ser [...] aumentado o poder aquisitivo da população, principalmente rural, visando incrementar a prosperidade do país e fortalecer o mercado consumidor interno[72].

c. Apresentam-se os empresários como "beneméritos" ao proporem criar um Fundo Social:

> *Com o objetivo de atender às necessidades sociais* [...] *e de propiciar aos trabalhadores* [...] *bem-estar e igualdade de oportunidades,* propõem-se os empregadores a criar um Fundo Social a ser aplicado *em obras e serviços que beneficiem os empregados* [...] *e em assistência social* [...] *repartindo com os Institutos existentes as atribuições assistenciais e de melhoramento físico e cultural da população.* O objetivo do Fundo Social é promover [...] medidas que [...] melhorem [...] o nível de vida dos empregados, [...] facilitem[...] seu aperfeiçoamento cultural e profissional.
>
> *O Fundo Social* [...] *uma contribuição de cada empresa, agrícola, industrial e comercial,* ou de outra natureza, retirada dos lucros

---

71 Luiz Antonio Cunha, *Educação e desenvolvimento social no Brasil*, Rio de Janeiro: Francisco Alves, 1976.

72 Sesc, *Carta da paz social, op. cit.*, 1971, p. 4.

líquidos de seu balanço, [...] nas condições prescritas pela legislação do imposto sobre a renda. A forma de arrecadação e as percentagens anuais dessa contribuição serão fixadas [...] a atender [...] plano de assistência.

A administração do Fundo Social será [...] apropriada [...], seja dentro das empresas, [...] *comissões mistas locais,* [...] *representantes de empregadores e empregados,* [...] *destinar aos trabalhadores* [...] *os benefícios correspondentes à quota dos lucros da empresa* [...]. A [...] *administração será decidida* [...] *consultas aos empregadores e empregados* [...][73].

Se a Consolidação das Leis do Trabalho (CLT), que se tornou um diploma legal pelo Decreto-Lei nº 5.452, de 1 de maio de 1943,

[...] pretendeu ser a [...] legislação produzida, [...] em 30, arranjando-a num todo orgânico [...], subtrair o litígio entre o capital e o trabalho do mercado, [...] a eliminar ou a reduzir, por força dessa orientação [...], o caráter político na movimentação das classes subalternas[74].

Assim sendo, se Getúlio era o elemento "responsável pela coerção política do proletariado" e "se transfigurava na figura de um benefactor"[75], chegando mesmo a ser conhecido como o "pai dos pobres", agora os empresários, ao instituírem, pela Carta da Paz, o Fundo Social, chamaram a si, paternalisticamente, o controle das aspirações trabalhistas, transformando a realidade de "luta de classes em colaboração de classe"[76].

d. A carta explicita "direitos e deveres" dos empregadores e empregados. E arrolam, por grau de prioridades, seus interesses:

Os empregadores procurarão ainda, com o máximo interesse e boa vontade: *promover,* pela racionalização do trabalho e pela

---

73 Sesc, *Carta da paz social, op. cit.*
74 Luiz Werneck Vianna, *op. cit.*, p. 240.
75 *Ibidem*, p. 241
76 J. Albertino Rodrigues, "Movimento sindical e situação da classe operária", São Paulo: Hucitec, 1974, p. 109.

> melhoria do equipamento, *o aumento da produtividade das empresas, visando a diminuição dos custos de produção, como meio de conseguir a redução dos preços* de venda, tendendo [...] a facilitar as condições gerais de vida; promover as providências educativas *e assistenciais* necessárias a evitar que as técnicas racionalizadas na produção afetem a personalidade do trabalhador, destruindo ou enfraquecendo os seus valores humanos, cuja expansão e perfectibilidade deverão ser asseguradas [...] com o bem comum; *instituir prêmios às iniciativas de empregados, destinados ao aprimoramento da técnica da produção* e à maior extensão do bem-estar do trabalhador, e [...] assim pela eficiência de sua habilidade [...]; cooperar [...] ensino profissional, patrocinando [...] vocações profissionais e artísticas dos empregados e operários [...][77].

Em contrapartida a tantos "benefícios": "Aos empregados [...] caberá, individual e coletivamente, empregar [...] seu esforço no melhoramento da produção e cooperar [...] no plano de expansão econômica do país".

Para isso, procurarão mais especialmente:

> contribuir [...] no sentido de ser reduzida [...] a instabilidade no emprego e a falta de assiduidade no trabalho; *evitar desentendimentos* [...] *entre patrões e empregados* ou trabalhadores entre si; zelar pela conservação das instalações [...] e dos instrumentos de trabalho; *cooperar para* [...] *necessária disciplina na execução do trabalho;* [...] aperfeiçoar seus conhecimentos técnicos, frequentando [...] Senai e Senac [...]; *incentivar a produtividade individual, fator* [...] *para aumento da riqueza nacional*[78].

Por esses "deveres" dos empregados, o véu ideológico está a encobrir a superposição de uma consciência dominante sobre aquela alienada, coisificada. Falam pelos empregados, onde estes são espectadores de uma história que não está sendo escrita de maneira participante, ou ainda estão acomodados, ajustados às prescrições alheias que, coladas a uma consciência de empréstimo, julgam ser opções suas.

---

77 Sesc, *Carta da paz social*, op. cit., p. 5, grifo nosso.

78 *Ibidem*, p. 6, grifo nosso.

e. Pressão sobre o Estado.

"Os empresários, [...] a facção dominante, dotada da propriedade de produzir [o bem-estar social], reivindicam [...] a hegemonia dos seus interesses no aparato estatal"[79].

Completando o conjunto de medidas da carta, empregadores e empregados farão sentir ao Estado a necessidade das seguintes providências:

> o combate à inflação, reduzindo-se seus efeitos e eliminando-se suas causas; a extinção das organizações públicas que embaracem a produção e o comércio [...] e as manobras que produzam a elevação dos preços [...]; a redução [...] dos impostos sobre os artigos alimentícios, para aumento de produção desses artigos e melhoria da alimentação do povo; a abolição ou redução [...] dos impostos, taxas e emolumentos que incidem [...] sobre a locação e a aquisição da casa do trabalhador urbano e da pequena propriedade rural [...].

Werneck Vianna, ao usar como material de análise circulares da Fiesp do período, percebe que elas traduzem os interesses da classe dominante que não ficaram bem explícitos nas cartas em questão. Daí aquelas indicações: anseiam os empresários pela prosperidade de todas as classes sociais, de forma a aumentar o poder aquisitivo das massas e, com este, o mercado interno de consumo; "anseiam [...] pelo bem-estar social de [...] brasileiros, [...] felicidade da nação [...] daí a ordem e a estabilidade [...] para a expansão de suas atividades"[80].

f. Organização de uma Comissão Executiva Central.

Para viabilizarem o programa, os empregadores organizaram uma comissão "[...] promovendo os meios mais adequados, práticos e eficientes para dar-lhe cabal execução"[81].

Os resultados foram imediatos. No mesmo ano de 1946, criou-se o Sesc e o Sesi, instituições da sociedade civil, legitimadas pelo Estado. E, pelo Decreto-Lei nº 9.403, de 25 de junho de 1946, artigo 1º:

---

79 Luiz Werneck Vianna, *op. cit.*, p. 209.

80 *Ibidem*.

81 Sesc, *Carta da paz social*, *op. cit.*, 1971, p. 8.

> Fica atribuído à Confederação Nacional da Indústria o encargo de criar o Serviço Social da Indústria (Sesi), com a finalidade de estudar, planejar e executar [...] medidas que contribuam para o bem-estar social dos trabalhadores na indústria [...], *concorrendo para a melhoria do padrão de vida no país e* [...] *o aperfeiçoamento moral, cívico e o desenvolvimento do espírito de solidariedade entre as classes*[82].

E, pelo Decreto-Lei nº 9.853, de 13 de setembro de 1946, o Estado delegou poderes à Confederação Nacional do Comércio para criar e administrar o Sesc[83].

Em termos práticos, o consenso foi buscado e traduzido sob que forma? Registros do Sesc bem o explicitam:

> Na escalada do desenvolvimento nacional, o Sesc promove a paz social, através do bem-estar do comerciário e seus dependentes. [...] *Sesc se faz sentir junto à sua clientela: criança e adolescente e o adulto. Valendo-se de modernas técnicas* [...] *na educação, contribui para o desenvolvimento equilibrado da personalidade do indivíduo.*[84]

Conforme relatório do Sesc/DN, publicado em 27 de junho de 2014, existem no Brasil 524 unidades operacionais, das quais 36 só no estado de São Paulo.

Uma extensa rede de unidades operacionais à disposição dos comerciários: centros de atividade (bibliotecas, teatro, cantinas, recreação infantil etc.), colônias de férias, centros de veraneio, centros campestres, balneários, ginásios esportivos, conjuntos habitacionais, restaurantes, bibliotecas, unidades móveis e maternidades[85].

Assim, a classe dominante, pela criação dessas instituições, encontra no serviço social uma forma de atualização de sua ideologia junto à classe subalterna ou como mecanismo eficaz à viabilização dos seus "ideais" no seio da sociedade.

---

82 Sesi, *Estrutura, diretrizes e política de ação*, Rio de Janeiro: Ditec, grifo nosso.

83 Sesc, *30 anos de atividades*, Rio de Janeiro: Sesc, 1976.

84 Idem, *Ano jubileu: 25 anos de Sesc*, Rio de Janeiro: Sesc, 1972, grifo nosso.

85 *Idem, Ação social educativa: pelo bem-estar do empregado no comércio*, Rio de Janeiro: Sesc.

Bibliografia

10º ANIVERSÁRIO do Instituto Social (1º de junho de 1937-1947). Rio de Janeiro: [s. n.], 1947. Publicação restrita.

ALTHUSSER, Louis. *Idéologie et appareils idéologiques d'État*. Paris: La Pensée, 1970.

BRASIL. Ministério da Educação e Saúde. *Panorama da educação nacional*. Rio de Janeiro: Ministério da Educação e Saúde, 1937.

BERGER, Peter L.; LUCKMANN, Thomas. *A construção social da realidade*. Petrópolis: Vozes, 1974.

CARDOSO, Miriam Limoeiro. *Ideologia do desenvolvimento: Brasil: JK-JQ*. São Paulo: Paz & Terra, 1977.

CARONE, Edgard. *A República Nova: 1930-1937*. São Paulo: Difel, 1974.

CARONE, Edgard. *O Estado Novo: 1937-1945*. São Paulo: Difel, 1976.

CARTA *Econômica de Teresópolis: conferência das classes produtoras do Brasil, Teresópolis, E. do Rio de Janeiro, 1-6 de maio de 1945*. [Rio de Janeiro: Mauá], 1945.

CARTA *da Paz Social*. [S. l.: s. n.], 1946.

CENTRO DE ESTUDOS E AÇÃO SOCIAL. *Relatório do Centro de Estudos e Ação Social*. São Paulo: PUC-SP, 1932-1936.

COHEN, Percy S. "O funcionalismo ou abordagem 'holística'". Em: COHEN, Percy S. *Teoria social moderna*. Rio de Janeiro: Zahar, 1970.

COHN, Gabriel. "Problemas da industrialização no século XX". Em: MOTA, Carlos Guilherme (org.). *Brasil em perspectiva*. 3. ed. São Paulo: Difel, 1971.

CUNHA, Luiz Antonio. *Educação e desenvolvimento social no Brasil*. Rio de Janeiro: Francisco Alves, 1976.

"DOCUMENTO de Teresópolis: metodologia do serviço social". *Debates Sociais*. Rio de Janeiro: 1974.

DULLES, John F. *Vargas of Brazil: a political biography*. Austin: University of Texas Press, 1967.

FAUSTO, Boris. "A Revolução de 30". Em: MOTA, Carlos Guilherme (org.). *Brasil em perspectiva*. 3. ed. São Paulo: Difel, 1971.

FAUSTO, Boris. *O trabalho urbano e conflito social.* São Paulo: Difel, 1976.

FERNANDES, Florestan. *A revolução burguesa no Brasil.* Rio de Janeiro: Zahar, 1975.

FERREIRA, Odila Cintra. *Resumo das origens do serviço social no Brasil.* São Paulo: [s. n.], 1959. Arquivo da PUC-SP.

FREITAG, Bárbara. *Escola, Estado e sociedade.* 3. ed. São Paulo: Cortez & Moraes, 1979.

FURTADO, Celso. *Análise do modelo político brasileiro.* 2. ed. Rio de Janeiro: Civilização Brasileira, 1972.

GRAMSCI, Antonio. *Os intelectuais e a organização da cultura.* Rio de Janeiro: Civilização Brasileira, 1969.

KFOURI, Nadyr Gouveia. Em: Congresso Brasileiro de Assistentes Sociais, 1, 1974, Rio de Janeiro. *Anais...* Rio de Janeiro: CFAS/CRAS, 1974.

KRUSE, Herman C. *Filosofía del siglo XX y servicio social.* Buenos Aires: Ecro, 1970.

LIMA, Boris Alexis. *Contribuição à metodologia do serviço social.* São Paulo: Interlivros: 1975.

LÖWY, Michael. "O positivismo". Em: LÖWY, Michael. *Método dialético e teoria política.* Rio de Janeiro: Paz & Terra, 2018.

MARX, Karl; ENGELS, Friedrich. *La ideologia alemana.* 5. ed. Barcelona: Grijalbo, 1974.

ODÁLIA, Nilo. "O Brasil nas relações internacionais: (1945-1964)". Em: MOTA, Carlos Guilherme (org.). *Brasil em perspectiva.* 3. ed. São Paulo: Difel, 1971.

RODRIGUES, J. Albertino. "Movimento sindical e situação da classe operária". Em: PRADO JR., Caio. *Debate & crítica.* São Paulo: Hucitec, 1974.

SESC. Administração Nacional. *Ação social educativa: pelo bem-estar do empregado no comércio.* Rio de Janeiro: Sesc. Folheto impresso.

SESC. Departamento Nacional. *Carta da paz social.* Rio de Janeiro: Sesc, 1971. Edição comemorativa do Jubileu de Prata.

SESC. Departamento Nacional. *Ano jubileu: 25 anos de Sesc.* Rio de Janeiro: Sesc, 1972.

SESC. *30 anos de atividades*. Rio de Janeiro: Sesc, 1976.

SESI. Subdivisão de Informações. *Estrutura, diretrizes e política de ação*. Rio de Janeiro: Ditec.

SKIDMORE, Thomas. *Brasil: de Getúlio a Castelo (1930-1964)*. 4. ed. São Paulo: Paz & Terra, 1975.

SOLA, Lourdes. "O golpe de 37 e o Estado Novo". Em: MOTA, Carlos Guilherme (org.). *Brasil em perspectiva*. 3. ed. São Paulo: Difel, 1971.

VIANNA, Luiz Werneck. *Liberalismo e sindicalismo no Brasil*. São Paulo: Paz & Terra, 1976.

VILLAÇA, Antonio Carlos. *O pensamento católico no Brasil*. Rio de Janeiro: Zahar, 1975.

WEFFORT, Francisco. "Estado e massas no Brasil". *Revista Civilização Brasileira*. Rio de Janeiro: 1966, n. 7.

8.

SESC: ANATOMIA DE UM PERCURSO[1]

Mauro Lopez Rego[2]

Seja para os que usufruem do Serviço Social do Comércio (Sesc), seja para aqueles que nele trabalham, seja para os que apenas o conhecem, uma pergunta pode eventualmente pairar: o que deu origem e conformou perfil tão singular entre as instituições brasileiras?

Uma parcela de amargo senso comum costuma afirmar que somos um país de memória curta e planejamento incerto. Que nos comprazemos em glorificar o errado e em desmerecer o certo. Que valorizamos apenas o que vem de fora, não reconhecendo os próprios méritos. Com ironia, há entre nós quem afirme que "se algo só existe no Brasil e não é jabuticaba, então é besteira".

Contrariando acepções pessimistas, algumas realizações nacionais podem ser relacionadas. Entre elas, defendo a inclusão do Sesc. Genuinamente brasileiro, empreitada que se mantém viva e em permanente aperfeiçoamento em suas quase oito décadas, emergiu num contexto de graves tensões sociais e econômicas. Idealizadores, gestores e técnicos, empenhados em mostrar sua validade, induziram

---

1 Agradecimentos a Maria Celina Soares d'Araújo pela paciente orientação, a Valéria Rôças pela leitura e contribuições, e a Fátima Salerno pela revisão e organização das referências.

2 Engenheiro, mestre em gestão e arte-educador. Atuou no Sesc de 1992 a 2016 em divulgação científica e no planejamento e gestão de programas em educação, saúde, cultura, lazer e assistência, nos órgãos do departamento nacional, no Sesc Pantanal (MT) e nos departamentos regionais no Acre, Rondônia, Rio Grande do Sul e Rio de Janeiro, em que ocupou cargos de direção.

sucesso inicial que logo se realimentou e fez de suas realizações seu maior combustível.

Este texto tem por intenção descrever origens, condicionantes e fundamentos que estruturaram e fizeram do Sesc o que é hoje. Na primeira parte, é descrita a situação do país nos anos que antecederam a criação dos serviços sociais autônomos, entre os quais se situa o Sesc. Na segunda, são relacionados aspectos estruturantes de sua organização e funcionamento. Na terceira, apresentam-se as concepções que, explícita ou implicitamente, condicionaram sua concepção e seu funcionamento.

Contexto histórico e origem das entidades "S"

O país agrário e oligárquico que o Brasil herdou do século XIX começou a enfrentar, nas décadas de 1910 e 1920, etapas e frentes sucessivas de transformação, nos campos da política, da organização social e da cultura. Denominada *tenentismo*, a agitação militar da parcela jovem do oficialato do Exército teve o condão de canalizar a insatisfação com as estruturas de poder que subsistiam inalteradas desde a proclamação da República. Os tenentes empunhavam bandeiras como o voto secreto e livre, e também a reforma na educação pública.

Durante as décadas seguintes, os principais integrantes do movimento tenentista estiveram envolvidos nos momentos políticos mais importantes do país. Depois da Revolução de 1930, muitos foram designados interventores nos estados da Federação, lidando, a um só tempo, com as tensões sociais nacionais e locais.

A movimentação política no Brasil nas décadas de 1920 e seguintes se deu no contexto de polarização entre as forças do capital e do trabalho, representada pela agitação operária nos Estados Unidos e na Europa, e pelo percurso da Revolução Russa de 1917, sucedida pela criação da União das Repúblicas Socialistas Soviéticas no mesmo ano do tenentismo, 1922.

Em paralelo às tensões ideológicas, a partir do *crash* da Bolsa de Nova York, em 1929, o cenário econômico foi agravado pela depressão que se abateu sobre as maiores economias da época, mas que em alguns países, como no Brasil, terminou por contribuir com a industrialização.

Esses elementos se manifestaram intensamente durante o tempo em que Getúlio Vargas ocupou o poder, de 1930 a 1945. Tensões políticas internas foram condicionadas pelo embate global entre capitalismo e socialismo, pelo avanço do nacional-socialismo na Europa e pela consequente eclosão, em 1939, da Segunda Guerra Mundial. No ambiente interno, o governo logrou, ao mesmo tempo, favorecer o crescimento da indústria por meio da política de substituição de importações e instituir legislação trabalhista, legado de enorme significado eleitoral.

Foi nessa atmosfera social e política que o Sesc surgiu como *constructo* organizacional absolutamente singular em suas conexões com a economia e com o poder constituído.

O Sesc é uma instituição destinada à prestação de serviços que visam ao bem-estar dos trabalhadores e de seus familiares nos setores de comércio e serviços. Sua criação se deu em 1946, apenas alguns meses depois da do Serviço Social da Indústria (Sesi), formulado com os mesmos objetivos em relação aos trabalhadores da indústria.

Sesc e Sesi foram fundados sob inspiração da Carta da Paz Social, divulgada pela Confederação Nacional da Indústria (CNI) e pela Confederação Nacional do Comércio (CNC) em fins de 1945. A Carta da Paz Social defendia a cooperação entre as classes e destas com o governo, visando ao desenvolvimento econômico e à "paz social". Esses objetivos seriam obtidos através de "estreito entendimento entre empregadores e empregados", o que permitiria "a aqueles o exercício livre e estável de suas atividades e a estes uma existência digna e a crescente participação na riqueza produzida [...]"[3].

A Carta da Paz Social configura, para o campo social, as propostas dos empresários para o ordenamento econômico do país resultantes da Conferência Nacional das Classes Produtoras, também chamada de Conferência de Teresópolis, realizada em maio de 1945, no estado do Rio de Janeiro. Essa conferência reunira empresários da

---

3   Sesc, *Carta da paz social*, Rio de Janeiro: Sesc, 1971, p. 3.

indústria, do comércio e da agricultura no ambiente de encerramento da Segunda Guerra e de enfraquecimento do Estado Novo, "momento crucial para a definição do papel que deveriam desempenhar as 'classes produtoras' na nova ordem que se anuncia"[4].

A Conferência de Teresópolis postulava junto ao governo a política aduaneira como forma de proteção à indústria nacional, confirmando o modelo de *substituição de importações* defendido pelos industriais desde a década anterior. No entanto, em Teresópolis, os empresários adotaram, ante as reivindicações da classe trabalhadora, postura de maior flexibilidade do que a observada em conclaves anteriores, condicionados pelo momento político de redemocratização e pelo horizonte de acirramento da concorrência no mercado internacional motivado pelo fim do conflito bélico.

Sesc e Sesi formam, com o Serviço Nacional de Aprendizagem Industrial (Senai) e o Serviço Nacional de Aprendizagem Comercial (Senac), o conjunto de entidades mais antigas do assim chamado Sistema S[5], ao qual vieram se agregar, na década de 1990, o Serviço Brasileiro de Apoio às Micro e Pequenas Empresas (Sebrae), o Serviço Social dos Transportes (Sest), o Serviço Nacional de Aprendizagem dos Transportes (Senat), o Serviço Nacional de Aprendizagem Rural

---

4   Ignacio Godinho Delgado, *Previdência social e mercado no Brasil*, São Paulo: LTr, 2011, p. 121.

5   O termo Sistema S é questionável, uma vez que seus integrantes não constituem propriamente um sistema. Mesmo sem acepção única, a denominação se generalizou e se instituiu na prática, passando a incluir organizações com idêntica forma de financiamento - recolhimento compulsório que incide sobre folhas de pagamento de empresas privadas. Tal alargamento do termo ensejou, para alguns casos, a inclusão de instituições desprovidas do "S" inicial, como exemplificam os casos da Apex e da ABDI. No entanto, decisão do Supremo Tribunal Federal de 2014 que rejeitou a obrigatoriedade de concurso público para os serviços sociais autônomos "alertou para a necessidade de não se confundir essas entidades e tampouco equipará-las a outras criadas após a CF/1988, como a Associação de Pioneiros Sociais (APS), a Agência de Promoção de Exportações do Brasil (Apex) e a Agência Brasileira de Desenvolvimento Industrial (ABDI), cuja configuração jurídica teria peculiaridades próprias [...]" (Brasil, *Informativo STF n. 759*, Brasília, STF, 2014). Para efeitos deste texto, importa manter o foco nos serviços sociais autônomos, voltados à formação profissional, bem estar social e desenvolvimento econômico.

(Senar) e o Serviço Nacional de Aprendizagem do Cooperativismo (Sescoop).

A criação do Senai, do Sesi, do Senac e do Sesc resultou, portanto, da articulação havida nas décadas de 1930 e 1940 entre o empresariado e o governo, atendendo a propósitos comuns de modernização e industrialização da economia e de estabilidade social, que endossavam ideais de nacionalismo e racionalização. Senai e Senac receberam como missão a formação e a capacitação das massas trabalhadoras para o esforço de modernização do país. Necessidade identificada como determinante para a atividade industrial, uma vez que se havia fortalecido a acepção de que os trabalhadores brasileiros tinham baixa escolaridade e escassa formação profissional especializada.

A criação da primeira dessas entidades, o Senai, em 1942, foi resultado de um processo em que o empresariado organizado discutiu com o governo a maneira de financiar e viabilizar a oferta de operários especializados ao mercado de trabalho. No ambiente internacional, a guerra provocara demanda por artigos industrializados, que a produção nacional se esforçava por atender. Por outro lado, a entrada do Brasil na guerra, ao lado dos aliados, dava à existência do Senai conotação de união entre as classes para o esforço da pátria contra os inimigos da nação. O Senac foi fundado em janeiro de 1946, com o intuito de fazer para os setores do comércio e dos serviços aquilo que tinha sido atribuído ao Senai para a indústria.

Por sua vez, Sesi e Sesc foram instituídos com a missão de promover a "paz social", isto é, de se contrapor ou atenuar a agitação sindical baseada na insatisfação do operariado com as condições de trabalho e com os salários recebidos. Nesse tocante, mais uma vez, governo e empresariado atuaram em direta colaboração, agora para impedir o avanço do ideário comunista, como afirmado por Ignacio Godinho Delgado:

> A aceitação do alargamento da proteção social dispensada pelo Estado, acompanhada da acentuação do controle das entidades empresariais e de trabalhadores sobre os organismos públicos de previdência, combinava-se à criação de entidades semiprivadas, como o Sesi, no sentido de mitigar a influência dos comunistas

sobre os trabalhadores industriais, de modo a assegurar-se o "clima de cooperação, fraternidade e respeito recíproco", condição para que, nos termos da Carta da Paz Social, fossem estabelecidas "as bases de uma verdadeira democracia" e mantidas as "liberdades públicas" e o "equilíbrio social"[6].

Tal diagnóstico é encontrado de forma ainda mais enfática na obra de Barbara Weinstein[7], que relaciona três fatores que agravaram a questão social e operária na primeira metade da década de 1940: a alta do custo de vida, pouco amenizada pelos aumentos concedidos no salário mínimo ou voluntariamente por parte das empresas; o descumprimento das leis trabalhistas por Vargas, sob o pretexto da mobilização de guerra; e o afrouxamento do controle do governo sobre o movimento do operariado, naquilo que foi entendido como manobra de Vargas para sustentar seu poder político, já em declínio. Ao se referir ao Sesi, a autora afirma:

> Visto que a maior preocupação no meio urbano era o problema da carestia, boa parte das verbas e das atividades da nova organização destinava-se a programas de assistência material, especialmente aos postos de abastecimento. Para a liderança dos industriais, contudo, o problema mais grave era o ressurgimento da militância operária e a revitalização do PCB, cujo candidato recebeu 10% dos votos na eleição presidencial. *Por isso, o Sesi procurava fomentar a cooperação entre as classes e a paz social como forma de combate ao comunismo*[8].

A criação do Sesi, secundada pela do Sesc, tinha o objetivo de combater a agitação operária de inspiração "comunista" ou "revolucionária", mas também neutralizar as críticas da classe média, de que o governo era influenciado pelo empresariado, como afirmado por Barbara Weinstein:

---

6 Ignacio Godinho Delgado, "Empresariado e política social no Brasil", Rio de Janeiro: 7Letras, 1999, pp. 158-9.

7 Barbara Weinstein, *(Re)formação da classe trabalhadora no Brasil, 1920-1964*, São Paulo: Cortez, 2000, pp. 123-7.

8 *Ibidem*, p. 133, grifo nosso.

Além de temerem o protesto popular devido ao aumento do custo de vida, às longas horas de trabalho e aos frequentes acidentes de trabalho, as lideranças industriais temiam também a crescente oposição de setores da classe média urbana à indústria e à relação privilegiada que esta mantinha com o governo central. Visto que seriam necessárias tarifas protecionistas cada vez mais altas e maior apoio do governo para amparar as empresas incipientes durante o pós-guerra, os interesses dos industriais poderiam ser seriamente ameaçados se poderosos setores políticos urbanos rejeitassem a ideia de que o crescimento industrial era fundamental para a segurança e a prosperidade nacional[9].

Como vemos, uma das preocupações do empresariado era a acusação de que o governo seria especialmente complacente quanto às suas necessidades, o que seria, em parte, atenuado com a criação do Sesi e do Sesc. No entanto, a criação dessas entidades pode ser interpretada exatamente como uma demonstração dessa complacência, uma vez que, através dela, os representantes do empresariado não só receberam o aval e os recursos para conduzir as ações destinadas aos trabalhadores, como também puderam auferir ganhos políticos pelo desempenho dessa missão.

Nesse contexto, Sesi e Sesc nasceram com a missão de atuar no sentido de minimizar a problemática social e tendo como clientela especificamente definida os trabalhadores (e seus familiares) dos respectivos setores contribuintes, indústria no caso do primeiro, comércio e serviços no caso do segundo.

Por sua conformação, é possível dizer que Sesc, Sesi, Senac e Senai vieram compor a versão brasileira do Estado do bem-estar, atendendo a uma lógica distributiva e de cooperação entre as classes sociais. No Estado de bem-estar, o governo cumpre o papel de assegurar as condições mínimas necessárias a uma "existência digna", ainda que elas sejam de difícil delimitação, conforme descreve Pierre Rosanvallon[10]. Esse autor situa a origem do Estado de bem-estar (que seria uma das versões daquilo que

---

9 *Ibidem*, p. 125.
10 Pierre Rosanvallon, *A crise do Estado-providência*, Brasília: Editora UnB, 1997.

é denominado de Estado-providência) na principal função do Estado moderno: a de Estado protetor, cuja formulação pretende, em síntese, eliminar a incerteza.

Na leitura marxista desse modelo de Estado, o governo assume maior intervenção no domínio econômico e social condicionado por dois fatores preponderantes: o provimento das condições para o desenvolvimento econômico e a neutralização do movimento operário.

A partir dessa interpretação, Senai e Senac seriam uma resposta ao primeiro dos fatores (necessidade de condições para o desenvolvimento econômico), ao garantir a formação e a qualificação dos trabalhadores necessárias à atividade produtiva; Sesi e Sesc, por sua vez, constituiriam resposta ao segundo (neutralização do movimento operário), ao oferecer respostas às reivindicações dos trabalhadores. No entanto, embora os fatores a serem respondidos fossem os mesmos identificados nos contextos de outros países, o fato é que essas organizações foram concebidas como exteriores ao governo, o que denota característica à parte, conforme assinalado por Barbara Weinstein:

> O que os industriais propunham não era um Estado de bem-estar social do tipo que estava sendo criado em países capitalistas mais desenvolvidos, mas antes uma espécie de capitalismo de bem-estar: a atuação direta do capital no fornecimento de produtos mais baratos e serviços sociais para combater a "pobreza" [...][11].

A afirmação de que a atuação seria "direta" ressalta o fato de o Estado não administrar os serviços cuja prestação, conforme se previa, deveria ser feita por Sesi, Sesc, Senai e Senac, e sim delegar aos empresários tal tarefa. A atuação do empresariado não seria propriamente "direta", mas intermediada por organizações sindicais patronais. Atrelava-se, portanto, à estrutura de corporativismo estatal cuja implantação se iniciara no país na década anterior.

O corporativismo começara a nortear a instituição da legislação sindical a partir de 1930, definindo sindicatos patronais e de

---

11 Barbara Weinstein, *op. cit.*, p. 162.

trabalhadores como organizações de direito privado, mas subordinadas ao Estado. Segundo Maria Celina D'Araujo:

> No início do século XX a doutrina corporativista ganhava vigor em vários países do mundo e era apresentada como alternativa tanto para o capitalismo quanto para o socialismo. [...]
>
> Com ela, buscava-se manter as hierarquias, mas diminuir as desigualdades sociais; evitar o conflito e banir a luta de classes; gerar harmonia social, progresso, desenvolvimento e paz. *Para tanto, o Estado precisaria ser investido de mais poder*[12].

A marca do corporativismo implantado no Brasil foi o papel assumido pelo Estado, como regulador das relações entre trabalhadores, empresas e sindicatos, e entre estes e o próprio Estado. Através da estrutura sindical, cada indivíduo passava a ser concebido como parte do Estado, *via ocupação no sistema produtivo*. É essa forma de *inclusão* que dá origem ao que Wanderley Guilherme dos Santos chama de *cidadania regulada*:

> Por *cidadania regulada* entendo o conceito de cidadania cujas raízes encontram-se, não em um código de valores políticos, mas em um sistema de estratificação ocupacional, e que, ademais, tal sistema de estratificação é definido por norma legal. Em outras palavras, são cidadãos todos aqueles membros da comunidade que se encontram localizados em qualquer uma das ocupações *reconhecidas* e *definidas* em lei. A extensão da cidadania se faz, pois, via regulamentação de novas profissões e/ou ocupações, em primeiro lugar, e mediante ampliação do escopo dos direitos associados a estas profissões, antes que por expansão dos valores inerentes ao conceito de membro da sociedade[13].

Em resumo, o Sesc e suas entidades coirmãs tiveram origem num contexto de afirmação da industrialização e da urbanização brasileiras,

---

12 Maria Celina D'Araujo, "Estado, classe trabalhadora e políticas sociais", Rio de Janeiro, Civilização Brasileira, 2011, pp. 3-4, grifo nosso.

13 Wanderley Guilherme dos Santos, *Décadas de espanto e uma apologia democrática*, Rio de Janeiro: Rocco, 1998, p. 103, grifo do autor.

sob a égide de um Estado autoritário, regulador, desenvolvimentista e intervencionista. Foi então que se conformou a resposta às reivindicações do movimento operário: estabelecimento da legislação trabalhista, regulação da sindicalização e concessão de direitos associados aos papéis dos indivíduos na cadeia de profissões reconhecidas pelo Estado.

Fundamentos da engenharia institucional

Certidão de nascimento do Sesc, o Decreto-Lei nº 9.853/1946 instituiu as linhas mestras de desenho que subsiste até hoje.

> Art. 1o – Fica atribuído à Confederação Nacional do Comércio o encargo de criar o Serviço Social do Comércio (Sesc), com a finalidade de planejar e executar, direta ou indiretamente, medidas que contribuam para o bem-estar social e a melhoria do padrão de vida dos comerciários e suas famílias, e, bem assim, para o aperfeiçoamento moral e cívico da coletividade[14].

Do decreto-lei de criação decorrem as características estruturantes do Sesc, significativas na constituição de uma identidade nacional.

Estatuto privado

Instituído pelo Estado, o Sesc é organismo privado mantido por empresários em favor de finalidades públicas. Tal condição tem correspondência direta com a articulação que permitiu sua criação e transfere aos empresários, ao mesmo tempo, o ônus e o bônus de sua condução.

A condição de organização privada conferiu ao Sesc características que vieram a se materializar na prática, fortalecendo o discurso que ensejou sua origem. A gestão *racional*, enxuta, prática e eficaz é a face empresarial de uma ação dirigida à coletividade e serve de

---

14 Brasil, Decreto-Lei n. 9.853, de 13 de setembro de 1946, *op. cit.*

explicação e diretriz para a busca da excelência em fundamentos, métodos e resultados.

Criados e dirigidos com dinamismo, e dispostos a mostrar a validade de sua existência numa época em que os serviços públicos ensaiavam seus primeiros passos, Sesc e Sesi se tornaram referências para afirmar a maior eficácia das organizações privadas em relação às públicas.

É também essa origem privada que confere ao Sesc e ao Sesi a condição de precursores do que viria a ser, décadas depois, a chamada *responsabilidade social empresarial*, pela qual empresas não devem visar somente resultados econômicos, mas também interação positiva e *responsável* com a sociedade como um todo, como ilustra estudo acerca das conexões entre o Sesc e o conceito:

> A preocupação com o bem-estar e com a redução das desigualdades sociais foi progressivamente incorporada por agentes da sociedade civil, preocupação que também se refletiu na visibilidade adquirida pelo conceito e pelas práticas da responsabilidade social junto aos meios acadêmicos e de comunicação. Desta forma, à revisão do papel do Estado enquanto provedor de atenção aos problemas sociais, uniu-se a concepção de que esta atenção poderia e deveria ser incorporada por outros agentes da sociedade: empresas, cidadãos e suas associações livres[15].

A natureza privada do Sesc foi reiterada pelo Supremo Tribunal Federal em acórdão de 2014, que rejeitou a tese defendida pelo Ministério Público do Trabalho de obrigatoriedade de realização de concurso público para a admissão de pessoal:

> Os serviços sociais autônomos integrantes do denominado Sistema "S", vinculados a entidades patronais de grau superior e patrocinados basicamente por recursos recolhidos do próprio setor produtivo beneficiado, ostentam natureza de pessoa jurídica de direito privado e não integram a Administração Pública, embora colaborem com ela na execução de atividades de relevante

---

15 Mauro Lopez Rego, *A responsabilidade social como resposta do Sistema S ao ambiente institucional brasileiro pós-década de 1990: o caso do SESC*, Fundação Getúlio Vargas, Rio de Janeiro, 2002, p. 23.

significado social. Tanto a Constituição Federal de 1988 como a correspondente legislação de regência [...] asseguram autonomia administrativa a essas entidades, sujeitas, formalmente, apenas ao controle finalístico, pelo Tribunal de Contas, da aplicação dos recursos recebidos[16].

Universalidade

A origem e a destinação dos recursos têm por premissa a totalidade de contribuintes, por um lado, e de beneficiários, por outro. A universalidade está à jusante do pensamento utilitarista, que professa agir em favor da maior felicidade para o maior número, distribuindo seu custeio proporcionalmente às possibilidades de cada um. Além de afirmar o bem comum como valor superior, promove a integração "corporativa", formando rede de solidariedade direta entre patrões e empregados do mesmo ramo da atividade econômica.

Federalismo e natureza distributiva

O artigo 4º do decreto-lei que criou o Sesc prevê a aplicação de recursos na mesma unidade da Federação de sua arrecadação, em no mínimo 75%. O dispositivo assegura a proporcionalidade na distribuição da maior parte dos recursos e, ao mesmo tempo, demonstra intenção distributiva, de até 25% da arrecadação. Dada a enorme disparidade entre as economias dos entes federativos, esse percentual garante subsídios para preservar características comuns ao Sesc em todos os estados.

O propósito distributivo reforça uma concepção central: a valorização da Federação, pela presença homogênea em todo o país, e a atenção ao equilíbrio entre global e específico, entre nacional e estadual.

---

16 Brasil, *Inteiro teor do acórdão*, Brasília: STF, 2014.

Governança: unidade normativa versus descentralização administrativa

O Sesc foi criado para ser único no país e atuar em conformidade com as peculiaridades locais. Para equilibrar e compatibilizar visões e contextos tão díspares, a legislação previu a composição de um conselho nacional, órgão máximo deliberativo, e de conselhos regionais, à razão de um por unidade da Federação. Essa forma de organizar e compor visões distintas é ponto fulcral da governança da instituição: é por meio dela que uma única missão é compreendida e desdobrada nos múltiplos cenários nacionais.

Ideias-forças

Fruto de seu tempo e contexto histórico, o Sesc resulta não somente de conjunturas políticas e sociais, mas também de concepções teóricas e metateóricas que fundam a compreensão de sua forma de atuar.

Modernidade

O Sesc é instituição fortemente condicionada pelo paradigma da modernidade. O primeiro argumento a contribuir para essa constatação é a própria ideia de modernidade, conceituada por Touraine como

> [...] a afirmação de que o homem é o que ele faz, e que, portanto, deve existir uma correspondência cada vez mais estreita entre a produção, tornada mais eficaz pela ciência, a tecnologia ou a administração, a organização da sociedade, regulada pela lei, e a vida pessoal, animada pelo interesse, mas também pela vontade de se liberar de todas as opressões[17].

Essa concepção apresenta o homem como gestor de sua presença na Terra, trazendo implícito o atributo da razão como instituinte de

---

17 Alain Touraine, *Crítica da modernidade*, Petrópolis: Vozes, 1994, p. 9.

"correspondência entre a ação humana e a ordem do mundo". Além disso, essa afirmação já configura a importância do *social* para a atribuição de valores, pois a "sociedade substitui Deus como princípio do juízo moral [...]"[18]. A atribuição dessa importância à sociedade encontra respaldo no utilitarismo, tido como base ética para a construção do Estado de bem-estar. É a perspectiva utilitarista que define os princípios fundamentais da taxação, da tributação, e a ideia de justiça distributiva. Essa perspectiva se confirma no modelo implantado para o subsídio aos serviços sociais: a arrecadação compulsória junto ao empresariado de todo o país, num percentual único sobre as folhas de pagamento de cada estabelecimento. A sociedade, em seu sentido amplo, ainda é referida como valor no próprio enunciado das finalidades do Sesc, que, além dos propósitos de contribuir para o bem-estar social e a melhoria do padrão de vida dos trabalhadores do comércio, intenciona o "aperfeiçoamento moral e cívico da coletividade".

Outra característica dos serviços sociais que remete ao conceito de "moderno" é que são voltados para as massas, preconizando atendimento em larga escala, para a totalidade dos trabalhadores de cada setor. Isso confere à sua existência o simbolismo de pacto que inicia um novo tempo: a nova sociedade que emerge da razão e que tem por premissa o bem comum para todos.

Positivismo

O positivismo tem raízes no Iluminismo, e suas premissas tiveram papel importante a partir do século XVIII no questionamento ao Estado feudal absolutista. Não obstante seu caráter revolucionário inicial, na medida em que questionava as concepções dogmáticas e teológicas a respeito da organização da sociedade, adquiriu, no século XIX, uma feição fortemente (e assumidamente) conservadora, defendida por Augusto Comte, numa reação a ideias negativas, anárquicas e subversivas da filosofia iluminista e do socialismo utópico.

---

18 *Ibidem*, p. 24.

O positivismo encontrou na segunda metade do século XIX grande campo para a expansão de suas concepções, devido a dois fatores principais:

- o capitalismo operara mudança substancial no sistema produtivo, provocando expansão permanente na racionalidade instrumental;
- a dominação política do Estado carecia de legitimação, que passou a ser dada pela ciência e pela técnica.

Foram esses dois fatores que levaram a ciência e a tecnologia à condição de determinantes ideológicos que têm para a sociedade atual, vindo a se tornar não somente agentes da ideologia, mas ideologias em si mesmas e formas de dominação e controle do meio social.

Simultaneamente à sua ascensão como corrente de ideias de caráter conservador, o positivismo sempre enfatizou sua pretensão de neutralidade, tentando parecer alheio à sua ideologização, conforme exposto por Michael Löwy. Como destaca esse autor, no entanto, "a apologia ideológica da ordem (industrial/burguesa) estabelecida nada mais é do que o avesso, o revestimento do discurso positivista, cujo lado direito, a face visível, é o axioma de uma ciência natural, neutra e rigorosamente objetiva, dos fatos sociais"[19].

Influenciadas pelo positivismo, as ciências sociais, muitas vezes, tentaram transpor métodos que obtiveram sucesso nas "ciências da natureza" para as "ciências do homem".

A lei de criação do Sesc pode ser citada como efeito dessa concepção de serviço social como sinônimo de atividade que promove ajustes sobre o contexto social:

> Art. 1º – Fica atribuído à Confederação Nacional do Comércio o encargo de criar o Serviço Social do Comércio (Sesc), com a finalidade de planejar e executar, direta ou indiretamente, medidas que contribuam para o bem-estar social e a melhoria do padrão de vida

---

19 Michael Löwy, *As aventuras de Karl Marx contra o barão de Munchhausen: marxismo e positivismo na sociologia do conhecimento*, São Paulo: Busca Vida, 1987, p. 25.

dos comerciários e suas famílias, e, bem assim, para o aperfeiçoamento moral e cívico da coletividade[20].

A influência do positivismo é também evidenciada pela já citada lei de criação do Sesc, efeito da concepção de serviço social como atividade que promove ajustes sobre o contexto social. De forma semelhante, as incumbências do Sesc, relacionadas no Decreto n° 61.836/1967, em seu artigo 3°, incluem a de "promover, por processos racionais e práticos, a aproximação entre empregados e empregadores"[21].

É possível observar nessas formulações o pressuposto de que as organizações podem interferir sobre a realidade de suas clientelas, visando a correção dos problemas, que são, portanto, passíveis de ajustes. Está presente o modelo determinista de interferência na realidade, em que um sujeito racionalmente definido atua sobre um objeto: as condições de vida da classe comerciária.

Racionalidades instrumental e substantiva

A rápida transformação trazida pela modernidade na política, na economia, nos modos de produção conduziu à razão a atribuição central na reestruturação das normas e conceitos válidos para essa sociedade modificada[22].

---

20 Brasil, Decreto-Lei n. 9.853, de 13 de setembro de 1946, *op. cit.*

21 Brasil, Decreto n. 61.836, de 5 de dezembro de 1967, *Diário Oficial da União*, Brasília, 11 dez. 1967, p. 12.298.

22 "A mais forte concepção ocidental da modernidade, a que teve efeitos mais profundos, afirmou principalmente que a racionalização impunha a destruição dos laços sociais, dos sentimentos, dos costumes e crenças chamadas tradicionais, e que o agente da modernização não era categoria ou uma classe social particular, mas a própria razão e a necessidade histórica que prepara seu triunfo. [...] Esta não é obra de um déspota esclarecido, de uma revolução popular ou da vontade de um grupo dirigente; ela é a obra da própria razão e, portanto, principalmente da ciência, da tecnologia e da educação, e as políticas sociais de modernização não devem ter outro objetivo que o de desembaraçar o caminho da razão" (Alain Touraine, *op. cit.*, pp. 18-9).

O século XIX vê o domínio da razão alargar-se com descobertas científicas e tecnológicas levadas aos meios de produção econômica e com a progressiva atomização do trabalho, que é cada vez mais repartido em tarefas distintas, visando o aumento da produção e a redução de custos. Max Weber assinalou duas formas de racionalidade: a "instrumental" (ou "quanto a fins") e a "material" (ou "quanto a valores", ou ainda "substantiva"). A compatibilização dessas duas racionalidades é de difícil concretização já no nível da experiência individual, estabelecendo a dicotomia entre a ética, a moral e a religião, por um lado, e a satisfação dos desejos e necessidades pessoais, por outro.

A tensão entre racionalidade formal e substantiva surge ao se analisar a existência dos serviços sociais autônomos. Por um lado, há autores para os quais é claro que a criação dessas instituições obedeceu a uma racionalidade instrumental. Como assinalado por Faleiros[23], a obra educativa dessas instituições deveria contribuir "com o aumento da produção e da produtividade, num esquema de racionalização do trabalho [...]". Para ele e outros autores, a fundação dessas instituições seria, na verdade, uma ação estratégica, isto é, visaria fins últimos de incremento da atividade econômica. Por outro lado, essas instituições não visam o lucro e têm fins exclusivamente sociais, não obedecendo estritamente à lógica do capitalismo.

A racionalidade substantiva está presente na própria ideia da qual partem os serviços sociais autônomos, pois sua finalidade é ajudar classes menos favorecidas. Como expressão dessa intenção, pode ser citada a Carta da Paz Social, elaborada pelos representantes das classes produtoras na Conferência de Teresópolis, tomada como fundamento para a posterior consolidação do Senai, Sesi, Senac e Sesc.

> Os empregadores e empregados que se dedicam, no Brasil, aos vários ramos de atividade econômica reconhecem que uma sólida paz social, fundada na ordem econômica, há de resultar precipuamente de uma obra educativa, através da qual se consiga

---
[23] Vicente de Paula Faleiros, *A política social do estado capitalista: as funções da previdência e assistências sociais*, São Paulo: Cortez, 1980, p. 138.

fraternizar os homens, fortalecendo neles os sentimentos de solidariedade e confiança. [...]

Com esse propósito, e na convicção de que nada será conseguido sem o mais estreito entendimento entre empregadores e empregados, o qual permita a aqueles o exercício livre e estável de suas atividades e a estes uma existência digna e a crescente participação na riqueza produzida, solenemente assumem o compromisso de propugnar a consecução desses objetivos, mediante o recíproco reconhecimento de direitos e deveres, dentro de um verdadeiro regime de justiça social, na forma abaixo delineada:

1 [...]

2 O capital não deve ser considerado apenas instrumento produtor de lucro, mas, principalmente, meio de expansão econômica e bem-estar coletivo. O trabalho é um direito de cada um a participar na vida social e um dever de para ela contribuir com o melhor de suas aptidões, assegurando aos trabalhadores um salário que lhes garanta uma existência digna, sã e eficiente.

3 Não só por motivo de solidariedade social, mas de conveniência econômica, deve ser o mais rapidamente possível aumentado o poder aquisitivo da população, principalmente rural, visando incrementar a prosperidade do país e fortalecer o mercado consumidor interno[24].

A presença dos dois tipos de racionalidade mostra como não há propriamente ação dirigida exclusivamente para qualquer uma delas; apenas há de se reconhecer o predomínio da racionalidade formal ou funcional.

Burocracia

Sob o ponto de vista das ciências sociais, a burocracia é fenômeno social que merece olhar atento para a sua compreensão. Tem origens remotas, mas encontra no Iluminismo e na Revolução Industrial grandes fatores para a sua afirmação como principal sistema de organização

---

24 Sesc, *op. cit.*, pp. 3-5.

da sociedade, como veio a se tornar no século XX. Foi durante o século XIX que se operou, em larga escala, uma mudança de referenciais para o indivíduo, do dogmático para o racional, de Deus para a sociedade. É também nesse século que se dá a afirmação do capitalismo, que encontra na burocracia instrumento para promoção da acumulação de capital e controle necessário da força de trabalho.

Os serviços sociais são acentuadamente burocráticos na acepção que Weber dá ao termo, isto é, apresentam todas as características do tipo ideal weberiano de burocracia, como discriminadas por Tenório[25]: a lei e as normas como suas instâncias máximas; hierarquia e definição determinística do papel de cada agente como bases de seu funcionamento ordenado; integrantes designados por competência técnica com alto grau de especialização; trabalhadores que não são detentores de seus locais de trabalho, ocupando cargos e funções separados da posse dos meios de produção.

Algumas particularidades das entidades "S" enfatizam aspectos burocráticos: 1) são fundadas numa acepção racional, criadas por leis específicas, que definem formas de atuação e financiamento; 2) são organizadas com base na especialização e na partição do trabalho.

A ênfase burocrática, embora identificada pelos públicos externo e interno, não impede, e por vezes até motiva, o reconhecimento, pelo primeiro, de que se trata de organizações sérias e operantes; no segundo, pode ocorrer o surgimento de verdadeiros diletantes, isto é, pessoas identificadas com o trabalho, diferentemente do que pressupõe a lógica da impessoalidade, da isenção e da não identificação entre a tarefa que cada um desempenha e o produto final da organização.

E por que esse fenômeno acontece? Porque a existência dos serviços sociais atende a uma racionalidade substantiva, como afirmado anteriormente, e que pode ser constatada pelos seguintes aspectos:

---

25 Fernando Guilherme Tenório, "Weber e a burocracia", *Revista do Serviço Público*, Brasília, v. 109, n. 4, 1981, p. 85.

1. o enunciado dos propósitos das instituições se baseia numa motivação de valor da paz social e do benefício para as parcelas mais carentes da população;
2. a ação final das instituições apresenta resultados identificáveis e é percebida pelo público como efetivamente benéfica e desinteressada;
3. o trabalhador dessas instituições retira dos aspectos acima uma recompensa adicional pelo seu trabalho, a de que este é socialmente útil e significativo.

Escola clássica da administração

A chamada escola clássica da administração, ou administração científica, tem sua principal origem nas observações e considerações de Frederick Winslow Taylor, engenheiro interessado em estudar as formas de otimizar os recursos e maximizar os resultados da atividade industrial de sua época. Por partir do ponto de vista de alguém envolvido diretamente com o processo de produção, sua abordagem – e a dos seus seguidores imediatos – prendeu-se inicialmente ao estudo e ao aperfeiçoamento dos movimentos e procedimentos dos operários nas oficinas, daí seguindo para a compreensão da organização como um todo. O conjunto de ideias, princípios e métodos dos seguidores dessa escola é designado "concepção dos engenheiros", sendo a organização vista "de baixo para cima", isto é, a partir do processo produtivo industrial (e, portanto, dos escalões mais baixos da empresa) em direção à sua administração e direção.

Outro teórico que contribuiu fortemente para a administração científica foi Henry Fayol, figura maior da chamada corrente dos anatomistas, ou escola anatômica, cuja preocupação básica era "aumentar a eficiência da empresa através da forma e disposição dos órgãos componentes da organização e das suas inter-relações estruturais"[26].

---

26 Idalberto Chiavenato, *Introdução à teoria geral da administração*, São Paulo: McGraw-Hill, 1976, p. 56.

Integrada por vários executivos de empresas e por defender uma visão do conjunto das organizações, essa corrente também ficou conhecida como concepção "de cima para baixo".

Criadas em momento histórico posterior à difusão das ideias de Taylor e Fayol, as instituições de serviço social, ainda assim, foram influenciadas pela administração científica, conforme constatamos pelos exemplos a seguir.

Nas várias versões feitas ao longo dos anos para o Regimento Interno do Departamento Nacional do Sesc, fica patente a presença da escola anatômica em denominações como "divisão do trabalho", "unidade de comando", "hierarquia ou cadeia escalar" e "departamentalização", citadas frequentemente como sendo daquela escola. Sintomaticamente, o Regimento Interno do Departamento Nacional define suas subdivisões (departamentalização), respectivas áreas de atuação (divisão do trabalho) e atribuições dos diretores dos órgãos e do dirigente máximo (hierarquia e unidade de comando).

Escola de relações humanas

A escola de relações humanas veio a alterar o consenso estabelecido em torno da chamada "administração científica", ao postular que seres humanos não são movidos unicamente por interesse econômico, mas também por influências do meio social em que estão inseridos. Essas influências foram identificadas pelo estudo conhecido como "Experiência de Hawthorne", em que foi avaliada a importância da interação grupal para o desempenho de cada trabalhador.

O documento que mostra a influência da escola de relações humanas sobre o Sesc, o "Sistema de Planejamento das Delegacias Executivas", transmitia linhas teóricas e metodológicas para o planejamento dos órgãos executivos do Sesc na Amazônia. Nele, é postulada a execução periódica de um Fórum de Avaliação, consoante os seguintes pressupostos:

> a) Todas as pessoas na Entidade têm um potencial de influência, por conseguinte, detêm um poder. Esta influência potencial deve encontrar ambientação para fluir na organização. O "Fórum" de Avaliação constituirá o meio e instrumento basilar deste regime de influências, em que se buscará reduzir a distância entre os servidores e gerências e entre estas e a clientela, bem como impedir a "estanquidade" dos programas e/ou setores de trabalho; [...]
>
> d) A participação será um exercício permanente, onde a troca e a reflexão em grupo, além da solução de problemas, terão a finalidade de: 1) ampliar o acesso ao processo decisório da Entidade; 2) conceber o grupo gerencial como implementador dos objetivos provendo os meios para alcançá-los; 3) desmobilizar o mandonismo e o centralismo como recurso de gerenciamento; e 4) apreender, de tudo isto, a função administrativa dentro de uma conotação dinâmica e interacional; [...]
>
> f) A participação ocorre com a reciprocidade de influências, entre gerências, técnicos, administrativos e beneficiários. Dentro desta premissa, participação é a adoção de uma política de democratização da estrutura de poder. Criações e iniciativas nos diversos níveis da Organização constituem o resultado de influências intercambiadas[27].

Essa descrição se fundamenta em algumas das conclusões da escola de relações humanas. Ao destacar a participação, a troca e a reflexão em grupo, ela reforça a compreensão de que "frequentemente, os trabalhadores não reagem como indivíduos, mas como membros de grupos"[28]. Defende postura gerencial democrática e centrada nos objetivos, em pleno acordo com a acepção de interpenetração de autoridade em lugar de autoridade centralizada, de controle sobre fatos e procedimentos mais do que sobre pessoas. Além disso, está de acordo com a importância da liderança para o estabelecimento das normas de grupo e a distinção entre liderança formal e informal.

---

27 Maron Emile Abi-Abib, *Sistemas de planejamento: delegacias executivas*, Rio de Janeiro: Sesc, 1986, p. 7.

28 Amitai Etzioni, *Organizações modernas*, São Paulo: Pioneira, 1967, p. 59.

Enfim, ao propor democratizar a estrutura de poder, lembra como a abordagem de relações humanas

> passou a salientar a importância da *comunicação entre as posições*, da explicação, aos participantes inferiores, das razões de uma determinada orientação, a importância da *participação nas decisões* em que as posições inferiores participam das decisões tomadas pelas superiores, principalmente em assuntos que os atingem diretamente; as virtudes da *liderança democrática* que não só é extremamente comunicativa e encoraja a participação, como também é justa, não arbitrária, e tem preocupação com os problemas dos trabalhadores, não só com os do trabalho[29].

Ênfase na ação educativa

A especificidade de posicionamento do Sesc, na convergência de interesses de governos, empresários, sindicatos e trabalhadores, assim como a limitação de seus recursos frente aos amplos objetivos, impôs-lhe considerar como ampliar a efetividade de sua atuação e evitar o poder gravitacional dos conflitos entre capital e trabalho. O debate interno quanto às estratégias adotadas para tanto consolidaram ao longo dos anos o papel educativo do Sesc, afastando-o de quaisquer afinidades com posturas ditas "paternalistas" ou "assistencialistas".

> Segundo a visão estratégica dos gestores e técnicos, consolidada em documentos institucionais, para o cumprimento de suas missões maiores cabe ao Sesc atuar na premissa de que o desenvolvimento individual e o social estão intrinsecamente ligados e mutuamente realimentados.
>
> [...]
>
> Esta concepção exige que a ação do Sesc, além de prestar serviços individuais e coletivos, constitua-se vetor de desenvolvimento

---

29 *Ibidem*, p. 64, grifo do autor.

social, sendo, portanto, intrinsecamente transformadora, emancipatória e multiplicadora[30].

O viés educativo da ação do Sesc consolidou-se ao longo dos anos como verdadeira impressão digital, ao mesmo tempo estratégica e prática, presente desde a concepção e planejamento de atividades até sua efetivação, incluindo canais de comunicação, divulgação e relacionamento.

Criação e fomento ao capital social

A visita a uma unidade de serviços do Sesc em qualquer lugar do país pode causar surpresa, pois a diversidade de áreas de atuação, a natureza das abordagens, bem como bem como a multiplicidade etária, étnica e de classe de seus públicos induzem arranjo social *sui generis*. Embora menos visíveis para aqueles alheios ao funcionamento do Sesc, por trás das atividades desenvolvidas existem encadeamentos concretos e simbólicos que contribuem na sua concepção e desenvolvimento: conexões com órgãos dos três poderes e nos três níveis da federação; articulações com o empresariado local e regional; parcerias com associações de escalas diversas, inspirações teóricas de diferentes fontes.

Pelo desenho institucional de origem, pelo seu próprio movimento de afirmação, ou pela demanda da sociedade, a história fez do Sesc um *locus* privilegiado de formação e manifestação de capital social. Este conceito é entendido como um ativo composto pelos graus de confiança, cooperação e solidariedade, que vem se unir ao capital natural, ao capital financeiro e ao capital humano na apreciação das condições de desenvolvimento de determinada sociedade. Nas palavras de Maria Celina D'Araujo, capital social é:

---

30 Mauro Lopez Rego, "O que faz o Sesc: visões e intenções, conceitos e discursos", *Revista Intercâmbio*, Rio de Janeiro, v. 1, n. 3, 2013, p. 61.

> capacidade de uma sociedade de estabelecer laços de confiança interpessoal e redes de cooperação com vistas à produção de bens coletivos. [...] Capital social é a argamassa que mantém as instituições em contato entre si e as vincula ao cidadão visando à produção do bem comum[31].

Graças à convergência de visões, demandas e interesses, os centros de atividades do Sesc são locais em que encontros e conexões entre atores sociais diversos, mesmo impensados e imprevistos, tornam-se possíveis e, pela dinâmica própria de acolhimento e diálogo locais, podem frutificar.

Ainda que capital social seja conceito alheio ao conhecimento geral, a apreciação positiva do Sesc por seus frequentadores está associada a este bem coletivo e imaterial de consequências tão palpáveis: diálogos, trocas e sinergias entre pessoas, coletivos e instituições que o Sesc torna reais.

Conclusão

Origem e intenções podem ser lembradas para identificar as principais características do Sesc e as formas pelas quais se estruturou e vem operando ao longo de sua história. Sua longevidade como instituição é notável, em particular pelas mudanças que se operaram nos contextos sociais e políticos que lhe serviram de substrato.

Essa longevidade se deve, em grande parte, à plasticidade de sua atuação, mantida em torno de um núcleo inalterado de princípios e regras explícitas e implícitas. Como exemplo a ressaltar, uma das marcas preservadas pela atuação do Sesc é a da *eficácia*, que serve como justa e legítima compensação para seu arcabouço legal "atípico", sua subordinação ao poder sindical patronal e a natureza tributária de seus recursos.

---

31 Maria Celina D'Araujo, *Capital social*, Rio de Janeiro: Zahar, 2003, p. 10.

Há, no entanto, outra característica essencial a destacar no Sesc, que é a face que permite e valida a eficácia de suas ações: sua condição de ator social que age "em nome do coletivo" e "em favor do coletivo", e com permanente distanciamento de interesses partidários, particulares ou privativos. Em outras palavras, sua propalada eficácia não está a serviço de visões particulares do Estado, mas, sim, dirige-se a uma ideia de bem comum que, para surpresa de muitos, é assim tornada possível.

O maior êxito do Sesc é a sua institucionalidade: uma concepção compartilhada que se mobiliza e age em favor de princípios e objetivos.

Finalmente, embora ligado a determinado setor da economia, gerido como organização privada, não obstante criado e mantido sob auspícios do Estado, o Sesc apresenta elementos que o situam como integrante da *sociedade civil*, reunindo atores sociais movidos por interesses e objetivos superiores aos individuais e particulares. É isso que lhe proporciona credibilidade e lhe permite expandir e manter seu escopo de ação e as conexões com demais atores sociais, independentemente de seus matizes ideológicos; é isso que lhe permite prever longo e rico percurso de interações sinérgicas com a sociedade brasileira.

Bibliografia

ABI-ABIB, Maron Emile. *Sistema de planejamento: delegacias executivas*. Rio de Janeiro: Sesc, 1986.

BRASIL. Decreto n. 61.836, de 5 de dezembro de 1967. Aprova o Regulamento do Serviço Social do Comércio (SESC) e dá outras providências. *Diário Oficial da União*, Brasília, 11 dez. 1967. p. 12.298. Disponível em: http://www.planalto.gov.br/ccivil_03/decreto/1950-1969/D61836.htm. Acesso em: 8 jun. 2015.

BRASIL. Decreto-Lei n. 9.853, de 13 setembro de 1946. Atribui à Confederação Nacional do Comércio o encargo de criar e organizar o Serviço Social do Comércio e dá outras providências. *Diário*

Oficial da União, Brasília, 16 set. 1946, p. 2.947. Disponível em: http://www.planalto.gov.br/ccivil_03/decreto-lei/1937-1946/Del9853.htm. Acesso em: 8 jun. 2015.

BRASIL. Supremo Tribunal Federal. *Inteiro teor do acórdão*. Recurso Extraordinário 789.874 Distrito Federal. Brasília: STF, 2014. Disponível em: https://redir.stf.jus.br/paginadorpub/paginador.jsp?docTP=TP&docID=7273390. Acesso em: 30 jun. 2015.

BRASIL. Supremo Tribunal Federal. *Informativo STF n. 759*. Brasília: STF: 2014. Disponível em: www.stf.jus.br/arquivo/informativo/documento/informativo759.htm. Acesso em: 28 jun. 2015.

CHIAVENATO, Idalberto. *Introdução à teoria geral da administração*. São Paulo: McGraw-Hill, 1976.

COELHO, Clementino. *Discurso na Câmara dos Deputados*. Brasília: Câmara dos Deputados, 2000. Disponível em: http://sites.uol.com.br/cscoelho/Discursos/discurso_11_12_00_sistema_S.htm. Acesso em: 30 maio 2002.

D'ARAUJO, Maria Celina. "Estado, classe trabalhadora e políticas sociais". Em: FERREIRA, Jorge; DELGADO, Lucila de Almeida Neves (org.). *O Brasil republicano*. 4. ed. Rio de Janeiro: Civilização Brasileira, 2011. v. 2: O tempo do nacional-estatismo: do início da década de 1930 ao apogeu do Estado Novo.

D'ARAUJO, Maria Celina. *Capital social*. Rio de Janeiro: Zahar, 2003.

DELGADO, Ignacio Godinho. "Empresariado e política social no Brasil". Em: KIRSCHNER, Ana Maria; GOMES, Eduardo R. (org.). *Empresa, empresários e sociedade*. Rio de Janeiro: 7Letras, 1999.

DELGADO, Ignacio Godinho. *Previdência social e mercado no Brasil*. São Paulo: LTr, 2001.

ETZIONI, Amitai. *Organizações modernas*. São Paulo: Pioneira, 1967. (Coleção Biblioteca Pioneira de Ciências Sociais).

FALEIROS, Vicente de Paula. *A política social do estado capitalista: as funções da previdência e assistências sociais*. São Paulo: Cortez, 1980.

LÖWY, Michael. *As aventuras de Karl Marx contra o Barão de Munchhausen: marxismo e positivismo na sociologia do conhecimento*. São Paulo: Busca Vida, 1987.

REGO, Mauro Lopez. *A responsabilidade social como resposta do Sistema S ao ambiente institucional brasileiro pós-década de 1990: o caso do SESC*. Dissertação (Mestrado Executivo) – Fundação Getúlio Vargas. Rio de Janeiro: 2002.

REGO, Mauro Lopez. O que faz o Sesc: visões e intenções, conceitos e discursos. *Revista Intercâmbio*, Rio de Janeiro, v. 1, n. 3, p. 48-70, novembro de 2013.

ROSANVALLON, Pierre. *A crise do Estado-providência*. Brasília: Editora UnB, 1997.

SANTOS, Wanderley Guilherme dos. *Décadas de espanto e uma apologia democrática*. Rio de Janeiro: Rocco, 1998.

SESC. Departamento Nacional. *Carta da paz social*. Rio de Janeiro: Sesc, 1971.

TENÓRIO, Fernando Guilherme. Weber e a burocracia *Revista do Serviço Público*. Brasília: 1981, v. 109, n. 4.

TOURAINE, Alain. *Crítica da modernidade*. Tradução de Elia Ferreira Edel. Petrópolis: Vozes, 1994.

WEINSTEIN, Barbara. *(Re)formação da classe trabalhadora no Brasil, 1920-1964*. São Paulo: Cortez, 2000.

9.

A CRIAÇÃO DO SESC: MODERNIZAÇÃO, DESENVOLVIMENTO E O PROJETO INDUSTRIALISTA BRASILEIRO

Vera A. Cepêda[1]

Há uma passagem clássica do pensamento social brasileiro à qual gostaria de recorrer como ponto de partida para a compreensão do contexto e das motivações da criação das quatro primeiras instituições do atualmente chamado Sistema S – Senai, Sesi, Senac e Sesc –, apontadas como resultado direto do projeto industrialista do final dos anos 1930, da Carta de Teresópolis (1945) e da Carta da Paz Social (1946). Segundo Sérgio Buarque de Holanda, em *Raízes do Brasil*, a sociedade brasileira desse período vivenciava uma *revolução lenta, mas segura e concertada*, espelhando a consciência da gravidade das transformações que abalavam nossas estruturas sociais[2].

Entre as décadas de 1920 e 1940 um complexo quadro de mudanças sociais e econômicas sacudiu a sociedade brasileira, transformando a paisagem social nacional, o desenho de interesses e conflitos políticos, a arquitetura, a função da ação estatal e o conjunto de instituições ajustadas ao novo contexto político emergente. As demandas da sociedade que assumia a configuração das classes sociais, composta de empresários (ou classes produtoras) e trabalhadores assalariados, associada ao mote de conversão da questão industrial em questão nacional, posta diante dos dilemas e das

---
1 Cientista política, docente da Universidade Federal de São Carlos.
2 Sérgio Buarque de Holanda, *Raízes do Brasil*, São Paulo: Companhia das Letras, 1995.

restrições estruturais do subdesenvolvimento e da batalha do desenvolvimento, seriam o solo de onde brotaria a proposta de criação do Sesc, bem como de outras instituições similares, na parceria estabelecida entre entidades patronais representativas do setores industrial e comercial e o Estado varguista. O reconhecimento da necessária superação da vocação agrícola para a consolidação de uma nação moderna e as simultâneas tensões geradas por uma sociedade de classes são fundamentais à compreensão da arquitetura funcional do projeto de criação das entidades educativas e assistenciais *híbridas,* conectando a dimensão privada e a regulação pública. É interessante observar que nessa estratégia construída pelo emergente Sistema S, foi pactuado o uso da contribuição sindical fixada pelo Estado (recurso que se forma então com a natureza de fundo público) como cobertura segmentada (e não universal) para aumento de bem-estar dirigido ao campo específico dos trabalhadores da indústria e comércio.

Neste artigo, a intenção é delinear os contornos dessa mudança com ênfase no período 1930-1945, fase inicial da era Vargas e da construção da ideologia industrialista, procurando contextualizar a criação dessas instituições no bojo das tarefas do projeto de industrialização brasileiro em situação de subdesenvolvimento e imerso na complexa e intrincada rede de problemas da constituição da hegemonia varguista. A construção das regras de trabalho é parte fundamental da modernização, como apontam Charles Tilly[3] e Reinhard Bendix[4], associando as demandas dos grupos empresariais aos mecanismos de resposta e controle das demandas dos trabalhadores. Mas, como demonstram os estudos sobre esse transcurso no Brasil, o formato e o desenho assumidos podem variar muito em cada experiência histórica nacional. Um ponto importante se refere à natureza da transação efetuada entre a esfera privada (empresários) e a esfera pública quanto aos focos de ação cobertos na proposta de criação do Senai, Sesi, Senac e Sesc: educação, proteção social e disseminação cultural de um estilo de vida. Nessa agenda, abrigam-se elementos significativos da

---

3   Charles Tilly, *Coerção, capital e Estados europeus,* São Paulo: Edusp, 1996.

4   Reinhard Bendix, *Construção nacional e cidadania,* São Paulo: Edusp, 1996.

marcha dos direitos quanto à terceira onda – a dos direitos sociais[5] –, que incluem questões como renda, educação, saúde, políticas habitacionais e acesso à cultura. A rede de regulação das tensões entre capital e trabalho, que na trajetória brasileira se centralizou fortemente no Estado, explicitada por conceitos como *cidadania regulada* e *estadania*[6], encontra aqui uma situação interessante: a do repasse ou da negociação de algumas dessas ações de espectro público diretamente para o controle do setor privado. Há duas questões importantes nesse arranjo. A primeira é entender por que as classes empresariais se preocuparam em tomar parte direta nas políticas dirigidas ao campo educacional ou protetivo dos trabalhadores de sua base; a segunda, entender os motivos que levaram o Estado a adotar esse estratagema.

Do ângulo dos industriais e do setor comercial, o germe do interesse sobre a educação profissional, a cobertura de algumas áreas da saúde e a preocupação com a cultura (em síntese: com o modo e a condição de vida das classes trabalhadoras) não podem ser descolados do conflituoso processo de passagem de uma economia agrária (de bases rurais e voltada para o comércio internacional) para um modelo industrial (de bases urbanas e voltado para o comércio interno), marcados pelo signo de uma condição de capitalismo tardio e periférico, e que estimulou industriais e aliados ao envolvimento com a esfera pública – movimento que não foi necessário no desenvolvimento de tipo liberal clássico.

A consciência dos limites ao desenvolvimento industrial e comercial de consumo de massas em uma economia atrasada, afastada do diálogo e apoio do segmento estatal, é visível nos congressos organizados pelas classes produtoras: o I Congresso Brasileiro de Economia (1943), o I Congresso Brasileiro da Indústria (1944) e a I Conferência Nacional das Classes Produtoras (Conclap) (1945), também conhecida

---

5   Cf. T. H. Marshall, *Cidadania, classe social e status*, Rio de Janeiro: Zahar, 1967.

6   Cf.Wanderley Guilherme dos Santos, *Cidadania e justiça*, Rio de Janeiro: Campus, 1979; e José Murilo de Carvalho, *Cidadania no Brasil: o longo caminho*, Rio de Janeiro: Civilização Brasileira, 2000.

como Conferência de Teresópolis. Na pauta de discussões desses congressos, constavam itens como o estímulo às atividades industriais e ao crescimento do mercado interno, a defesa do planejamento, questões de tributação, resolutivas para os gargalos de infraestrutura (como mineração, energia, transportes), entre outros. Os problemas ligados ao trabalho surgiram em três direções: a mensuração mais eficaz do custo de vida (base do salário urbano, estratégico em decorrência da CLT e da instituição do salário mínimo) e a necessidade de proteção social e de políticas de treinamento e qualificação profissional para moderno mundo do trabalho. A preocupação sobre essas políticas já aparecia no seio das classes produtoras, especialmente no grupo industrial, em período anterior, como veremos adiante. Mas o contexto do final dos anos 1930 acelerou a criação de políticas e instituições voltadas à educação, à assistência e ao desenvolvimento de um *ethos* racional ligado ao mundo do trabalho.

Partindo do cruzamento de três aspectos contextuais – (a) a construção da hegemonia industrialista em (b) situação de subdesenvolvimento e (c) em confronto com as clássicas tensões modernas do enfrentamento de classes –, este trabalho procurará analisar os elementos de intersecção entre os interesses privados e públicos na criação de instituições do Sistema S no período. A forma de consecução desse intento partirá da análise dos dilemas da industrialização em situação tardo-periférica e da formulação da ideologia industrialista, destacando a ação de empresários, lideranças e intelectuais que estiveram por trás da construção das ferramentas mais importantes desse projeto: a criação de sindicatos e confederações nacionais da indústria e do comércio; a construção das políticas de Estado no período (via interfaces com o aparelho público); a construção de instituições fundamentais, como Instituto de Organização Racional do Trabalho (Idort), Faculdade de Engenharia Industrial (FEI), Escola Livre de Sociologia e Política e o Sistema S; a organização de congressos econômicos; e a produção de textos e documentos que passaram a ser referência para o grupo. À frente desse processo encontramos um núcleo composto por membros da terceira geração de industrialistas[7]: Roberto Simonsen, Horácio Lafer, Euvaldo Lodi e João Daudt d'Oliveira. De outro ângulo, serão analisados os problemas de apaziguamento ou concertação social, próprios de uma sociedade em ritmo acelerado de modernização industrial, em meio a um governo que precisa lidar com uma hegemonia mal resolvida.

Com base nesse cenário, este artigo se organiza em três movimentos de análise. O primeiro trata do processo de reposicionamento dos atores e conflitos políticos no momento histórico de inflexão da *vocação agrária* para a *vocação industrial*, destacando o peso que a concepção de subdesenvolvimento desempenhou nesse contexto. O segundo movimento aborda o processo de construção da ideologia industrialista, destacando as estratégias de consolidação da hegemonia do modelo industrial surgidas no período, em particular na profissionalização das classes trabalhadoras e na implantação dos valores modernos do trabalho. No terceiro e último movimento, avaliamos as metas e funções desempenhadas pelas quatro primeiras instituições do Sistema S de 1941 a 1946, em consonância com a ideologia da paz social e da defesa do congraçamento harmônico entre empresários e trabalhadores em um mundo que se tingia das fortes cores da expansão do comunismo mundial.

Herança colonial, subdesenvolvimento e surgimento da alternativa industrialista

O processo de modernização brasileiro, como o de outras nações do contexto de colonização gerada no ciclo de expansão ultramarina, ocorreu sob forma diferente do modelo da revolução burguesa que se deu na Europa e nos Estados Unidos. A experiência original do centro do capitalismo mundial não podia ser trilhada pelos países de extração colonial,

---

7   Cf. Edgard Carone, *O pensamento industrial no Brasil (1880-1945)*, São Paulo: Difel, 1977; Humberto Bastos, *O pensamento industrial no Brasil*, São Paulo: Martins, 1952; e Vera A. Cepêda, *Roberto Simonsen e a formação da ideologia industrialista no Brasil: limites e impasses*, Universidade de São Paulo, São Paulo, 2004.

percepção que se consolidou a partir da fase de independência e formação do Estado nacional. No século XIX, essa sensação de diferença ou déficit foi expressa nas múltiplas concepções de atraso, associadas ao longo do tempo a causas distintas, tais como o determinismo do meio geográfico, o problema das raças, a ausência de mentalidade racional moderna, a debilidade do povo, o patrimonialismo das instituições políticas. O *último elemento causal* a ser introduzido no repertório das mazelas do atraso foi o de ordem *econômica*, associando a dinâmica das formas produtivas à formação da sociedade brasileira. A consciência de uma trajetória diferencial, marcada pelas estruturas econômicas, surge com as obras de Capistrano de Abreu, Lemos Brito, Pandiá Calógeras, robustecendo-se com a produção intelectual de Roberto Simonsen, Caio Prado Júnior e Celso Furtado.

Simonsen promove a primeira produção importante no campo da *formação* econômica ao publicar, em 1937, sua *História econômica do Brasil: 1500-1820*[8], texto oriundo da disciplina de mesmo nome, ministrada pelo autor na Escola Livre de Sociologia e Política. Mas sua contribuição sobre a questão do subcapitalismo aparece em obras anteriores, mais teóricas, como *As crises no Brasil* (1930)[9], *As finanças e a indústria* (1931)[10] e *Ordem econômica, padrão de vida e algumas realidades brasileiras* (1934)[11]. Em 1942, Caio Prado Júnior, por sua vez, publica *Formação do Brasil contemporâneo*, associando a explicação da condição periférica

---

8 Roberto Cochrane Simonsen, *História econômica do Brasil: 1500-1820*, São Paulo: Companhia Editora Nacional; Brasília: INL, 1977.

9 *Idem, As crises no Brasil*, São Paulo: São Paulo Editora, 1930.

10 *Idem, As finanças e a indústria*, São Paulo: São Paulo Editora, 1931.

11 *Idem, Ordem econômica, padrão de vida e algumas realidades brasileiras*, São Paulo: São Paulo Editora, 1934. Tanto a defesa do planejamento e da ação estatal, quanto outras estratégias necessárias aos partidários do projeto industrialista em situação de subcapitalismo permeiam outros textos do autor: *idem, À margem da profissão*, São Paulo: São Paulo Editora, 1932; *idem, Rumo à verdade*, São Paulo: São Paulo Editora, 1933; *idem, Ensaios sociais, políticos e econômicos*, São Paulo: Fiesp, 1943; *idem, A indústria e seus problemas econômicos e sociais*, São Paulo: Fiesp, 1945; *idem, As atividades do serviço social da indústria do estado de São Paulo*, São Paulo: Gráfica Siqueira, 1947a; *Idem, O problema social no Brasil*, São Paulo: Sesi, 1947b.

ao quadro intelectual do marxismo. Em 1949, a Cepal lança o *Manifesto dos periféricos*, texto no qual são fixadas as matrizes do estruturalismo cepalino. No Brasil, Celso Furtado cinzela as concepções de subdesenvolvimento e de sua superação pela via desenvolvimentista, incorporando, no mesmo marco teórico, estruturas econômicas, passado colonial, ação das elites e regime político como elementos constitutivos e/ou ferramentas de mudança. Sobre os obstáculos herdados do passado colonial, sobressai a obra *Formação econômica do Brasil* (1959)[12]; sobre a brecha do subdesenvolvimento e as tarefas do desenvolvimento, são exemplares *A pré-revolução brasileira* (1962)[13], *Dialética do desenvolvimento* (1964)[14] e *Desenvolvimento e subdesenvolvimento* (1965)[15].

A trajetória particular dos países de passado colonial pode ser sintetizada em duas formulações teóricas: na teoria do subdesenvolvimento (paradigma de explicação do atraso como obstáculos estruturais herdados do modelo colonial) e no projeto nacional-desenvolvimentista (estratégia orientada de mudança social via adoção da industrialização como eixo e impulsionada pelo planejamento estatal). Examinemos com vagar esses dois constructos intelectuais – complementares, mas *distintos* – para, ao final, percebermos como a criação das instituições híbridas do Sistema S se ajustava às demandas do projeto desenvolvimentista, enfrentando as sequelas do subdesenvolvimento e funcionando como ferramenta de defesa da racionalidade técnica e do estilo de vida da proposta industrialista.

De maneira geral, a teoria do subdesenvolvimento, que emergiu no debate brasileiro como "subcapitalismo" na obra de Simonsen[16],

---

12 Celso Furtado, *Formação econômica do Brasil*, São Paulo: Companhia Editora Nacional, 1995.

13 Idem, *A pré-revolução brasileira*, Rio de Janeiro: Fundo de Cultura, 1962.

14 Idem, *Dialética do desenvolvimento*, Rio de Janeiro: Fundo de Cultura, 1964.

15 Idem, *Desenvolvimento e subdesenvolvimento*, Rio de Janeiro: Fundo de Cultura, 1965.

16 Em 1934, em pronunciamento à Assembleia Nacional Constituinte, Simonsen afirmaria que "o Brasil é um país pobre, habitado por uma população pobre". E, em 1940, o quadro se agravaria, pois a pobreza era resultado de uma incapacidade de produção, dada a impossibilidade de se "obter um elevado quociente se o divisor é fraco e o

articula-se em torno de conceitos-chave como periferia colonial, modelo primário-exportador e relação assimétrica centro-periferia. A descoberta do Novo Mundo, produto da energia e das necessidades do mercantilismo europeu, assimilaria os territórios recém-descobertos na condição de colônias. Excetuando-se a engenharia do saque e da transferência bruta do estoque de riquezas das civilizações autóctones (como aconteceu com incas, maias e astecas), esses sistemas econômicos, ao longo do período colonial, foram sendo ajustados e modelados segundo as necessidades do ciclo econômico metropolitano, em especial quando da passagem da etapa mercantilista para a etapa industrial, tornando os sistemas produtivos coloniais complementares e subalternos. O encaixe foi realizado a partir da lógica das "vantagens comparativas" ricardianas, assentadas na abundância de terras e recursos naturais, conformadas a uma estrutura produtiva agroexportadora, cuja vocação econômica se centrava no setor primário.

Analisando a formação histórica do Brasil, percebemos que essa configuração de ordem econômica, orientada por energia e interesses externos da metrópole, modelaria aqui uma arquitetura social e política particular em consonância com os ditames do papel primário-exportador imputado. A opção pela grande propriedade e pela produção monocultora, extensiva e de escala tem como epíteto o latifúndio, gerador de concentração inicial de riquezas e de laços de dependência determinados pelo monopólio de terras e ativos econômicos. O uso intensivo de mão de obra escrava, derivado da fraca dimensão do mercado de trabalho, combinou-se com a consolidação de um tipo de elite avessa ao trabalho, expedita no uso da força bruta e acomodada a formas de riqueza distantes da mentalidade do mérito e do esforço próprio. A produção dos ciclos primário-exportadores era lucrativa, em especial no processo de circulação, mas, ao mesmo tempo, incapaz de gerar efeitos dinamizadores e diferenciadores na estrutura produtiva colonial, possuindo baixa capacidade

---

dividendo cresce continuadamente" (Roberto Cochrane Simonsen, *Níveis de vida e a economia nacional*, São Paulo, [s. n.], 1940).

de retenção da riqueza na estrutura local. A condição de economia reflexa, de baixo dinamismo, híbrida pela presença do trabalho escravo e de proprietários senhoriais (fora da racionalidade centrada no *ethos* do trabalho), de tendência ao esgotamento pela opção da monocultura de produtos com demanda inelástica no mercado internacional, constituiria a base da condição (ou maldição) do *subdesenvolvimento*. Nesse contexto, estruturas modernas, como a participação da divisão do trabalho mundial e a adoção de partes de práticas econômicas de molde capitalista, foram ajustadas a outras, muito distantes e estranhas àquelas que originaram a própria revolução capitalista na Europa e, depois, nos Estados Unidos. Na América Latina, herdeira de passado colonial, fora gestada uma outra forma de modernidade, uma combinação inusitada de não modernidade e modernidade díspar, que Simonsen denominou de subcapitalismo; Cepal e Furtado, de subdesenvolvimento; Cardoso e Falleto, de dependência; e Florestan Fernandes, de revolução burguesa híbrida.

O momento nuclear do reconhecimento do atraso econômico enquanto problema nacional, resultante do modelo colonial (e, em sua última versão, na economia do café), foi o conflito entre a vocação agrária e a vocação industrial, acentuado nas primeiras décadas do século XX. Os motivos que levaram à eclosão dessa contenda, no seio de uma economia agrário-exportadora ainda hegemônica e com pleno controle sobre o Estado, derivam do paulatino enfraquecimento da economia do café e do simultâneo surgimento de um sistema econômico concorrente, de base industrial.

O lento e constante crescimento das atividades industriais se ancorava no consumo das classes trabalhadoras que se formaram após a abolição da escravatura, demandantes de bens de consumo locais e de baixo preço. No processo de resposta da pequena indústria a esse consumo interno surgiu, como decorrência natural, uma expansão da atividade industrial e comercial interna, geradora de novas empresas, novos postos de trabalho, de aumento da renda das classes trabalhadoras e classes médias, do impulso à superação da condição de monocultura de exportação. Esse processo alavancou e fortaleceu a pequena indústria e o comércio nacional, o que serviu para diferenciar o sistema produtivo e constituir outras classes fora do sistema agrário-exportador.

Essa expansão comercial e industrial também foi aquecida pela eclosão das necessidades de cadeias complementares locais à produção cafeeira, ligadas a atividades têxteis e aos ramos ferroviário e portuário. O café, último ciclo primário-exportador, desenhou um sistema econômico diferenciado, provocando, pela primeira vez na história nacional, um efeito capilar e dinâmico em outras atividades distintas do ciclo agrário-exportador[17]. O surgimento da pequena propriedade rural produtora de alimentos para o mercado interno; o crescimento do número de trabalhadores, de atividades econômicas e de produtos fora da estrutura direta da produção cafeeira; o surto de urbanização; o aumento da demanda de serviços públicos e a correlata ampliação do funcionalismo são elementos que vão mudando drasticamente a estrutura da sociedade brasileira. Os atores sociais e econômicos escapam da monologia anterior do modelo de vocação agrária e seus interesses e demandas se tornam diferenciados, impossíveis de serem contemplados pelo projeto da vocação agrária. A consequência inevitável é a disputa pelo desenho do projeto nacional e pelo controle do poder político.

A paisagem social vista, principalmente, entre as décadas de 1920 e 1940 é muito mais complexa e variegada que a da sociedade do final do século XIX. A diferenciação econômica fez emergirem novos atores ligados ao trabalho, ao capital comercial e industrial, ao mundo urbano, ao comércio voltado para o mercado interno, ao funcionalismo e às profissões liberais – extrações sociais que só poderiam surgir em uma sociedade que assumisse as formas da complexa economia industrial. Nunca antes a estrutura social brasileira havia mudado tanto e tão rápido: são as bases da revolução lenta e inexorável, descrita por Sérgio Buarque de Holanda[18].

---

17 Análise feita por Celso Furtado em seu clássico livro *Formação econômica do Brasil*, São Paulo: Companhia Editora Nacional, 1959.

18 Sérgio Buarque de Holanda, *op. cit.*

Mudanças estruturais: projeto e ferramentas do industrialismo

O surgimento de novos atores econômicos aceleraria as bases de uma sociedade de classes. As demandas e os interesses se centram agora no espaço urbano, impulsionando arranjos institucionais em torno de salários, condições de vida, regulamentação do trabalho, participação política e organização sindical. Em conjunto, geram o caldo da *questão social*, vista, até 1930, como uma *questão de polícia* e, após o governo Vargas, como uma *questão de política*[19]. Nos próximos momentos da vida pública, seria impossível ignorar as demandas desse ator novo e central: o trabalhador assalariado urbano.

Outro setor que se fortalece no período é o industrial, no entorno de um projeto de capitalismo nacional e de mercado interno. A expansão das atividades industriais provoca o fortalecimento da identidade e da autonomia desse setor, em afastamento crescente da hegemonia mercantil-exportadora à qual fora submisso durante a Primeira República (como no processo de criação do Centro das Indústrias do Estado de São Paulo, em 1928). No período 1920-1940, seriam simultâneos o enfraquecimento da economia cafeeira e o robustecimento da atividade industrial.

A dissociação final entre os interesses industriais e os interesses agrários ocorreu por uma manobra bastante interessante, quando a já reconhecida importância da economia para a vida nacional é associada não mais ao café, mas sim à indústria. A partir das crises internacionais do preço do café – produto defendido como central para a vida econômica brasileira e expressão da vocação agrária do país –,

---

[19] Sobre o papel da questão social e a construção de políticas de direito do trabalho e fortalecimento do projeto de desenvolvimento industrial, ver: Angela de Castro Gomes, *Burguesia e trabalho: política e legislação social no Brasil (1917-1937)*, Rio de Janeiro: Campus, 1979; Vera A. Cepêda, *Roberto Simonsen e a formação da ideologia industrialista no Brasil*, op. cit.; idem, "Contexto político e crítica à democracia liberal: a proposta de representação classista na Constituinte de 1932", São Paulo: Saraiva/FGV, 2010; e Moacir de Freitas Jr., *O industrial e o salário: a contribuição de Roberto Simonsen para os estudos sobre padrão de vida de trabalhadores no Brasil*, Universidade Estadual Paulista, Araraquara, 2013.

as oligarquias cafeeiras passaram a construir uma argumentação que: a) estabelecia a dimensão econômica como eixo e garantia da soberania e do progresso; b) introduzia a ação do Estado e dos fundos públicos como base dessa proteção (vide marco fundador do Convênio de Taubaté em 1906). A força política das oligarquias exportadoras aprisionara o Estado e todas as demais atividades sociais e econômicas em sua órbita. Porém, com a emergência da indústria, o aumento do trabalho assalariado e do mundo urbano, o pluralismo do comércio e o fortalecimento da agricultura no âmbito do mercado interno exigiriam muita força política para garantir a progressiva necessidade de proteção econômica (subsídio, estoques reguladores) necessários para preservação da vocação agrícola diante da queda internacional do preço desse produto. A crescente fragilização da economia do café e sua dependência das políticas protecionistas gerariam contradições lógicas que conduziriam à sua derrocada.

O café se amparava na ideia de vantagem competitiva, argumento de cunho liberal – o mesmo que *recusava*, em seus postulados, a intromissão do Estado na vida econômica. A tese da *vocação* afirmava a agricultura como tendência natural, inerente ao tipo de geografia nacional. Na outra ponta, a indústria era acusada, desde meados do século XIX, de ser artificial, estranha à nossa história e às nossas condições, sobrevivendo somente através de um protecionismo oneroso ao restante da sociedade. As políticas de proteção ao café instauram um paradoxo: a economia cafeeira, devido à crise internacional dos preços desse produto, passava a depender do financiamento estatal para realizar-se. Era, então, uma atividade natural? A mais sólida e ajustada ao meio, à vocação nacional capaz de sustentar o progresso nacional e a soberania? A experiência histórica brasileira não demonstrara que os ciclos anteriores haviam se movido entre fase áurea, enfraquecimento e morte, com altos custos para a nação[20]? Diante dos

---

20 "Agricultores há que sonham, como remédio, oferecer em holocausto ao café todas as demais classes produtoras no Brasil, que se transformaria, assim, num vasto cafezal. Supõem esses patrícios que, em troca do aumento da nossa importação, que na sua cifra atual já não podemos pagar, o mundo adquirirá o excesso de nosso café [...].

dilemas coetâneos que as nações enfrentavam, associando soberania nacional à solidez econômica e esta à atividade industrial[21], seria ilógico defender e custear uma economia incapaz de andar por si mesma e de gerar o *dividendo* (PIB) capaz de alavancar o desenvolvimento nacional e resolver a questão social dos salários e da carestia – *quociente* (renda).

Foi Roberto Simonsen, intelectual do grupo da indústria, o responsável pela desconstrução desse argumento, provando que a submissão de toda vida social e política ao café seria desastrosa para o Brasil. Além dos aspectos supracitados, Simonsen frisava os riscos políticos contidos na manutenção da vocação agrícola. No longo prazo, proteger a economia do café seria arruinar todo o sistema produtivo da nação e pôr seu futuro em risco, porque, esgotadas as forças da agricultura, a economia nacional estaria de tal forma comprometida que nada permitiria reerguer a produção nacional (o exclusivismo agrícola teria impedido o desenvolvimento da indústria e do comércio local). Nesse momento, a crise social seria inevitável, evoluindo para a condição de extrema revolta: os "agricultores, apontados, então, como culpados da situação, seriam castigados pelas massas populares que se apropriariam de suas terras; reedição da Rússia sob o céu do Cruzeiro do Sul"[22].

O argumento estava sendo rotacionado, posto agora a favor do projeto industrial, percebido como atividade mais apta e robusta para garantir o desenvolvimento nacional. No entanto, o atraso nas condições iniciais da industrialização, os déficits na estrutura social e produtiva, a concorrência internacional desleal que nos

---

Haveria, em breve, outra superprodução e desta vez fatal, porque nada mais restaria ao Brasil para oferecer em troca de novos e hipotéticos mercados para o consumo da preciosa rubiácea" (Roberto Cochrane Simonsen, *As crises no Brasil*, São Paulo: São Paulo Editora, 1930, p. 5).

21 Vide os exemplos da Alemanha com a modernização industrial conduzida pelo Estado na segunda metade do século XIX, o efeito-demonstração do planejamento na economia americana pós-1929 e o rápido surto de crescimento da economia soviética a partir dos planos quinquenais.

22 Roberto Cochrane Simonsen, *As crises no Brasil*, op. cit., p. 5.

deixara em posição complementar e condenada a atividades primárias – todos esses elementos legados pelo modelo agrário-exportador indicariam a situação de um subcapitalismo minado e impedido de se desenvolver. A fragilidade da indústria nacional não era resultado de sua inaptidão, mas das constrições que sofrera durante o primado da vocação agrícola. Simonsen invoca a proteção do Estado para a indústria porque esta fora atrofiada e precisava de apoio para mostrar sua força e vitalidade.

A guinada pós-1930 mantém a lógica da dimensão econômica como questão nacional, como meio de resolução da questão social e da soberania e força do Estado, posicionando o segmento industrial como eixo estruturante dessa política. A rotação do eixo da questão nacional da agricultura para a indústria criou um bloco ou aliança de classes, articulada no entorno da defesa da modernização econômica – o fortalecimento do comércio surgiria como produto da intensificação da urbanização e da industrialização. Em grande medida, seria essa lógica o fundamento da aproximação das ações entre as confederações representativas da indústria e do comércio. Neste texto, o termo "projeto industrial", dados o período e o arranjo citados, será utilizado como síntese do bloco de interesses industriais e comerciais voltados à vocação industrial e à dinâmica de mercado interno.

Do ponto de vista do projeto industrial, algumas ações são expressivas enquanto estratégias e ferramentas para superar os entraves herdados da fase anterior, da hegemonia primário-exportadora, acelerando o processo de mudança. Não entrarei em detalhes sobre os mecanismos de proteção direta do Estado (via defesa do planejamento e das políticas públicas voltadas ao desenvolvimento da base industrial), optando por analisar os nós górdios ligados à introjeção da *racionalidade instrumental* no processo produtivo e no *ethos* nacional – elemento indispensável como meio, valor e finalidade em uma sociedade industrial moderna.

Em 1919, Simonsen apontara, em *O trabalho moderno*, a necessidade da assimilação de uma lógica de racionalização da produção e do trabalho como imperativos para o desenvolvimento de um industrial, civilizado e *machínico*²³. Essa racionalização corresponderia ao processo produtivo mensurado, padronizado, otimizado, abarcando tanto o trabalho do operário quanto a gestão do empresário. Seriam esses dois atores, centrais da estrutura produtiva, os carentes de aprendizagem sobre a dinâmica do processo produtivo, de seu ritmo e suas metas. Euvaldo Lodi assinalaria, como corolário da transição provocada pelo trabalho livre e assalariado, a expansão do comércio interno e a multiplicação das unidades produtoras a contrapartida necessária a partir do "comportamento econômico baseado no cálculo dos custos e na previsão dos lucros, em suma, na organização racional da produção"²⁴.

Em meados do século XX, nem os capitalistas brasileiros dominavam o método e a técnica da produtividade, nem os trabalhadores a aceitavam enquanto parâmetro dos salários. Ou seja, a cultura do processo industrial não era uma realidade entre nós, e urgia ser estimulada e aprendida. Essa percepção inicial sustentaria o projeto que as entidades patronais defendiam para a constituição do mundo do trabalho. A racionalização seria a base de três tarefas do setor: 1) a construção discursiva de um *ethos* industrial; 2) a formação de elites e quadros intelectuais afetos à ideologia industrial; 3) a qualificação e a especialização de trabalhadores. Para cada foco, uma ação específica, distinta, mas complementar.

O *ethos*, ou ideologia industrialista, foi sendo lapidado em estudos, obras teóricas, relatórios institucionais e sindicais, propostas técnicas, discursos, que modelaram o argumento em prol da industrialização. O objetivo dessa produção era gerar um discurso competente e articulado, capaz de promover a identidade e, simultaneamente, orientar a ação do grupo. Foram marcos dessa produção ideológica o pronunciamento de fundação da Fiesp, em 1928, o discurso de inauguração da Escola Livre (publicado como *Rumo à verdade*, em 1933)²⁵, os textos da bancada

---

23 Roberto Cochrane Simonsen, *O trabalho moderno*, São Paulo: Seção de Obras d'"O Estado", 1919.

24 Euvaldo Lodi, *Economia e educação*, [s. l.: s. n.], 1952, p. 10.

25 Roberto Cochrane Simonsen, *Rumo à verdade*, São Paulo: São Paulo Editora, 1933.

classista empresarial, os relatórios técnicos do Centro das Indústrias do Estado de São Paulo (Ciesp), da Fiesp e da Confederação Nacional da Indústria (CNI), os relatórios da Comissão de Planejamento Econômico (mais famoso documento sobre a controvérsia do planejamento no Brasil)[26], as atas e os anais dos congressos econômicos e os textos produzidos por Horácio Lafer, João Daudat d'Oliveira, Euvaldo Lodi e Roberto Simonsen[27].

As estratégias de preparação das novas elites industrialistas foram sustentadas tanto pelo surgimento de uma teoria articulada (uma interpretação do Brasil, uma leitura do subdesenvolvimento e a defesa de estratégias desenvolvimentistas de cunho industrial) quanto pela criação de *cursos superiores regulares* para o recrutamento e a formação de quadros preparados para a gestão do desenvolvimento. Nessa direção, surgiriam instituições ligadas a atividades produtivas, como a FEI, ou os cursos de economia, administração e outras engenharias – prioritários no desenvolvimento das bases tecnológicas, aplicadas e administrativas do sistema industrial nascente. Destaque para a formação de administradores no modelo da Escola Livre de Sociologia e Política (ELSP). Esse contexto seria favorecido pela criação do Departamento Administrativo do Serviço Público (Dasp, na esfera estadual conhecido como Daspinho), de comissões e conselhos técnicos, abrindo vagas no funcionalismo público ou demandando estudos e conhecimento perito sobre

---

26 Cf. Roberto Cochrane Simonsen e Eugênio Gudin, *A controvérsia do planejamento na economia brasileira*, Rio de Janeiro: Ipea, 1977.

27 De Euvaldo Lodi destacamos: *Os dois cyclos econômicos da república e seu commércio exterior*, Rio de Janeiro: Est. de Artes Graphicas C. Mendes Junior, 1935; *A indústria e a economia nacional*, Rio de Janeiro: Est. de Artes Graphicas C. Mendes Junior, 1949; além de *Economia e educação*, op. cit., 1952. De Horácio Lafer destacamos o texto "Tendencias philosophicas contemporaneas", *Revista dos Tribunais*, São Paulo: 1929; de João Daudt d'Oliveira: *O economista e o sociólogo no mundo atual*, Rio de Janeiro: [s. n.], 1947; *Itinerário para Araxá*, Rio de Janeiro: Civilização Brasileira, 1950; e a famosa *Carta da Paz Social* (1946). O mais proficuo e engenhoso intelectual orgânico do empresariado industrial foi, sem dúvida, Simonsen, e é praticamente impossível fazer uma seleta de sua ampla produção. Destacaria aqui, além das obras já citadas, a *Controvérsia do planejamento na economia brasileira* (rico debate feito com [ou contra] Eugenio Gudin) e os textos da década de 1940 sobre o Plano Marshall e o mundo do pós-guerra.

temas econômicos de feição industrial. No mesmo embalo, é criada a Associação Brasileira de Normas Técnicas (ABNT), em 1940.

Para Euvaldo Lodi, a educação associada ao contexto de uma sociedade em etapa industrial (entendida como estágio civilizatório mais elevado) assumia um caráter essencial:

> Temos de preparar o homem para a nova paisagem física e social emergente no Brasil, que não será apenas o resultado de tendências incoercíveis, a soma dos fatos consumados, mas a resultante de um propósito racional, a consequência de um plano inteligente. Formar os homens de que o Brasil necessita, eis a tarefa da educação[28].

A educação funcionaria, simultaneamente, como meio para o desenvolvimento, mas também como causa geradora:

> O problema fundamental da política econômica deste país [...] é o de lhe acelerar o desenvolvimento econômico, elevando os padrões gerais da vida. A intensificação do ritmo de crescimento material implica, porém, de um lado, alterações nas condições sociais e institucionais e, de outro, as pressupõe. A educação, como técnica, processo, modo sistemático de influir no comportamento humano, transmitindo a experiência acumulada e habilitando a resolver os problemas que a realidade física e social propõe, é uma dessas implicações e um desses pressupostos[29].

Propunha-se uma cadeia de formação de nível técnico, tarefa que veio a ser cumprida pelas entidades do Sistema S: o Senai, formando o operariado industrial, e o Senac, formando os trabalhadores do comércio. Essa necessidade de qualificação de mão de obra era demanda antiga das classes produtoras (vide o teor de *O trabalho moderno*[30], de 1919, ou a criação do Idort, em 1931), e a parceria feliz com o governo Vargas permitiu a sua realização em um sistema híbrido de recursos patronais, concessão e regulação estatal e direção autárquica

---

28 Euvaldo Lodi, *op. cit.*, 1952, p. 10.

29 *Ibidem*.

30 Roberto Cochrane Simonsen, *op. cit.*

das classes empresariais (demonstrando uma estreita proximidade entre esfera estatal e os interesses setoriais empresariais industrial e comercial brasileiros).

A engenharia política subjacente ao Senai e ao Senac revela três aspectos interessantes do período: a) a capacidade do segmento empresarial de participar de parte significativa das ações estatais ao longo da primeira fase do modelo nacional-desenvolvimentista, ou até mesmo de as orientar; b) um certo grau de desconfiança dos empresários (ou de parte deles) quanto ao excessivo poderio do Estado, vide experiência anterior do Estado Novo; c) a recepção positiva da criação e implementação das políticas do Sistema S por parte dos trabalhadores e de seus sindicatos, interpretando-as como resultante de pressões exercidas pelos sindicatos operários sobre o governo e como estratégia de aumento de bens sociais ofertados aos trabalhadores[31]. Balizaria essa percepção a importância da educação para a ascensão profissional e a mobilidade social:

> Os sindicatos consideravam o Senai como um benefício para os trabalhadores, especialmente os jovens, que com ele passaram a ter mais acesso à formação profissional. A maior reivindicação junto à instituição era a expansão de sua rede escolar, auxiliando no processo de modernização do país e de superação das bases rurais extrativistas[32].

É possível pensar que o controle institucional de Senai e Senac (e, da mesma forma, das entidades de proteção social Sesi e Sesc), associado a demandas tanto de empresários quanto de trabalhadores, foi emblemático da tendência ao acordo entre classes que se organizava germinalmente na década de 1940 e se refinaria na forma do populismo dos anos 1950.

---

31 Barbara Weinstein, *(Re)formação da classe trabalhadora no Brasil, 1920-1964*, São Paulo: Cortez, 2000.

32 Sesi, Departamento Nacional, *O Sesi, o trabalhador e a indústria: um resgate histórico*, Brasília, 2008, p. 33.

Inicialmente subordinada ao Ministério da Educação, por pressão da CNI e da Federação das Indústrias do Estado de São Paulo (Fiesp), a instituição foi remanejada para ser administrada por meio de organizações sindicais, fortalecendo assim o esquema corporativo de intermediação entre as classes, defendido pelo governo de Vargas, e desobrigando o Estado de qualquer investimento financeiro direto[33].

Esses ambientes de ação da ideologia industrialista formam um arranjo, uma constelação de pontos entrelaçados e dotados de uma mesma orientação estratégica – a educação –, que, como visto anteriormente, teve importante papel na formação de elites ou na disciplina do conhecimento e atuação técnica das classes trabalhadoras. Mas cumpririam também outra função: a de modificar os costumes e hábitos sociais, pavimentando o terreno de mudança cultural de feições modernas. Essa transformação ocorreria, indubitavelmente, pela educação, que, em uma economia subdesenvolvida, é capaz de:

> modificar racionalmente, através da transformação do educando, os hábitos de consumo, engendrando um comportamento mais compatível com o processo acumulatório imprescindível. [...] [e] em qualquer de seus níveis, importa imprimir-lhe caráter eminentemente utilitário ou pragmático[34].

Mas a alteração do *ethos* terminaria na educação e qualificação profissional? Ou seria importante adicionar a esse processo formativo, cultural e existencial a lógica do cálculo racional – a internalização do princípio do ganho, do mérito, da economicidade e dos valores ajustados à um mundo do trabalho e da acumulação à maneira de pensar, agir e sentir dos trabalhadores? Esta segunda dimensão – da moral, dos valores e dos hábitos – poderia surgir na educação, mas seria fortemente estimulada por duas outras formas políticas desenvolvidas no período: a proteção social (políticas de educação, saúde, moradia e

---

33 Sesi, *Departamento Nacional*, op. cit., p. 34.
34 Euvaldo Lodi, *Economia e educação*, op. cit., pp. 10-1.

outros) e a educação da estesia, da arte, do conhecimento, da cultura e do logos moderno. Desdobram-se, assim, do mesmo tronco de criação do Senai e do Senac, as ações complementares do Sesi e do Sesc.

Proteção social e a paz social: o projeto de criação do Sesc

Na formação das economias capitalistas, a relação entre empresários e assalariados será sempre tensa, mas nunca resolvida da mesma forma. Barrington Moore Jr.[35] é um dos primeiros analistas a afirmar que os mecanismos de acumulação e a trajetória histórica das classes determinarão o aparecimento de regimes políticos distintos. Se observarmos a análise feita por Adam Przeworski[36] sobre a construção de mecanismos de acesso a bem-estar pelas classes trabalhadoras na aurora da social-democracia europeia, veremos que a pressão do *fantasma que ronda a Europa*[37], expressa na organização e no fortalecimento dos sindicatos operários, foi a energia fundamental para um pacto de inclusão e redistribuição. Evocando esses dois autores, seria importante destacar que a trajetória de modernização brasileira não assumiu nem o modelo liberal, nem o comunista, nem o conservador *terratenente*, propostos como tipos por Moore – exatamente porque aqui a exploração fundiária tinha um cunho moderno (híbrido, mas de acumulação e não estamental – portanto moderno). De outro lado, a fórmula do acesso ao bem-estar via pressões dos trabalhadores na esfera político-partidária, clássica na tese de Przeworski, obedeceu, no Brasil, a ritmo e métrica distintos: passou pela lógica corporativa/

---

35 Barrington Moore Jr., *As origens sociais da ditadura e da democracia*, Lisboa: Cosmos, 1975.

36 Adam Przeworski, *Capitalismo e social-democracia*, São Paulo: Companhia das Letras, 1991.

37 Essa expressão foi a abertura usada por Marx e Engels no texto do *Manifesto do Partido Comunista* (1848) foi apropriada, a partir do surgimento da URSS em 1917, como explicação para a atenção aos efeitos perigosos das tensões de classe e do esforço de concertação social.

sindical do varguismo (até 1945), prescindindo dos partidos e dos freios da arena eleitoral. Da mesma forma, ressaltando o que há de particular na via trilhada por nós na construção da arquitetura das relações de trabalho e na esfera dos direitos, há seguramente um peso e consequências *sui generis* na adoção de formas de proteção social atribuídas à direção do segmento corporativo patronal.

Para entender esse processo e o portfólio de ações assumidas pelas instituições com função social e cultural do segmento patronal – Sesc e Sesi –, é importante lembrar a situação de crise e conflito mundial (tensões sindicais, pressão comunista, desarranjos geopolíticos e guerras, disputa de paradigmas – em especial entre a perspectiva liberal, o keynesianismo e a planificação econômica). No plano interno, a passagem para o modelo industrial ainda estava em andamento, e os interesses e a força dos setores ligados ao modelo agrário-exportador ainda permaneciam ativos. A industrialização brasileira é promovida, nessa fase inicial, entre dois fogos – a pressão da luta sindical e o risco da perda da proteção estatal (elemento-chave do projeto industrialista pela necessidade do planejamento). Os industriais (e seu arco de aliança) se encontravam em processo de autoconstrução e dependiam de apoio para finalizar sua transição para etapas econômicas mais robustas e avançadas. Em um cenário como esse, não causa estranheza que, desde o início da década de 1930, alguns setores da liderança empresarial tenham se manifestado favoravelmente a alguns tipos de política de proteção social. Afinal, diminuição da carestia e a solução de demandas de moradia, educação, saúde, lazer e renda dos trabalhadores, era parte estratégica na consolidação de uma sociedade/economia urbana e industrial.

No decreto de criação do Sesc, aparece de maneira clara como se fundamenta a ação dessa instituição. No corpo do decreto de sua criação, Decreto-Lei nº 9.853, de 13 de setembro de 1946, o encadeamento do argumento vai da lógica do pacto às funções da nova instituição, com os seguintes eixos:

    I. transferência da competência estatal de proteção social ao setor corporativo empresarial – justificado porque: a) é prerrogativa do "*Estado concorrer, por* todos os meios ao seu alcance, *estratégias para melhorar as condições de vida, especialmente das classes menos favorecidas*"; b) pelo oferecimento das entidades representativas do comércio para criação de um *serviço social em benefício dos empregados no comércio e das respectivas famílias*; e c) custeado com *recursos proporcionados pelos empregadores*.

II. importância de um pacto e de ações que contribuam "*para o fortalecimento da solidariedade entre as classes, o bem-estar da coletividade comerciária e, bem assim, para a defesa dos valores espirituais em que se fundam as tradições da nossa civilização*".

III. as funções de proteção social (planejadas e executadas direta ou indiretamente pelo Sesc) entendidas prioritariamente como: a) medidas que *contribuam para o bem-estar social e a melhoria do padrão de vida dos comerciários e suas famílias* – em especial a *assistência em relação aos problemas domésticos* (nutrição, habitação, vestuário, saúde, educação e transporte); b) *aperfeiçoamento moral e cívico da coletividade*; c) *realizações educativas e culturais, visando à valorização do homem*; d) *incentivo à atividade produtora*; e) *pesquisas sociais e econômicas*; f) *providências no sentido da defesa do salário real dos comerciários*.

No item I, revela-se a presença de duas ordens de interesses coincidentes: de um lado, o interesse dos empresários em agir diretamente no campo da proteção social, articulados e operando via recursos patronais de outro lado, o Estado que legitima essa concessão como estratégia na defesa de interesses públicos – de aumento de bem-estar e, mais discretamente, de defesa da manutenção de estilo de vida específico –, da preservação das nossas *tradições* (item II) – leia-se também afastamento da opção comunista.

O item III foi apresentado e organizado de maneira distinta de sua ordem original no decreto-lei, por conta de suas funções precípuas. Há três metas muito diversas arroladas. A primeira, da função assistencial *stricto sensu*, corresponde ao item (a); a segunda, dirigida ao campo da luta cultural, da educação moral, como mecanismo de consolidação ideológica, corresponde às intenções presentes nos itens (b), (c) e (d) – este último, pela introjeção de metas produtivistas, empreendedoras, racionais e vinculadas à forma de produção e trabalho modernos; o item (e) diz respeito a uma demanda explicitada pelo grupo industrial desde há muito: a mensuração estatística das condições de vida; e, por último, a defesa do salário real dos comerciários, item (f).

As metas relacionadas à assistência e à constituição do *ethos* ou mentalidade moderna são importantes, mas creio que já foram contempladas na seção anterior deste artigo. Gostaria de me dedicar, rapidamente, ao exame dos itens (e) e (f). Desde a criação da Escola Livre de Sociologia e Política e as primeiras pesquisas de condição de vida (executadas por ela ou pelo Departamento de Cultura – DAC), há uma clara intenção de levantar indicadores sobre consumo, moradia e ganho das classes trabalhadoras urbanas. As pesquisas socioeconômicas, inéditas até então, permitiam detectar hábitos e produtos integrantes da cesta do trabalhador (vide Pesquisa de Orçamento Familiar – POF), e também a formação de seu custo de vida e de seus gastos. No entanto, por trás do amplo projeto das pesquisas, objetivos contrários poderiam aninhar-se: o primeiro, de mensurar o grau de desenvolvimento nacional a partir de dados objetivos do poder de compra dos salários; e um segundo intento, a mensuração do custo de vida, permitiria regular os salários pelo piso. Quanto ao item (f), os termos utilizados são paradigmáticos: *defesa do salário real*. Retomo a assertiva simonseniana sobre *dividendo, divisor e quociente* – a fórmula dos setores industriais e comerciais está orientada por essa concepção-chave de que, para o desenvolvimento, o aumento da produção (dividendo) é central. Ele, e somente ele, pode garantir elevação do quociente (salários). Assim, o termo real poderia assumir um sentido sombrio – os salários serão defendidos *ex post facto* o aumento do volume da produção, separando o interesse imediato dos empresários e o aumento do ganho dos trabalhadores.

Por outro ângulo, a proposição de várias formas de cobertura de proteção social, muito próximas da cesta de serviços dos direitos sociais – educação, saúde, transporte, cultura, lazer – *reaproximaria as duas classes*. A impossibilidade de lidar com elevação de salários, condicionada e pressionada pelas exigências de acumulação/investimento vividas pelos empresários em cenário de subdesenvolvimento, acompanhada de bases restritas de recursos estatais (que eram prioritariamente orientados para políticas de aumento da produção e infraestrutura e menos preocupada com a renda doméstica e o poder de compra dos trabalhadores), pode ter orientado, como saída para as tensões sociais e os embates sindicais, a estratégia das políticas sociais adstritas às bases de trabalhadores do sistema industrial e comercial. E, sem dúvida, o conflito social era uma situação de extremo risco para a ação e em especial para as classes empresariais por afetar diretamente a sua base – o trabalhador assalariado e urbano. A *paz social* era um dado importante na equação do desenvolvimento e da modernização brasileira:

> uma sólida paz social, fundada na ordem econômica [...], reconhece a necessidade de assegurar dentro do país um largo período de cooperação para que se possa processar o desenvolvimento de suas forças produtivas e a elevação do padrão de vida do brasileiro. Para isso é indispensável promover o aumento da renda nacional e sua melhor e mais vasta distribuição[38].

E, na trajetória nacional, se o Estado não podia resolvê-la, caberia à iniciativa empresarial cumprir essa função.

Com este último argumento, retorno ao início deste trabalho: a construção do Sistema S especialmente em seu momento original, deve muito de seu formato e seus objetivos aos constrangimentos de seu contexto histórico, às tarefas entendidas pelas elites industriais e ao *staff* varguista sobre o desenvolvimento nacional via industrialização. Os interesses imediatos talvez tenham conduzido os empresários da indústria e do comércio a uma instrumentalização da ideia de paz social e de implementação de estratégias importantes como a formação técnica e a assimilação do *ethos* racional. Mas é inegável o papel

---

38 Carta da Paz Social, 1946.

que essa proposta gerou na trajetória política brasileira, pois foi a partir de uma associação direta entre empresários, governo e sindicatos que se constituiu uma rede original de proteção social, mais avançada e abrangente que as capacidades estatais instaladas no período.

Bibliografia

BASTOS, Humberto. *O pensamento industrial no Brasil*. São Paulo: Martins, 1952.

BENDIX, Reinhard. *Construção nacional e cidadania*. São Paulo: Edusp, 1996.

CARONE, Edgard. *O pensamento industrial no Brasil (1880-1945)*. São Paulo: Difel, 1977.

CARVALHO, José Murilo de. *Cidadania no Brasil: o longo caminho*. Rio de Janeiro: Civilização Brasileira, 2000.

CEPÊDA, Vera A. *Roberto Simonsen e a formação da ideologia industrialista no Brasil: limites e impasses*. Tese (Doutorado em Ciência Política) – Universidade de São Paulo. São Paulo: 2004.

CEPÊDA, Vera A. "Contexto político e crítica à democracia liberal: a proposta de representação classista na Constituinte de 1934". Em: MOTA, Carlos Guilherme; FERREIRA, Gabriela Nunes (Coord.). *Os juristas na formação do Estado-Nação brasileiro: de 1930 aos dias atuais*. São Paulo: Saraiva/FGV, 2010.

CEPÊDA, Vera A. "História, economia e projeto político em Formação Econômica do Brasil". Em: SAES, Alexandre Macchione; BARBOS, Alexandre de Freitas (org.). *Celso Furtado e os 60 anos de formação econômica do Brasil*. São Paulo: Edições SESC, 2021.

D'OLIVEIRA, João Daudt. *O economista e o sociólogo no mundo atual*. Rio de Janeiro: [s. n.], 1947.

D'OLIVEIRA, João Daudt. *Itinerário para Araxá*. Rio de Janeiro: Civilização Brasileira, 1950.

FREITAS JR., Moacir de. *O industrial e o salário: a contribuição de Roberto Simonsen para os estudos sobre padrão de vida de trabalhadores no*

Brasil. Tese (Doutorado em Ciências Sociais) – Universidade Estadual Paulista. Araraquara: 2013.

FURTADO, Celso. *A pré-revolução brasileira*. Rio de Janeiro: Fundo de Cultura, 1962.

FURTADO, Celso. *Dialética do desenvolvimento*. Rio de Janeiro: Fundo de Cultura, 1964.

FURTADO, Celso. *Desenvolvimento e subdesenvolvimento*. 3. ed. Rio de Janeiro: Fundo de Cultura, 1965.

FURTADO, Celso. *Formação econômica do Brasil*. São Paulo: Companhia Editora Nacional, 1959.

GOMES, Angela de Castro. *Burguesia e trabalho: política e legislação social no Brasil (1917-1937)*. Rio de Janeiro: Campus, 1979.

LAFER, Horácio. "Tendencias philosophicas contemporaneas". *Revista dos Tribunais*, 1929.

LODI, Euvaldo. *Os dois cyclos econômicos da república e seu commércio exterior*. Rio de Janeiro: Est. de Artes Graphicas C. Mendes Junior, 1935.

LODI, Euvaldo. *A indústria e a economia nacional*. Rio de Janeiro: Irmãos Pongetti, 1949.

LODI, Euvaldo. *Economia e educação*. [S. l.: s. n.], 1952. Discurso.

MARSHALL, T. H. *Cidadania, classe social e status*. Rio de Janeiro: Zahar, 1967.

MOORE JR., Barrington. *As origens sociais da ditadura e da democracia*. Lisboa: Cosmos, 1975.

PRZEWORSKI, Adam. *Capitalismo e social-democracia*. São Paulo: Companhia das Letras, 1991.

SANTOS, Wanderley Guilherme dos. *Cidadania e justiça*. Rio de Janeiro: Campus, 1979.

SESI. Departamento Nacional. *O Sesi, o trabalhador e a indústria: um resgate histórico*. Brasília: Sesi, 2008.

SIMONSEN, Roberto; GUDIN, Eugênio. A controvérsia do planejamento na economia brasileira. Coletânea da polêmica Simonsen X Gudin, desencadeada com as primeiras propostas formais de planejamento da economia brasileira ao final do Estado Novo. Rio de Janeiro: IPEA/INPES, 1977

SIMONSEN, Roberto Cochrane. *O trabalho moderno*. São Paulo: Seção de Obras d'"O Estado", 1919.

SIMONSEN, Roberto Cochrane. *As crises no Brasil*. São Paulo: São Paulo Editora, 1930.

SIMONSEN, Roberto Cochrane. *As finanças e a indústria*. São Paulo: São Paulo Editora, 1931.

SIMONSEN, Roberto Cochrane. *À margem da profissão*. São Paulo: São Paulo Editora, 1932.

SIMONSEN, Roberto Cochrane. *Rumo à verdade*. São Paulo: São Paulo Editora, 1933.

SIMONSEN, Roberto Cochrane. *Ordem econômica, padrão de vida e algumas realidades brasileiras*. São Paulo: São Paulo Editora, 1934.

SIMONSEN, Roberto Cochrane. *Níveis de vida e a economia nacional*. São Paulo: [s. n.], 1940.

SIMONSEN, Roberto Cochrane. *Ensaios sociais, políticos e econômicos*. São Paulo: Fiesp, 1943.

SIMONSEN, Roberto Cochrane. *A indústria e seus problemas econômicos e sociais*. São Paulo: Fiesp, 1945.

SIMONSEN, Roberto Cochrane. *As atividades do serviço social da indústria do estado de São Paulo*. São Paulo: Gráfica Siqueira, 1947a.

SIMONSEN, Roberto Cochrane. *O problema social no Brasil*. São Paulo: Sesi, 1947b.

SIMONSEN, Roberto Cochrane. *História econômica do Brasil (1500-1820)*. 7. ed. São Paulo: Companhia Editora Nacional; Brasília: INL, 1977.

TILLY, Charles. *Coerção, capital e Estados europeus*. São Paulo: Edusp, 1996.

WEINSTEIN, Barbara. *(Re)formação da classe trabalhadora no Brasil, 1920-1964*. São Paulo: Cortez, 2000.

Fontes: STIX Two Text | Playfair Display
Papel: Pólen Natural 70 g/m²
Impressão: Camacorp - Visão Gráfica Ltda
Data: Setembro de 2023